Renate Koch
Träume deuten – aber richtig

W0191528

Renate Koch

Träume deuten – aber richtig

Die wichtigsten Symbole und ihre Deutungen

Bibliografische Information der Deutschen Nationalbibliothek
Die Deutsche Nationalbibliothek verzeichnet diese Publikation in der Deutschen
Nationalbibliografie; detaillierte bibliografische Daten sind im Internet über
http://dnb.ddb.de abrufbar.

ISBN 978-3-89994-208-8

Die Autorin: Renate Koch betreibt die erfolgreichen Traumdeutungsportale
www.deutung.com und www.traum-abc.de. Nicht nur durch ihre Beratungs-
erfahrung gilt Renate Koch als absolute Expertin, wenn es gilt, Träume richtig
zu deuten.

Bildnachweis:
Ai-Lan Lee 151, Andreas Koch 131, Angelika Möthrath 43, Arnold Lee 63,
Franz Pfluegl 109, Fuzzphoto 218, Laurent Gehant 237, Lucky Dragon 174,
Mark Rasmussen 86, moodbaord 11, olivid 33, Vetea Toomaru 197,
Yanik Chauvin 25

Originalausgabe

© 2008 humboldt
Ein Imprint der Schlüterschen Verlagsgesellschaft mbH & Co. KG,
Hans-Böckler-Allee 7, 30173 Hannover
www.schluetersche.de
www.humboldt.de

Lektorat:	Annerose Sieck, Neumünster
Covergestaltung:	DSP Zeitgeist GmbH, Ettlingen
Innengestaltung:	akuSatz Andrea Kunkel, Stuttgart
Titelfoto:	getty images
Satz:	PER Medien+Marketing GmbH, Braunschweig
Druck:	Druckhaus „Thomas Müntzer" GmbH, Bad Langensalza

Hergestellt in Deutschland.
Gedruckt auf Papier aus nachhaltiger Forstwirtschaft.

Inhalt

Einige Worte vorweg

Liebe Leserin, lieber Leser,

Träume sind derart faszinierend, dass Wissenschaftler der Ursache von Träumen schon seit Tausenden von Jahren nachgehen. Bereits 4000 v. Chr. hielt man die Aufzeichnung von Träumen für wichtig. 1300 v. Chr. wurde das erste Traumbuch geschrieben, es enthielt 200 Deutungen. Damals glaubten Menschen fest daran, dass Träume Götterbotschaften seien. Oft wurde ihnen Weissagungs- oder Orakelcharakter zugesprochen. Seither gibt es die unterschiedlichsten Meinungen dazu. Während der Grieche Artemidorus behauptete, jeder Traum beziehe sich immer auf den Träumer, vertrat Platon die Ansicht, der Traum zeige die wahre Natur des Menschen. Aristoteles hingegen versuchte, Träume als rein physiologischen Vorgang zu erklären. Er war aber, wie auch Hippokrates, überzeugt, dass Träume den Ausbruch von Krankheiten im Körper anzeigen. Selbst im Christentum glaubten die Menschen, alle Träume seien von Gott gesandt. Die Bibel ist voller solcher Beispiele. Beispiele für im Schlaf übermittelte Botschaften und Offenbarungen aus dem Alten Testament sind die Träume der Pharaonen, des babylonischen Königs Nebukadnezar II. (605–562 vor Christus) und der Traum Jakobs von der Himmelsleiter und dem Landversprechen Gottes.
Buddhisten sahen in den Träumen den wahren Charakter des Menschen, weil nach ihrer Auffassung die körperliche Wahrnehmung im wachen Zustand nie frei von Hemmungen sei. Im Islam bezeichnete man den Traum als Beschäftigung der

Seele. Erst im 19. Jahrhundert erforschte der Psychologe Alfred Maury den Zusammenhang von äußeren Reizen und Träumen. Pionier der Traumforschung war Sigmund Freud. Mit der Herausgabe seiner „Traumdeutung" im Jahr 1900 vertrat er die Ansicht, dass im Traum die geheimsten Wünsche ausgedrückt und ausgelebt werden, sehr oft mit sexuellem Hintergrund. Erst C. G. Jung, ehemaliger Schüler Freuds, befasste sich mit dem „Unbewussten", der tiefsten Ebene des Bewusstsein.

Traumdeutung ist heute noch genauso aktuell wie vor Tausenden von Jahren. Aus meiner eigenen Erfahrung mit der Entschlüsselung der Träume bin ich zu dem Ergebnis gelangt, dass uns im Traum viel mehr gezeigt wird, als es auf den ersten Blick erscheinen mag. Es gibt eine Vielfalt von Symbolen, die verschlüsselte Botschaften der Seele kundtun. Mit ein wenig Einfühlungsvermögen und Offenheit beim Deuten der Träume kann man erkennen, dass Traumbilder häufig vergrabene, verdrängte Erinnerungen zeigen. Oft tun sich durch dieses Erinnern Wege zur eigenen Bewusstwerdung, Heilungsprozesse und wichtige Entwicklungschancen auf. So kann man den einen oder anderen Traum als wichtigstes Instrument, als Zugang zu seiner Seele, definieren.

Ich arbeite sehr intensiv mit Traumbildern und deren Entschlüsselung. Zur Traumdeutung kam ich vor etwa zehn Jahren, als immer wiederkehrende Bilder auftauchten. Ich hatte den Wunsch zu erkennen, welche Botschaft mir damit übermittelt werden soll. Viele Menschen bekamen seither meinen Rat im Zusammenhang mit Symbolen im jeweiligen Traumgeschehen. Durch die Entschlüsselung dieser zahlreichen Traumbilder entstand der Wunsch, ein Lexikon der Traumsymbole zu veröffentlichen und auch, dieses Buch zu schreiben.

Ich bin der Meinung, Träume haben immer mit den ureigensten Erfahrungen, Hoffnungen, Wünschen und Konflikten zu tun. Die Arbeit mit Träumen und die Deutung derselben soll auch Ihr kreatives Potenzial im Wachzustand anregen, damit Sie sich einen Reim auf Ihre Erlebnisse während der Nacht machen können. Lassen Sie sich von diesem Traum-Lexikon inspirieren. Es gibt Ihnen wichtige Anregungen und wertvolle Hinweise. Natürlich müssen Ihre eigenen Gefühle und Empfindungen mit einfließen. Weitere Informationen finden Sie auf www.deutung.com und www.traum-abc.com.

Renate Koch

Träume – der Spiegel unserer Seele

Wenn wir schlafen, tauchen wir ein in eine fremde Welt – die des Traums. Denn auch wenn wir die Augen schließen – unser Gehirn schläft nicht. Obwohl wir einen Großteil der nächtlichen Hirnaktivitäten nicht mitgekommen, dringt ein Teil dessen, was sich dort abspielt, bis an die Grenzen unseres Bewusstseins vor: Wir träumen. Im Traum erkunden wir fremde Landschaften, erleben Abenteuer, Momente der Angst, der Qual oder aber des Glücks. Seit Urzeiten glauben Menschen daran, dass Träume einen Einblick in die Seele geben und damit Aufschluss über verborgene Wünsche, Ängste und Geheimnisse. Doch wie funktioniert das Träumen? Diese Frage ist bis heute nicht beantwortet. Zwar sind sich alle Schlafforscher einig darüber, dass das Gehirn bei Träumen aktiv ist, aber wie diese Aktivität mit den Inhalten und der Form unserer Träume zusammenhängt, weiß im Grunde keiner so genau.

Alle Menschen träumen ...

Wissenschaftler betrachten Träume als rein körperliche Reaktion. Psychologen und Psychoanalytiker räumen der Traumdeutung dagegen eine wichtige Rolle ein, denn die Fantasieerlebnisse im Schlaf tragen mit dazu bei, das psychische Gleichgewicht herzustellen und liefern gleichzeitig wertvolle Informationen über unser Unterbewusstsein und unsere

Persönlichkeit. Es gibt zahlreiche Studien, die das Phänomen des Träumens untersucht haben. In einer Nacht reihen sich mehrere Traumphasen aneinander, die unterschiedlich intensiv sein können. Die Ereignisse des Tages werden am Anfang der Schlafphase, der NON-REM-Phase, verarbeitet. Erst im so genannten **paradoxen Schlafstadium** (so genannt nach Michel Jouvet) erreichen die Träume ihre größte emotionale Aussagefähigkeit. In diesem intensiven Traumzustand bewegen sich die Augenlider, deshalb spricht man von der **REM-Phase** (Rapid Eye Movement). Hier erleben wir die oft so bizarren, emotional gefärbten und sehr bildhaften Traumgeschichten, deren Botschaften die Menschen schon seit Jahrtausenden versuchen zu entschlüsseln.

Alle Menschen träumen, auch wenn sie sich am nächsten Morgen vielleicht nicht mehr daran erinnern können. Etwa zwei Stunden in der Nacht sind für unsere Träume reserviert. Statistisch gesehen hatte also ein 75-jähriger Mensch in seinem Leben mehr als 100 000 Träume. Traumlos sind allein die extremen Tiefschlafphasen.

... aber warum träumen wir?

Während der Molekularbiologe Francis Crick (der Wissenschaftler deckte die DNA-Struktur auf) gemeinsam mit Margaret Mitchison die Theorie entwickelte, der Traumschlaf sei eine Art Selbstreinigungsversuch der Gehirns, um Platz für Neues zu schaffen, vertritt der amerikanische Schlafforscher Robert Stickgold die These, der Traum diene dazu, Eindrücke aus dem „Arbeitsspeicher" des Gehirns zu verarbeiten und in das Gedächtnis zu integrieren. Dieser Prozess läuft seiner Ansicht nach in zwei Schritten ab: Während des Tiefschlafs „überspielt" der Hippocampus, die Hirnregion, in der die noch frischen Tageseindrücke zwischengelagert werden, seine Informationen an die Großhirnrinde, den Sitz des Langzeitgedächtnisses. Während des Traumschlafs werden diese Informationen in das Gedächtnis integriert. Anschließend schickt die Großhirnrinde einen „Löschen"-Befehl an das Zwischenlager Hippocampus, um den Arbeitsspeicher wieder frei zu machen. In diesem Modell ist allerdings – wie schon bei Crick – der Inhalt der Träume eher zweitrangig.

Eine ganz andere Theorie haben dagegen Robert Vertes und seine Kollegen vom Schlaflabor der Universität von Arizona

Alle Menschen träumen, auch wenn sie sich am nächsten Tag nicht daran erinnern.

entwickelt. Für sie dient der Traumschlaf nicht der Verarbeitung, sondern fungiert als eine Art Wächter des Gehirns: Die beim Träumen ausgesendeten und verarbeiteten internen Reize sorgen dafür, dass das Gehirn nicht komplett „einschläft". Damit stellt der Traumschlaf gleichzeitig sicher, dass wir ohne Probleme aufwachen und dabei alle nötigen Hirnfunktionen geregelt angeschaltet werden. Werden wir dagegen beispielsweise aus dem Tiefschlaf gerissen, fehlt dieses „Warmlaufen" des Gehirns und wir sind zunächst benommen und orientierungslos. Ob allerdings die speziellen Inhalte des Träumens dabei eine eigene Funktion haben, darüber äußern sich Vertes und Co. nicht. In jüngster Zeit mehren sich die Hinweise dafür, dass Schlaf, und besonders der Traumschlaf, eine entscheidende Rolle für unser Lernen spielen könnte. In einem Test zum motorischen Lernen stellten Forscher der klinischen Forschergruppe Neuroendokrinologie der Universität Lübeck fest, dass Probanden um so besser lernten, je mehr Zeit sie nach den Trainingseinheiten im REM-Schlaf verbringen konnten. Umgekehrt scheint der selektive Entzug von REM-Schlaf den Lernfortschritt sowohl in motorischen als auch in einigen Wahrnehmungstests zu hemmen.

Ein Pionier in Sachen Traumdeutung: Sigmund Freud

Noch vor 150 Jahren wurden Träume genutzt, um Zukunft und Schicksal eines Menschen zu deuten. Erst Sigmund Freud kam auf die Idee, die Symbole und Bilder der Träume psychologisch auszuwerten, um den Menschen besser zu verstehen.

Um 1900 revolutionierte der Psychoanalytiker die psychologische Traumforschung. Für den Begründer der Metapsychologie ist der Traum der Hüter des Schlafes und immer Ausdruck eines unterbewussten Wunsches. Ohne Bezug zur Anatomie des Gehirns konstruierte Freud einen vollständigen psychischen Apparat. Er glaubte, Traumsymbole ohne Rücksicht auf die individuellen Erfahrungen eines Menschen eindeutig zuordnen und katalogisieren zu können. Für ihn stammten die Bilder in den Träumen aus dem Unterbewusstsein und stellten Elemente oder Gedanken dar, die der Mensch zuvor verdrängt hatte. Er unterschied aber zwischen den ursprünglichen verdrängten Elementen und den Traumbildern insofern, als dass das Ich (der bewusste Teil) die unbewussten Elemente in Traumbildern chiffriert. Nur so war der Mensch trotz der Konfrontation mit den unbewussten Elementen in der Lage, ruhig weiterschlafen. Sigmund Freud und später auch C. G. Jung nahmen an, dass Träume zusätzlich ererbte archaische Elemente enthalten, die sich aus den Erfahrungen der Vorfahren der Person bilden. Demnach wurden einige Symbole als so genannte Archetypen bezeichnet und entsprechend gedeutet. So hat das Symbol Tod, das nach Jung aus dem kollektiven Unbewussten des Träumers (dem nicht bewussten aber vorhandenen Urwissen der gesamten Menschheit) stammt, für alle die gleiche Grundbedeutung, denn wir Menschen wissen, dass wir sterblich sind. Nach der Jungschen Traumlehre ist es an jedem einzelnen, den Traum unter Bezugnahme der bisherigen Erfahrungen sowie vergangener und aktueller Lebenssituationen richtig zu entschlüsseln.

Sich an die Träume erinnern

Es lohnt sich, die Träume zu beachten und zu entschlüsseln. Um sich mit den eigenen nächtlichen Erlebnissen befassen und auseinandersetzen zu können, müssen Sie sich jedoch überhaupt erst einmal an diese erinnern. Traumbilder verflüchtigen sich oft so schnell, dass wir nur noch vage Erinnerungsfetzen im Kopf haben und sie schnell komplett vergessen. Sie können es aber trainieren, sich an Ihre Träume zu erinnern. Dazu können Sie z. B. Folgendes tun:

- Nehmen Sie sich am Abend, bevor Sie einschlafen, fest vor, sich am nächsten Morgen an Ihre Träume zu erinnern.
- Legen Sie Stift und Papier neben das Bett und schreiben Sie sofort, wenn Sie aufwachen (auch mitten in der Nacht) auf, an was Sie sich alles erinnern können. Wenn Sie die Bilder nicht in Worten ausdrücken können, zeichnen Sie, was geschehen ist.
- Gehen Sie Ihren Traum noch einmal im Geiste durch, wenn Sie gerade aufwachen und sich noch im Halbschlaf befinden. Versuchen Sie sich an Ihre Träume zu erinnern, bevor Sie aus dem Bett steigen. Der Kontakt Ihrer Füße mit dem Boden bringt Sie symbolisch und körperlich in die reale Welt. Das kann das Vergessen der Träume verstärken.
- Geben Sie nicht gleich auf, sondern nehmen Sie sich immer wieder vor, sich an die Träume zu erinnern. Schreiben Sie auch kleine Erinnerungsstücke auf, die Ihnen vielleicht zunächst bedeutungslos erscheinen. So signalisieren Sie Ihrem Unterbewusstsein, dass Sie ein wirkliches Interesse an seinen Botschaften haben.

Verschlüsselte Botschaften

Vielleicht fragen Sie sich gerade, warum Sie sich überhaupt mit Ihren Träumen beschäftigen sollen. Viele Menschen sind davon überzeugt, dass Traumszenen eine Art Abfallprodukt des Gehirns seien. Andere wiederum träumen schlecht und wollen sich eigentlich gar nicht mehr erinnern. Und wieder andere wissen am nächsten Morgen gar nicht, ob und was sie geträumt haben. Es ist aber lohnenswert, sich einmal mit den eigenen Träumen zu beschäftigen, denn sie können viele wertvolle Hinweise geben – einerseits über sich selbst und über das Unterbewusstsein und andererseits können sie als Quelle der Inspiration stehen. **In unseren Träumen spricht unser Unterbewusstsein.** Das wirklich Faszinierende an unseren Träumen ist, dass wir uns in ihnen von jeglichen Begrenzungen und Zwängen befreien können. Da in unseren Träumen unser Unterbewusstsein aktiv wird, kommen wir in Kontakt mit unserem Ur-Innersten. Erkenntnisse durch Träume können also sehr aufschlussreich sein, wenn wir mehr über uns selbst erfahren wollen.

Häufig sind auch äußere Reize oder Impulse die Ursache von Traumbildern. So können Sie beispielsweise Geräusche, Gerüche, Temperaturschwankungen (z. B. wenn Ihre Decke verrutscht und Ihr Bein frei liegt) oder auch die Berührung mit dem Stoff oder der Unterlage in Ihren Träumen verarbeiten. Darüber hinaus verarbeiten wir auch konkrete Geschehnisse und Eindrücke – aus der Gegenwart oder Vergangenheit. So träumen wir nach einem Film möglicherweise die Handlung nach oder träumen von leidenschaftlichem Sex, nachdem wir gerade mit unserem Partner geschlafen haben. Solche Träume haben keine tiefere Bedeutung und sollten für eine psychologische Deutung nicht herangezogen werden.

Immer wieder scheint es auch das Phänomen der Wahrträume zu geben – also das Vorwegträumen realer Ereignisse, die in der Zukunft tatsächlich eintreffen. Ein Traum, der wahr wird. Das führt dann zu Déja-vu-Erlebnissen, bei denen man denkt, eine Situation schon mal erlebt zu haben. Diese Art von Träumen wird vor allem in der Parapsychologie näher erforscht. Mit prophetischen Träumen hat das allerdings nichts zu tun.

Luzides Träumen – Träume bewusst nutzen

Sie können Ihre Träume selbst beeinflussen. So können Sie z. B. einen Verfolgungstraum, den Sie immer und immer wieder haben, dahingehend versuchen zu verändern, indem Sie sich vor dem Einschlafen vornehmen, im Traum auf der Flucht einfach stehenzubleiben und den Verfolger anzusprechen. Sie stellen sich dazu Ihren Traum vor Ihrem geistigen Auge vor und auch die veränderte Handlung. Es bedarf ein bisschen Übung, aber so können Sie quälende Albträume beenden. Die Theorie des so genannten luziden Träumens (auch: Klartraum) geht davon aus, dass sowohl das bewusste Träumen als auch die Fähigkeit zum willentlichen Steuern von Trauminhalten erlernbar sind. Luzide Träume unterscheiden sich von normalen Träumen dadurch, dass

- man sich über den Umstand des Träumens völlig im Klaren ist,
- man im Traum um die eigene Handlungsfreiheit weiß,

- sich der Träumer an sein Leben im Wachzustand erinnert,
- der Bewusstseinszustand des Träumers ungetrübt ist,
- sich der Träumer sowohl im Traum als auch im späteren Wachzustand an den Klartraum erinnert.

Sie können dieses Phänomen auch insoweit nutzen, dass Sie, wenn Sie z. B. neue Ideen finden müssen, sich am Abend fest vornehmen, etwas zu der jeweiligen Aufgabenstellung zu träumen. Notieren Sie sich dann beim Aufwachen sofort alles, an das Sie sich erinnern können, auch wenn es scheinbar zunächst nichts mit Ihrer Ideensuche zu tun hat. Oft sehen wir die Verbindung erst, wenn wir Abstand gewonnen haben. Von dem Chemiker Friedrich A. Kekulé wird z. B. behauptet, dass er verzweifelt auf der Suche nach der Formel für Benzol war, als er eines Nachts von einer Schlange träumte. Zunächst konnte er damit nichts anfangen, fand aber dann durch das Bild der Schlange die Ringformel für das Benzol.

Träume sind etwas Persönliches

Deuten Sie Ihre Träume immer subjektiv für sich. Entscheidend ist, dass Sie Ihre Träume ganz persönlich für sich selbst auswerten und nicht einfach nur irgendwelchen Schemata, Vorgaben oder Hinweisen anderer folgen. Ihre Träume sind etwas sehr Persönliches, und letztlich liegt der Schlüssel zu den Bildern in Ihnen selbst. Traumdeutungslexika sind eine gute Grundlage, aber viel wichtiger ist es, dass Sie in sich hineinhorchen und herausfinden, welche Bedeutung ein Bild oder ein Symbol für Sie ganz persönlich haben könnte. Gehen Sie dabei nicht allzu verbissen vor, denn nicht immer sollten wir in unsere Traumbilder einen tieferen Sinn hineindeuten. Vielleicht können Sie eine offene und spielerisch neugierige Herangehensweise entwickeln. So werden Ihnen die Botschaften Ihres Unterbewusstseins am ehesten verständlich. Schreiben Sie sich Ihre spontanen Ideen und Deutungen immer gleich auf. So können Sie auch später noch einmal darüber nachdenken und dann fallen Ihnen vielleicht noch weitere Deutungsmöglichkeiten ein.

Es kann sehr sinnvoll sein, die eigenen Träume über eine gewisse Zeit hinweg zu beobachten und auszuwerten. Wenn Sie Ihre Träume aufschreiben, können Sie diese leicht miteinander vergleichen und die Aussagen in Beziehung zueinander setzen: **Traumarbeit als Methode für Therapie und Selbsterkenntnis.** Viele Therapeuten setzen die Traumarbeit in Therapien oder Selbsterfahrungs-Seminaren ein. So können Sie mit professioneller Hilfe vielleicht einige Aussagen Ihres Unterbewusstseins erkennen, die Ihnen sonst unerklärlich geblieben wären. In für Sie besonders wichtigen und aufreibenden Lebensphasen können Sie Ihren Träumen eine besondere Aufmerksamkeit widmen, denn sie beinhalten vielleicht hilfreiche Hinweise, z. B. wenn es darum geht, Entscheidungen zu treffen oder Ereignisse zu verstehen. Reden Sie auch mit anderen Menschen über Ihre Träume – manchmal kommen von außen sehr aufschlussreiche Hinweise.

Grundlegende Traumsituationen

Träume haben immer mit den ureigensten Erfahrungen, Hoffnungen, Wünschen und Konflikten zu tun. Die Arbeit mit Träumen und ihre Deutung soll Ihr kreatives Potenzial im Wachzustand anregen, damit Sie sich einen Reim auf Ihre Erlebnisse während der Nacht machen können. Bevor wir uns den Traumsymbolen zuwenden, soll es im Folgenden um einige grundlegenden Dinge und Situationen gehen, die immer wieder die Träume von Menschen bestimmen. Lassen Sie sich von den folgenden Seiten inspirieren. Sie geben Ihnen allgemeine Anregungen und wertvolle Hinweise.

In Farben träumen

Wer im wachen Zustand keinen ausgeprägten Sinn für Farben hat, wird wahrscheinlich auch nicht besonders bunt träumen. Anders dagegen ist dies bei Menschen, denen Farben sehr wichtig sind. Sie träumen farbig und bunt. Was steckt dahinter? Wer bunt träumt, strotzt vor Lebenslust, ist vital und optimistisch. Wer schwarzweiß träumt, muss nicht unbedingt ein Langeweiler sein. Aber vielleicht ist er eher pessimistisch veranlagt und nicht ganz so temperamentvoll. Vor allem Frauen träumen farbig – warum das so ist, weiß man nicht. Sicher sind die meisten Menschen farbenbewusst: Sie träumen vom strahlendblauen Himmel oder einem leuchtendroten Kleid, einer grünen Wiese oder einer tiefschwarzen Leere, und manchmal verleihen Farben einem Traumsymbol zusätzliches Gewicht. Psychologen gehen mittlerweile davon aus, dass fast alle Menschen in Farbe träumen, auch wenn sie sich nicht daran erinnern können. Doch was bedeuten die einzelnen Farben?

■ **Weiß**

Weiß verweist auf Unschuld, spirituelle Reinheit und Weisheit. Die Farbe Weiß kann im Traum jedoch auch für Unreife oder Verarmung des Gefühlslebens stehen. Es symbolisiert zudem Macht und den Widerschein des Absoluten. Als Traumbild sollten Sie immer bedenken, dass Weiß leicht schmutzig und unansehnlich wird. Vielleicht geht es in dem betreffenden Traumbild darum, etwas zu bereinigen und in Ordnung zu bringen oder umgekehrt „durch den Kakao zu ziehen"! Es ist die Farbe, die alle Farben in sich birgt.

■ **Gelb**

Gelb ist Zeichen von Lebenskraft, Harmoniebedürfnis und Gerechtigkeitssinn. Es ist die Sonnenfarbe und die der Kommunikation. Durch sein Strahlen symbolisiert Gelb die Großherzigkeit, die Klugheit und den Intellekt, die Weisheit. Ein gelbes Traumsymbol betont stets den geistigen Aspekt, verweist auf Freiheit und Ausweitung. Ein schmutziges Gelb jedoch stellt möglicherweise die negativen Aspekte dieser Farbe heraus. Im gebrochenen Gelb zeigt sich, dass eine bestimmte Gefahr im Zusammenhang mit dem Thema, das durch die Farbe symbolisiert wird, erkannt ist. Die Botschaft dieser Farbe im Traum ist, der eigenen Urteilskraft zu vertrauen. Gelb zeigt aber auch den Verrat. Zuweilen kündigt Gelb Neider im Umfeld an.

■ **Rosa**

Diese weiche, romantische Farbe verweist im Traum auf vorhandene, unerfüllte Sehnsüchte und Bedürfnisse. Rosa zeigt klar den Wunsch nach Leichtigkeit in Liebe und Leidenschaft, gegen den Sie sich im Wachleben noch immer wehren.

■ **Violett**

Violett steht für Würde, Respekt und Hoffnung. Ihr Ziel ist Erbauung. Die Farbe Violett steht als Symbol für die Suche bzw. dem Streben nach Ausgeglichenheit. Violett ist eine unentschlossene Farbe, die oft bei jungen Menschen das Bedürfnis nach geistiger Führung, innerer Harmonie und mehr Selbsterkenntnis verdeutlicht.

■ **Orange**

Orange ist eine heitere, erbauliche Farbe, mit ihr werden Vitalität und Unabhängigkeit assoziiert. Orange stellt Wärme dar und symbolisiert auch das Mitgefühl. Orange zeigt einen noch unreifen Idealismus und viel Begeisterungsfähigkeit an. Sie durchleben gerade eine Zeit, die Sie besonders dazu herausfordert, Ihr Leben in die eigenen Hände zu nehmen und etwas zu tun. Dunkles Orangerot kann auf Zynismus eines enttäuschten, verbitterten Menschen hinweisen.

■ **Grün**

Grün ist die Farbe des Gleichgewichts. Grün verkörpert große Naturverbundenheit und seelisch-geistiges Wachstum. Diese Farbe verheißt auch eine Reise oder Geschäfte mit Menschen in weiter entfernten Gegenden. Es symbolisiert das Schöpferische und die Wiedererneuerung (als Farbe der Natur). In der heutigen Traumsymbolik wird bei Grün meist Goethes Beobachtung betont, dass sich nämlich in dieser Farbe Licht und Finsternis zu gleichen Anteilen mischen. Blau als der farbige Stellvertreter der Finsternis mischt sich mit Gelb, dem farbigen Vertreter des Lichts. Damit wird die Balance zwischen den dunklen und hellen Seiten des Träumers angesprochen. Nicht zu vergessen ist jedoch auch die Bedeutung der

Farbe Grün als des Unreifen und Unfertigen. Dunkles Grün kann für Abneigungen bis hin zum Ekel und Lebensüberdruss stehen.

■ **Türkis**

Eine tiefgründige Farbe. Das klare Grünlich-Blau symbolisiert in manchen Religionen die befreite Seele. Sie steht für Gelassenheit und Ehrlichkeit.

■ **Grau**

Schwarz und Weiß sind hier miteinander vermischt. Über die tatsächlichen Eigenschaften dieser Farbe lässt sich nur vermuten; im Allgemeinen werden Demut und Fürsorge mit ihr assoziiert. Grau verweist auf die Mischung von Licht und Finsternis, wobei Grau eher dem Reich der Toten zugeordnet ist. Grau wird oftmals als langweilige Farbe angesehen. Grau ist die typische Farbe des Schattens in seiner Bedeutung als das Unbewusste. Zuweilen erzeugt diese Farbe Verzweiflung.

■ **Schwarz**

Schwarz deutet auf Negativität, Trauer und Kummer hin. Sie ist Symbol der Nacht, oft beunruhigend. Sie signalisiert größere Anstrengungen, bevor sich der Erfolg einstellt. Schwarz symbolisiert oft die dunklen, unbewussten Seiten der Persönlichkeit, vor denen man oft Angst hat. Schwarz ist die Farbe der Finsternis. Sie ist die Farbe der Kreativität, da aus dem Dunkel alles geboren wird.

■ **Blau**

Blau ist die primäre Heilfarbe und steht für Entspannung, Schlaf und Friedfertigkeit. Diese Farbe lässt auf Treue schließen, und auf Hilfe und Wohlstand durch andere Menschen. Blau hat mit Religiosität, geistigen Zielen und Reife der Persönlichkeit zu tun. Im Traum wird mit der Farbe Blau immer der seelisch-emotionale Aspekt betont. Es wird hier auf den Rückzug und die Innenschau verwiesen. Blau deutet den Träumer auf seine introvertierte und kalte Verhaltensweise hin. Der negative Aspekt dieser Farbe zeigt sich im getrübten Blau, das Trauer, Ängste und Verwirrung ausdrücken kann. Handelt es sich um die Farbe des Wassers, so ist das Blau ein Symbol für das Unterbewusstsein oder die weibliche Seite der Natur. Ein sehr dunkles Blau ist das Zeichen für Ruhe und Tiefe wie auch für die Nacht, unter Umständen auch für den Tod. Es gibt aber noch viele andere Bedeutungen der blauen Farbe, die sich jedoch nur ganz individuell erkennen lassen.

■ **Rot**

Rot ist die Farbe des kämpferischen Mars, der Feuer und Lebendigkeit personifiziert. Es symbolisiert ferner Mut und Leidenschaft, Ausdruckskraft, Stärke, Energie, Leben, Sexualität und Macht, aber auch Kindlichkeit, Zorn, Hass und Grausamkeit. Mit der Farbe Rot wird im Traum der körperliche Aspekt betont, Aktivität und Freude, Leidenschaft und Liebe. Ist die Farbe im Traum nicht in ihrem reinen Zustand, bedeutet dies, dass die Eigenschaften ebenfalls nicht in ihrer stärksten Ausprägung vorkommen. Helles Rot wird mit Gefühlswärme und aufrichtiger Zuneigung gleichgesetzt. Dunkles Rot versinnbildlicht Energie und Antriebskräfte, Leidenschaften und Begierden, die einen Menschen beherrschen.

■ **Braun**

Träume, die die Farbe Braun beinhalten, sind oft der Hinweis, sich in einer bestimmten Sache mehr zu engagieren. Braun ist die Farbe der Erde, der Erdverbundenheit.

Träume von Tieren

Tiere im Traum sind oft ein Hinweis für die sexuelle Kraft und die Vitalität eines Menschen. Die tiefsten animalischen Triebe können zum Vorschein kommen. Da wir in einer Gesellschaft leben, in der das Wilde mehr und mehr unterdrückt und ausgerottet wird, ist es sehr wichtig, dass es zumindest noch in unseren Innenwelten überlebt. Sie können sich Ihren Tier-Träumen jedoch auch anders nähern, indem Sie Hauptaugenmerk auf das Tier richten. Überlegen Sie: Wie sah das Tier aus, wie groß war es, wie hat es sich verhalten, war es aggressiv, versetzte es Sie in Angst, fanden Sie es abstoßend oder mochten Sie es? Möglicherweise haben Sie sich etwas merken können. Auch mythologische Geschöpfe treten des Öfteren in unseren Träumen auf. Selbst wenn Sie sich nicht bewusst an die Bedeutung dieser Geschöpfe erinnern, bringt es vielleicht Gewinn, wenn Sie ihre Geschichte erforschen. Träume, die mythologische Symbole verwenden, können Warnungen sein, vor allem dann, wenn in Ihrem Wachleben irgendeine Veränderung begonnen hat und der Weg nach vorn noch unklar ist.

Sowohl in der Mythologie als auch in Träumen weit verbreitet ist die Katze. Sie stellt die Verbindung zur sensiblen Seite des Menschen her (in der Regel Frauen) und verkörpert oft die kapriziöse Seite der Weiblichkeit. Der Hund kann für einen vertrauensvollen Gefährten, für einen Beschützer stehen oder aber für einen Menschen, den der Träumende nicht los wird. Ein universales Symbol ist die Schlange. Sie kann männlich oder weiblich sein und Tod, Zerstörung, verkehrtes Leben und auch Verjüngung symbolisieren. Weil sie im Zusammenhang

Katzen sind ein beliebtes Traumsymbol.

mit dem Paradies steht, ist die Schlange das Symbol für Doppeldeutigkeit, List und Versuchung. Jede Bedrohung durch Tiere deutet auf Ängste und Zweifel hin, die der Träumende bezüglich seiner Fähigkeit hegt. Die Verwandlung des Träumenden oder anderer Menschen in Tiere oder umgekehrt zeigt das Potential für Veränderung in allen möglichen Situationen. Wenn man von Wölfen träumt, kann dies darauf hindeuten, dass sich der Träumende von anderen Menschen bedroht fühlt. Sucht der Träumende Zuflucht vor Tieren, indem er eine Verteidigungshaltung einnimmt oder davonläuft, zeigt dies, dass er mit den tierischen Instinkten kämpft, die er in seinem Leben für bedrohlich und schädigend hält. Er muss sich damit auseinandersetzen, ob seine Reaktionen angemessen sind.

Zur den einzelnen Tieren finden Sie entsprechende Hinweise im Lexikon von A bis Z ab Seite 37.

Sexualität im Traum

Jeder Mensch hat hin und wieder erotische Träume, denn Sexualität ist ein Grundbedürfnis des Menschen. Ob Sie erotische Träume haben, hängt von der jeweiligen Lebenssituation ab, von Bedürfnissen, Wünschen und Sehnsüchten. Wie sich diese erotischen oder sexuellen Erlebnisse im Traum gestalten, hängt zudem stark von der Persönlichkeit des Träumers ab. So ist es sehr wahrscheinlich, dass Menschen, die eine eher schamhafte Beziehung zum Sex haben, auch im Traum eher seltsame, befremdliche erotische Kontakte erleben. Anders dagegen Menschen mit einer offenen Einstellung zur Sexualität: Sie träumen natürlicher und selbstverständlicher von erotischen Beziehungen. Eines haben jedoch alle erotischen Träume gemeinsam, sie dienen als Denkanstoß, sich mit seiner eigenen Sexualität und den damit verbundenen Beziehungen zu den Mitmenschen auseinanderzusetzen. Wer sexuelle Träume hat, sollte darauf nicht entsetzt reagieren, geschweige denn sich schämen. Überlegen Sie sich lieber, was Ihr Traum für Sie und Ihre sexuellen Kontakte bedeuten könnte. Schließlich erschaffen Sie Ihre Traumbilder selbst. Sexuelle Träume verraten oft, wie Sie Ihrer Sexualität gern Ausdruck verleihen würden – ein natürlicher Versuch, einen Ausgleich zum Wachzustand zu finden, der vielleicht zu stark verstandesmäßig geprägt ist. Erotische Träume können auch auf ein Trauma hinweisen, das noch nicht verarbeitet wurde. Träume von richtigem Geschlechtsverkehr sind dagegen eher selten; aber da Träume fast immer verschlüsselt sind und sich Analytiker der meisten Schulen einig sind, dass Sexualsymbole in Träumen häufig vorkommen, können Sie davon ausgehen, dass fast jedes Symbol Ihnen etwas über Sexualität erzählen könnte.

Sexuelle Bilder im Traum müssen nicht plump und deutlich sein, im Gegenteil: Prächtige Blumen, Pflanzen, weicher Samt, glatte Formen eines Gegenstandes, dies alles kann etwas über Ihre Sexualität aussagen. Selbst bei eindeutigen Symbolen befindet sich noch eine geistige Botschaft, da die sexuelle und die geistige Seite Ihrer Natur eine Einheit bilden. Bedenken Sie, dass ein Unterschied zwischen einem Gegenstand, der eindeutig einen Penis darstellt und einem „phallischen Symbol" besteht, denn der Phallus verkörpert in hohem Maße Fruchtbarkeit und die Macht der Schöpfung.

Denken Sie einmal über die Träume Ihrer Vergangenheit nach; es wäre seltsam, wenn sich eine wirklich lebendige Erinnerung nicht auf Ihre Sexualität beziehen würde. Vielleicht war es wichtig für Ihre sexuelle Entwicklung – vergessen Sie nicht, dass diese nicht nur in der Pubertät stattfindet. Auf die ein oder andere Weise verändert und entwickelt sich Sexualität ständig fort bis ins hohe Alter. Jeder wirklich wichtige Traum, der Ihnen deutlich aufgefallen ist, jedoch keinen Bezug auf irgendeine Situation Ihres Wachlebens zu haben scheint, sollte als möglicher sexueller Traum betrachtet werden. Betrachten Sie ihn einmal im Licht dieser Erläuterungen: Es besteht die Möglichkeit, dass er eine Entwicklung Ihrer sexuellen Persönlichkeit andeutet. Haben Sie den Mut, sich intensiv mit dem Traum zu beschäftigen …

■ Was fällt Ihnen alles zu dem Traumbild ein, welche Assoziationen haben Sie?

■ Wie fühlten Sie sich während des Traumes? Waren Sie eher aktiv oder passiv? Haben Sie die erotische Situation genossen oder fühlten Sie sich bedroht? Spielte Ihr Partner oder Ihre Partnerin eine Rolle?

■ Gab es Entsprechungen im Wachleben?

Immer ergeben sich durch dieses genaue Nachspüren und Hinschauen neue Sachverhalte, Sinnbezüge, die für die Träumerin bedeutsam sind.

Der Traum vom Fliegen

Träume vom Fliegen können auf mehrere Bereiche hindeuten. Vielleicht wollen Sie mit einer großen Leistung, einer neuen Idee „hoch" hinaus? Schauten Sie auf eine Landschaft oder in einen Innenraum? Kam Ihnen der Ort bekannt vor? Dann sind sie im Wachleben wahrscheinlich einer Situation gewachsen oder Sie versuchen, vor irgendetwas oder jemanden zu fliehen. Was sahen Sie unter sich? Fürchteten Sie zu fallen? Und wenn, können Sie Ihren Traum mit einer gefährlichen Aufgabe, die Sie im Wachleben ausführen müssen, verbinden? Wie sind Sie geflogen? Schwebten Sie mit einem Gefühl der Unbeschwertheit über Wolken und der Erde? Oder machten Sie Hopser knapp über dem Boden? War der Flug lange oder kurz? Träumten Sie in Ihrem Traum auch vom Fallen, was sehr häufig vorkommt?

Ältere Menschen träumen verhältnismäßig oft vom Fliegen, wahrscheinlich, weil sie stärker danach sehnen, sich von Alltagsproblemen zu befreien. Das kann natürlich jedes Alter betreffen, aber die Älteren reagieren bewusst oder unbewusst auf die stetige Verringerung der körperlichen Beweglichkeit, möchten sich von dieser Behinderung befreien. Oder sie wollen lästige Probleme, die sie an den Erdboden fesseln, loswerden. Wer immer wieder solche Träume hat, sollte versuchen, durch Entwicklung anderer Interessen neue Wege zu einem erfüllten Leben zu finden.

Wie so viele Traumsymbole verband Freud auch das Fliegen mit der Sexualität, mit sexuellem Verlangen, Orgasmus, sogar vom Leben im Mutterleib. Das muss nicht sein, und es wäre falsch, diese Verbindung allzu sehr in den Vordergrund zu stellen. Einige Forscher behaupten, es bestehe ein direkter Zusammenhang zwischen der Freilassung sexueller Energie und Flugträumen. Das Bündnis zwischen Sexualität und Fliegen ist teilweise psychologisch, aber es erinnert auch stark an die Ausdrucksfreiheit, die ein so wichtiger Teil eines guten sexuellen Verhältnisses steht.

Von Essen und Trinken träumen

Träume von Essen und Trinken zeigen Ihnen nicht nur an, dass Sie Hunger haben. Vielleicht machen Sie gerade eine Diät und Ihr Magen knurrt. Vielleicht wollen Sie die Träume zur Selbstdisziplin ermahnen. Stochern Sie im Traum in Ihrem Essen herum, könnte es sein, dass Sie im Wachleben Gefühlsprobleme haben. Unterdrücken Sie etwas? Oder Sie hacken auf einer Schwierigkeit herum, allerdings nur an der Oberfläche, ohne in die Tiefe vorzudringen. Setzen Sie sich an ein Festbankett, sollten Sie sich fragen, ob Sie bereit sind, sich im Wachleben auf eine bereichernde Sinneserfahrung einzulas-

sen. Stopfen Sie sich mit Essen voll, kann das Hunger nach
Zuwendung und Aufmerksamkeit bedeuten. Bereiten Sie im
Traum Nahrung zu, drückt sich darin oft Liebe aus, überlegen Sie, wie Sie Ihre Liebe ausdrücken – gegenüber Ihrem
Partner, der Familie oder Freunden. Sind Sie großzügig, ist
das Essen gut und reichlich? Oder sind die Speisen trocken
und kümmerlich? War genug für alle da? Wenn nicht, kann
das eine Warnung sein, dass Sie gefühlsmäßig erschöpft sind.
War da ein Hinweis auf Finanzen? Mussten Sie für das Essen
bezahlen? Gab es einen Hinweis, dass Sie Freundschaft oder
Liebe erkauften? Gier auf Nahrung hat auch sexuellen Charakter, denken Sie nur an die erheiternde Anzüglichkeit von
Bananen oder Spargel. Trinken bedeutet oft körperliches
Wohlbehagen. Der Genuss von Wasser kann sich auf die Reinigung von Leib und Seele beziehen. Wenn die Speisen und Ge-
tränke Sie mit Widerwillen erfüllten, mag das mit irgendei-
ner Situation im Wachleben zu tun haben, Ihr Verhalten im
Traum ist dabei sehr wichtig. Träume von Brot beziehen sich
oft auf die Entwicklung psychologischer Ausgeglichenheit,
darauf, wie Sie mit sich klarkommen. Untersuchen Sie solche
Botschaften sehr gründlich, denn sie können Ihnen helfen,
Ihre Fortschritte im Leben zu beurteilen.

Von Wasser träumen

Tiefste Gefühle und Erkenntnisse werden hinterfragt, wenn
Ihre Träume den Symbolismus des Wasser benutzen. Träume
von Meer beziehen sich sehr oft auf den Mutterleib, Sie sollten nachdenken, ob Sie vor Ihren Problemen nicht dadurch,
dass Sie sich in Selbsttäuschung flüchten, zu fliehen versu-

chen. Träume von tiefen Seen, Teichen oder Wasserfällen und Quellen haben eine individuelle Bedeutung, sie beziehen sich aber immer auf die Unabhängigkeit des Denkens und Handelns, ob Sie voll im Fluss sind oder drohen, in übertriebener Begeisterung zu ertrinken. Jeder Traum, in dem gestautes oder eingedämmtes Wasser eine Rolle spielen, kann ein Gefahrensignal sein. Vielleicht sollten Sie Ihren Gefühlen freien Lauf lassen. Eine ungedämmte Flut dagegen kann der Hinweis sein, sich besser zu beherrschen. Wenn Sie schwammen, fiel es Ihnen leicht oder mussten Sie sich anstrengen? Bezieht sich das etwa auf Ihr Wachleben? Wenn Sie beim Schwimmen untergingen, sollten Sie über Ihre Probleme nachdenken und sich überlegen, wie Sie wieder an die Oberfläche kommen können. Auch die Temperatur des Wassers ist von Bedeutung. War es angenehm warm oder waren da gar Eisberge im Spiel? Wenn letzteres der Fall ist, ist vielleicht Ihr Gefühlsleben erkaltet. Stürme über dem Wasser sprechen unmittelbar für inneren Stress. Ein Mangel an Wasser weist auf ein ausgetrocknetes Gefühlsleben oder geistige Dürre hin. Oft scheint Wasser auf die eigene Fantasie Bezug zu nehmen und Träume, in denen dieses Element erscheint, laden ein, fantasievoller zu sein und schöpferische Ideen zu pflegen. Geistige Fähigkeiten und esoterische Interessen sind reif für die Entwicklung. Auch die persönliche Einstellung zu Wasser ist bedeutend. Lieben Sie Wasser, sind Ihre Träume sicher anders, als die derjenigen, die es hassen und fürchten. Manchmal verkörpert das Wasser Ihre unentwickelten Seiten. Sie sehen in vielen Träumen von Wasser Ihr Spiegelbild.

Wasser ist ein mächtiges Symbol des Unbewussten. Träumten Sie davon, durch einen Unterwassertunnel zu schwimmen und im Tageslicht wieder aufzutauchen, kann das als Geburtstraum gesehen werden. Es zeigt den Wunsch, wieder geboren, neu erschaffen zu werden – vielleicht körperlich – sollten Sie sich mehr bewegen oder gesünder leben? Vielleicht aber auch psychologisch. Das Bild des Wassers als reinigendes Element darf nicht übersehen werden. Sich von etwas rein zu waschen, kann bedeuten, sich von etwas Unangenehmen zu befreien, etwa in der Einstellung zu anderen Menschen. Oder in Ihrem Verhalten allgemein? So ein mächtiges Symbol ist nicht schwer zu deuten. Ein Bad darin könnte zeigen, dass Sie sich im Wachleben auftun, um in bisher unbekannte Gebiete Ihres Lebens vorzudringen, so als schaffen Sie Ordnung, bevor Sie das Haus verlassen, um zur Arbeit zu gehen. Träume vom Wasser haben sehr viel mit Neubeginn zu tun.

Im Traum reisen

Träume von Reisen in fremde Länder oder Orte richten oft die Bühne her, bieten einen Hintergrund, ein Gerüst für das Wachleben. Sie wagen sich im Traum ins Unbekannte, wenn Sie im Wachleben vor einer neuen Arbeitsstelle oder Beziehung, vor wichtigen Veränderungen stehen. Wenn Ihre Traumreisen Sie weit fortführen, dann ist das vielleicht ein Hinweis, dass Ihr Leben beengt ist und Sie Abwechslung, andere Interessen oder geistige Anregung brauchen. Wie sah der Horizont in Ihrem Traum aus? War er klar oder finster? Öffnete er sich, wie üblich, beim Näherkommen, oder hinderte Sie etwas daran, ihn zu erreichen? Eine Reise in ein

Zu den angenehmsten Träumen gehört es, in einer friedlichen Landschaft die Ruhe zu genießen.

fremdes Land und das Erwachen kann so voller lebhafter Erinnerungen sein, dass Sie denken, sie wären wirklich dort gewesen. Gelegentlich wurde behauptet, das Déjà-vu-Gefühl erkläre sich aus so einer Erfahrung. Schon oft haben Menschen Orte sehr genau beschrieben, die sie, außer im Traum, noch nie gesehen haben.

Landschaften im Traum erkunden

Träume, in denen Sie sich in einer fremden Landschaft befinden, gehören zu den angenehmsten Vorstellungen. Es kann sogar sein, dass Sie erholt wie aus einem Urlaub aufwachen. Von einem Aussichtsturm aus betrachtet, wollen Sie sich womöglich einen Überblick über Ihre jetzige Lebenssituation verschaffen, bevor Sie einen Entschluss fassen. Denken Sie nach, ob es sich in Ihrem Traum um Symbole handelt, die mit Ihrem Leben zu tun haben. Befanden Sie sich in einer belebten Landschaft, etwa einer Straße voller Verkehr und Menschen, sollten Sie darüber nachdenken, ob Sie nicht körperliche und seelische Energie verschwenden oder sich vielleicht zu viel zumuten. Bewegten sich die Menschen in Ihrem Traum frei und ungehindert oder blieben sie im Verkehr stecken? Liefen sie ziellos herum? Befanden Sie sich in einer ländlich, friedlichen Landschaft, in der Sie sich richtig wohl fühlten? Wenn diese Idylle durch eine Störung unterbrochen wurde, ist Aufmerksamkeit geboten. Das kann Probleme oder eine Person aus dem Wachleben darstellen, die Ihre Seelenruhe bedroht. Weicht die ersehnte Landschaft vor Ihnen zurück, kann das der Hinweis sein, dass Ihnen Ziele entgleiten. Sehen Sie die Landschaft z. B. durch Gitter, kann das auf Wünsche deuten, an deren Erfüllung Sie gehindert werden. Das kann ein äußeres Hindernis oder eine eigene Hemmung sein. Sie sollten es schaffen, diese Schranken zu durchbrechen. Betrachten Sie die verschiedenen Merkmale der Landschaft: Meer, Wasser, Berge, wie war das Wetter? Sie können mehr oder weniger wichtig sein und Ihnen etwas über Ihr Gefühlsleben und die Art, wie Sie Gefühle ausdrücken sollten, sagen. Ein Traum von einer Landschaft kann auch auf das Bedürfnis, einmal alles stehen und liegen zu lassen, hinweisen und sie dazu anregen, einmal einen Tapetenwechsel vorzunehmen oder in Urlaub zu fahren.

Verfolgungsträume

Verfolgungsträume können beängstigend sein, vor allem wenn sie häufig auftreten. Sie sollten auf keinen Fall zulassen, dass Sie diese Symbole bis in die wachen Stunden verfolgen. Gehen Sie der Sache deshalb auf den Grund. Zwei Dinge sollten Sie beachten: Wenn Sie verfolgt wurden, konnten Sie dann Ihren Verfolger abschütteln? Oder gelang es Ihnen, sich umzudrehen und ihm gegenüberzutreten? Welche Gestalt hatte Ihr Verfolger? Wenn es sich um einen Wiederholungstraum handelte, sollten Sie aufschreiben, inwiefern sich der Traum von vorherigen unterschied und wie er sich entwickelte. Es hat etwas zu bedeuten, wenn sich der Abstand zwischen Ihnen und Ihrem Verfolger vergrößert, es könnte sein, dass Sie sich von einem bestehenden Problem entfernen, dass es immer unwichtiger wird, vielleicht, weil Sie fest entschlossen sind, ihm zu entkommen oder es einfach nicht beachten wollen. Wenn dagegen Ihr Verfolger immer näher kommt, verstricken Sie sich darin immer fester, fürchten Sie, das Leben umzingele Sie so, dass sie unfähig sind, zu handeln. Solch ein Traum kann Sie ermutigen anzuhalten, um Ihrem Problem entgegenzutreten. Fragen Sie sich, wer oder was Sie jagte, bedenken Sie bitte, dass es eine Person, ein Problem oder ein Element sein kann, vor dem Sie weglaufen.

War Ihr Verfolger ein Tier, versuchen Sie herauszubekommen, was dieses Tier im Wachleben für Sie bedeutet. Lieben oder hassen Sie es? Oder haben Sie Angst davor? Erinnert es Sie an jemanden, den Sie kennen? Es kann auch sein, dass der Verfolger einen Charakterzug Ihrer selbst darstellt. Dann müssen Sie entscheiden, ob Sie ihn ignorieren oder diese

Schwäche überwinden wollen. Bösartige Tiere, die Sie verfolgen, werden als bösartige eigene Instinkte gedeutet, oder als etwas, wovon Sie sich nicht befreien können. Sind Sie es, der im Traum jemanden verfolgt, sollten Sie versuchen festzustellen, wen oder was der Verfolgte darstellt. Es kann sein, dass hier ein Minderwertigkeitskomplex oder eine persönliche Schwäche beschrieben wird. Kurz, Sie jagen hinter der Möglichkeit her, selbstsicherer zu werden, oder das Gejagte stellt etwas Materielles dar, um das Sie sich bemühen. Wenn Sie das, was Sie jagen, nicht einholen können, verpassen Sie dann nicht etwas? Vielleicht sollten Sie sich mehr anstrengen, härter arbeiten oder sich um eine inhaltsreichere Partnerschaft sorgen. Fühlen Sie sich im Augenblick hoffnungslos und vielleicht kurz vor dem Aufgeben? Sie sollten nach Unterstützung von Freunden und Familienmitgliedern suchen, denn sie können Ihr Selbstvertrauen stärken. Achten Sie auf positive Symbole, wie den vergrößerten Vorsprung vor dem Verfolger, oder dem Augenblick, in dem Sie ihm gegenübertreten.

Symbole von A bis Z

Träume bereichern und beleben uns durch ihre bildhafte und gefühlvolle Sprache. Jeder Traum ist etwas Einzigartiges. Und doch gibt es typische Symbole und Themen, die sich bei vielen Menschen wiederholen. Den Sinn dieser rätselhaften Symbolik müssen Sie individuell für sich erschließen und übersetzen. Das folgende Lexikon möchte dazu beitragen. Bevor Sie jedoch die einzelnen Symbole interpretieren, die in Ihrem Traum eine Rolle spielten, sollten Sie versuchen, sich an das Traumgeschehen insgesamt zu erinnern.

AAL Um den Traum deuten zu können, spielt die Beschaffenheit des Gewässers, in dem der Aal schwimmt, eine wesentliche Rolle. Ihn lebendig zu sehen bedeutet, dass Sie sich nur „aalglatt" aus Schwierigkeiten retten können. Halten Sie die Augen offen. Sie können zudem mit einer guten Nachricht oder einem günstigen Verlauf eines Vorhabens rechnen. Ein Aal im klaren Wasser zeigt einer Frau neue, aber vergängliche Freuden auf. Ihn im trüben Wasser eines Sees oder Flusses zu beobachten, steht für Streitigkeiten oder Prozesse. Viele Aale, die sich im Wasser tummeln, können mit der Sehnsucht nach sexuellen Höhepunkten in Verbindung gebracht werden. Fangen Sie im Traum Aale, könnte sich ein laufendes Geschäft erfolgreich entwickeln, doch Vorsicht: Neider sind nicht weit. Aale, die Ihnen aus den Fingern schlüpfen, warnen vor zukünftigen Misserfolgen. Aale, die sich winden, kündigen ebenfalls unangenehme Ereignisse und Nachrichten an. Vorsicht vor aalglatten Menschen in Ihrer Umgebung. Einen Aal aus dem Wasser zu ziehen,

A

bedeutet für einen Kranken baldige Genesung. Ein gefangener Aal steht für Unglück, Schaden und Nachteil, Leid und Verdruss. Ein toter Aal zeigt einen Sieg über Konkurrenten oder Feinde an, Liebenden verheißt er das glückliche Ende einer langen Werbung. Ist der Fisch zerschnitten, bedeutet das den Tod eines Gegners oder gefährlichen Nebenbuhlers. Aal zu essen, kündigt oft bevorstehenden Ärger an. Ein Aal kann auch ein Sexualsymbol sein, das vor allem bei Frauen auf sexuelle Bedürfnisse und Frustrationen hindeutet.

ABBIEGEN   Wenn Sie im Traum um eine Ecke biegen, haben Sie akzeptiert, dass Sie die Richtung in Ihrem Leben ändern müssen.

ABBEISSEN   Beißen Sie im Traum von etwas Leckerem ab, werden Sie vielleicht bestohlen. Beißen Sie in etwas Ungenießbares, bemühen Sie sich womöglich um eine verlorene Sache.

ABSTÜRZEN   Das Bild signalisiert einen Verlust, der Sie selbst oder einen anderen Menschen betreffen kann. Ein Absturz aus großer Höhe oder der eines Flugzeugs zeigt manchmal, dass Sie sich von der Lebenswirklichkeit entfernt haben oder wieder auf den Boden der Tatsachen fallen. Wenn andere Menschen im Traum abstürzen, könnte das ein Hinweis auf einen drohenden Verlust sein. Der gesamte Traum gibt schließlich Aufschluss darüber, ob Sie andere Personen, Situationen, Dinge oder gar sich selbst falsch eingeschätzt haben. Der Absturz kann aber auch allzu großen Optimismus oder sogar Überheblichkeit symbolisieren.

ABENDESSEN   Wenn Sie von einem Abendessen träumen, können Sie sich freuen. Es steht ein freudiges Ereignis bevor, eine private Glückssträhne kündigt sich an. Ein sehr günstiges Symbol für alle Ereignisse des folgenden Tages. Ein reich gedeckter Tisch kann bei älteren Leuten auf einen besonders glücklichen Lebensabend schließen lassen, der es an nichts fehlen lässt.

ABGRUND Ein Abgrund kann der Hinweis auf Lebensschwierigkeiten sein, die jedoch überbrückt werden können. Der Sturz in einen Abgrund steht für Verdächtigungen und Anschuldigungen – überstehen Sie den Absturz unverletzt, wird Ihre Ehre wieder hergestellt. Stehen Sie am Rand eines Abgrundes, sollten Sie in den folgenden Tagen sehr aufmerksam sein. In einen Abgrund zu schauen, kann bedeuten, dass Sie ins eigene Unbewusste blicken. Gleiten Sie in den Abgrund, ist das als noch massivere Warnung zu verstehen, es zeigt vielleicht an, dass Sie Schwierigkeiten nicht mehr entgehen können. Stürzen Sie in einen Abgrund, kann das eine bevorstehende persönliche Katastrophe ankündigen. Je nach den persönlichen Lebensumständen bedeutet der Sturz auch, dass Sie unerwartetes Glück haben können, insbesondere, wenn Sie weich landen. Oft steht aber auch seelischer Kummer ins Haus, manchmal setzt der Traum eine momentane Lage aus dem realen Leben um – etwa den Sturz aus dem Bett, dem ein sofortiges Erwachen folgt. Günstig zu deuten ist es, wenn Sie Steine in den Abgrund werfen oder ein Felsbrocken hinabrollt, das symbolisiert die Befreiung von Sorgen und Nöten, die wie ein Fels auf Ihrer Seele lagen. Werfen Sie einen Menschen in den Abgrund, lösen Sie sich voraussichtlich bald aus einer Beziehung, die für Sie nur noch eine Belastung darstellt. Wenden Sie sich vom Abgrund ab, verschließen Sie vor

Tatsachen die Augen. Steigen Sie in den Abgrund, sollten Sie den Grund für eine scheinbar ausweglose Lage finden, damit Sie diese leichter überwinden. Der Traum weist auf eine Angst vor Kontroll- oder Identitätsverlust hin.

ABHANG Die Angst vor dem Versagen ist ein starkes Gefühl, das im Traum durch das Symbol des Abhangs zum Ausdruck kommen kann. Betreten Sie in Ihrem Traum einen steilen Abhang, ist dies ein Wink, dass Sie sich unbedacht Gefahren aussetzen, weil Sie die Folgen Ihres Handelns nicht absehen können. Der Versuch, einen Steilhang hinaufzuklettern, steht für die große Anstrengung, Hindernisse, die sich in den Weg stellen, zu überwinden. Ein Abhang ist nicht so steil wie ein Abgrund und wird deshalb meist als Vorwarnung gedeutet. Auch wenn Sie schon den Abhang hinabrollen, dabei vielleicht auf Steine stoßen, muss das nicht so ungünstig wie das Abgleiten oder Stürzen in den Abgrund bewertet werden, sondern enthält immer noch die Hoffnung, dass Sie die Gefahr mildern können, wenn Sie rechtzeitig richtig handeln. Ein grüner oder bemooster Abhang steht für Ruhe und Zufriedenheit, ein bewaldeter zeigt an, dass Hindernisse auftreten. Betrachten Sie einen steilen Abhang, können Sie noch rechtzeitig Ihren bisherigen Kurs ändern. Stehen Sie am Rande eines Abhangs, haben Sie Angst vor persönlichem Versagen oder vor kommenden Problemen. Kullern Sie den Abhang im Traum herunter, sollten Sie sich nicht unnötig in Gefahr bringen. Rutschen Sie den Abhang eines Berges herunter, kommen in nächster Zeit unangenehme Ereignisse auf Sie zu, Niederlagen durch eigenes Verschulden sind möglich.

ABSCHIED Ein Abschied kann die Veränderung der Lebensgewohnheiten oder die Aufgabe schlechter Gewohnheiten bedeuten. Ein Abschied ist immer eine Form des Neubeginns.

ABSTIEG Der Traum von einem Abstieg, etwa von einem Berg, einer Treppe oder einer Leiter, ist ein Hinweis für Sie, dass die Lösung eines bestimmten Problems im Unbewussten, in der Vergangenheit zu finden ist. Möglicherweise fürchten Sie auf beruflicher oder sozialer Ebene einen Statusverlust und sind sich trotzdem der positiven Aspekte dieses Verlustes bewusst. Auf der spirituellen Ebene steht dieses Traumsymbol für das Hinabsteigen in die Unterwelt, für das Streben nach mystischer Weisheit, Wiedergeburt und Unsterblichkeit.

ACHT Die Acht ist ein Ganzheitssymbol. So hat z. B. die Tonleiter acht Töne als Oktave, und in der indischen Religion spricht man vom achtfachen Weg Buddhas. Im Traum weist die Acht auf Vollständigkeit hin. Nur ganz selten bedeutet sie, dass es keine weiteren Möglichkeiten mehr gibt. Diese Zahl hat oft den Sinn von „Achtgeben", von „Achtung!", was jedoch meist positiv ausgelegt werden kann. Sie stellt Recht und Gerechtigkeit dar, Ursache und Wirkung. Die horizontal gelegte Acht ist das Zeichen der Unendlichkeit, die Überwindung des Todes.

ADER Adern symbolisieren Lebenskraft. Wenn Sie zur Ader gelassen werden, bedeutet das aufkommenden Streit. Wenn Sie oft von Adern träumen, sollten Sie sich untersuchen lassen, es kann auch der Hinweis auf Störungen Herz-Kreislaufsystems dahinter stecken.

ADLER Im Traum einen Adler zu sehen, kann auf eine Krankheit, die aber positiv verlaufen wird, hinweisen. Gute Geschäfte und Aufschwung sind zu erwarten, wenn Sie einen Adler in die Lüfte aufsteigen sehen. Sehen Sie einen Adler fliegen, sollten Sie sich vor plötzlichem Unglück hüten und das Nächstliegende nicht versäumen. Stürzt sich ein Adler auf Beute und Sie beobachten das, werden Sie Feinde empfindlich treffen. Bringt ein Adler reiche Beute, steht unerwarteter Vermögenszuwachs bevor. Ein weißer Adler bedeutet eine große Erbschaft. Einen Adler auf dem eigenen Kopf sitzen zu sehen, zeigt einen Todesfall in der Familie an. Einen Adler aus der Luft abzuschießen und zu töten, steht dafür, dass Sie Widersacher besiegen. Träumen Sie als Frau von einem Adler, ist Ihr sexuelles Leben vielleicht unerfüllt – wollen Sie von einem starken Mann in Besitz genommen werden?

AFFE Die Affensymbolik stellt immer etwas in uns Frage. Träume, in denen Affen vorkommen, haben sehr oft etwas mit Sexualität zu tun. Sehen Sie einen Affen, werden Schmeichler Sie hintergehen bzw. Sie betrügen. Der Affe beeindruckt Menschen, weil er menschenähnliche Verhaltensmuster zeigen kann. Im Zoo sind die Gehege von Affen Orte, die sich deshalb einer großen Beliebtheit erfreuen. Affen laufen oder klettern zu sehen, kann auf Dummheiten aller Art hinweisen. Tanzende Affen stehen dafür, dass frohe und heitere Stunden auf Sie zukommen. Wenn Sie Affen necken, heißt das, Sie haben jemanden, ohne es zu wissen, Leid zugefügt. Schlagen Sie im Traum einen Affen tot, werden Sie einen hartnäckigen Gegner vernichten. Von einem

Affen gebissen zu werden, bedeutet bei jungen Leuten Liebe, bei älteren Krankheit.

AHORNBAUM Der Ahornbaum ist Symbol für ein angenehmes und glückliches Leben. Allerdings schwindet Ihr Glück, wenn der Baum seine Blätter abwirft bzw. keine Blätter trägt.

ALBATROS Der Albatros ist kein sehr häufiges Traumsymbol. Trotzdem sollte er nicht unerwähnt bleiben. Der Vogel gehört eindeutig zu den Glückssymbolen. Er kündigt eine Verbesserung der Lage an und bringt eigentlich stets eine frohe Nachricht. Die Deutung dieses Symbols stammt aus der Seefahrt. Dort bedeutete das Auftauchen des Albatros für die Seeleute ein gutes Omen.

Beobachten Sie im Traum kletternde Affen, erhalten Sie einen Hinweis darauf, dass Sie vielleicht gerade dabei sind, eine Dummheit zu begehen.

ALLIGATOR   Der Alligator wird oft als bedrohlich erlebt, weil er verdrängte Bedürfnisse, Erfahrungen, Ängste, Gefühle und andere unbewusste Inhalte verkörpert. Zugleich steht er aber auch für Weisheit und Erfahrung des Unbewussten. Im Traum ist der Alligator als eine Warnung vor Feinden zu verstehen, die dem Träumer nach dem Leben und den geschäftlichen Erfolgen trachten. Alligator oder Krokodil im Traum können auch für den Ausdruck der Angst vor dem Unbewussten stehen. Der Alligator liegt meist in Ufernähe auf der Lauer nach Opfern, um sie dann plötzlich anzugreifen. Viele Menschen haben Angst, dass die Kräfte aus dem Unbewussten sie plötzlich überfallen (fressen) und sie so in ernsthafte seelische Krisen bringen können. Deshalb ist ein Alligatortraum als eine Aufforderung zu verstehen, sich aktiver mit dem auseinanderzusetzen, was im Unbewussten verborgen ist und was Sie verdrängen, also nicht wissen wollen.

AMEISEN   Ameisen-Träume sind unterschiedlich zu bewerten. Sie zu sehen, verspricht Erfolg und Glück, allerdings nur dann, wenn man sich genau so darum bemüht wie die sprichwörtlich fleißigen Insekten. Ameisen am eigenen Körper gelten ebenfalls als günstiges Vorzeichen, vielleicht will Sie das Unbewusste darauf hinweisen, dass Sie sich auf den eigenen Fleiß besinnen sollten. Vielleicht macht Sie auch irgendetwas kribbelig, große Pläne, die Sie umsetzen möchten. Töten Sie einzelne Ameisen oder zerstören Sie ihren Bau, kündigen sich womöglich Sorgen und materielle Nöte an, weil Sie sich vermutlich nicht fleißig genug um den Erfolg bemüht haben. Psychotherapeutisch gibt häufiges Träumen von Ameisen einen Hinweis auf Störungen im vegetativen

Nervensystem, vor allem wenn man im Traum ein Kribbeln wahrnimmt, was zu einer medizinischen Untersuchung Anlass geben sollte. Ab und zu entsteht ein solcher Traum allerdings dadurch, dass Gliedmaßen eingeschlafen sind. Wichtig für die Deutung von Ameisenträumen ist, ob der Traum als angenehm oder beunruhigend empfunden wird. Ameisen, wie auch andere Insekten, sind meist ein Gefahrensignal, treten sie in Massen auf, schlägt die Psyche Alarm. Entspannung und Ruhe sind jetzt sehr wichtig. Manchmal steht dieses Traumbild allerdings nur dafür, dass Sie fleißiger, ausdauernder und aktiver sein sollten.

AMSEL Eine Amsel zu sehen oder singen zu hören, versteht man traditionell als positives Vorzeichen. Wenn mehrere Amseln zusammensitzen, wird sich das Leben in absehbarer Zeit voraussichtlich günstig verändern. Manchmal gilt die Amsel auch als Todesbote, aber dem darf man keine zu große Bedeutung beimessen.

ANANAS Kaufen Sie im Traum eine Ananas, können Sie für die nächste Zeit mit einer ausgeglichenen, heiteren Stimmungslage rechnen. Je nach Zustand der Frucht hat dieses Symbol zwei verschiedene Bedeutungen. Ist die Ananas reif, saftig und süß, steht sie für Selbstbewusstsein, Lebensfreude und sexuellen Genuss. Ist sie jedoch verfault, bitter und unappetitlich bzw. ungenießbar, deutet dies auf Unsicherheit, Entbehrungen und/oder sexuelle Enttäuschung hin. Eine Ananas kündigt weiter an, dass Sie bei Ihren Unternehmungen Erfolg haben werden. Die Frucht steht zudem für Selbstvertrauen und ein differenziertes Seelenleben.

ANEMONE   Ihr momentaner Partner ist nicht vertrauens-
würdig.

ANGELN   Das Traumbild Angeln zeigt an, dass Sie sich im
seelischen Gleichgewicht befinden oder es bald wieder erlangen werden. Ein Hinweis darauf, dass Sie nie die Geduld verlieren sollten. Wenn etwas am Angelhaken anbeißt, ist eine
günstige Wendung in Sicht. Ziehen Sie dabei Fische aus
klarem Wasser, verheißt das Erfolg und Glück. Trübes, schmutziges Wasser, in dem Sie angeln, warnt vielleicht vor Intrigen und ähnlichen dunklen Machenschaften, die Sie selbst
anwenden oder in die Sie verstrickt werden könnten, dann ist
Vorsicht bei geplanten Vorhaben angebracht. Wer aber auf
dem Trockenen angelt, der vergeudet kostbare Zeit mit nutz-
losem Zeug. Zur näheren Deutung eines Angeltraums sind die
Gegenstände, die geangelt werden, die Beschaffenheit des
Wasser und Ihre Gefühle beim Angeln wichtig. Allgemein
steht das Angeln als Symbol für die Suche oder dem Streben
nach Anerkennung, Erfolg, Überlegenheit oder materiellem
Besitz.

ANGESICHT   Ist das Angesicht bleich und verstört, folgt meist
Krankheit, ist es sehr bleich, gibt dies den Hinweis auf eine
schwere Erkrankung. Ein dickes und rot aufgedunsenes
Gesicht zeigt Wohlergehen. Sehen Sie im Traum ein schönes
Angesicht im Wasser, bedeutet dies ein langes Leben, Ihr
eigenes im Wasser zu sehen, verheißt Anerkennung. Wenn
Sie ein schönes Angesicht im Spiegel sehen, ist es möglich,
dass sich alle Wünsche erfüllen werden.

ANRUF Ein Mensch Ihrer Umgebung scheint Ihren Rat oder Ihre Aufmerksamkeit zu brauchen. Anscheinend haben Sie sich etwas zu sehr zurückgezogen. Sie sollten mehr auf Ihre Freunde eingehen. Vielleicht meldet sich aber auch irgendeine Seite in Ihnen, die Sie längere Zeit vernachlässigt, ein Wunsch, den Sie unterdrückt haben. Denken Sie über andere Bilder in diesem Traum nach, um sich Gewissheit zu verschaffen.

ANGST Angst spielt in Traumbildern oft eine herausragende Rolle. Die Psychologen der verschiedensten Schulen gehen davon aus, dass Ängste bei jedem Menschen vorhanden sind: einerseits als notwendige Schutzschalter und Sicherung, andererseits als historische Erblast. Wenn es in diesem Sinne „normal" ist, gewisse Ängste zu haben, dann ist derjenige besser dran, der von den eigenen Ängsten auch träumt! Wer nicht davon träumt, hat genauso viele Ängste – nur sie haben es viel schwerer, diese zu verarbeiten – was wiederum die einzige Methode ist, sie loszuwerden. Die Auseinandersetzung mit der Furcht gehört zum Menschsein dazu. Verständlicherweise verdrängen wir sie. Deshalb sucht sie uns im nächtlichen Traum heim. Wenn Sie also Angst haben, Ihre Aggressionen offen auszudrücken, werden Sie wahrscheinlich Träume haben, in denen Sie mit dieser Aggression konfrontiert werden. Alles, was Ihnen Angst einjagt und was Sie im Wachzustand deswegen umgehen, treffen Sie im nächtlichen Traum. Ein solcher Angsttraum kann sich bis zum Albtraum steigern, aus dem Sie schweißüberströmt oder bisweilen sogar schreiend aufwachen. Am besten schauen Sie sich nach dem Angst- oder Albtraum die Art und Ursache der Angst genau an. Möchten Sie einen solchen Traum deuten –

und Sie sollten derartige Träume unbedingt deuten, da sie sonst eine Tendenz aufweisen, immer wiederzukehren –, stellen Sie sich folgende Fragen:

Was macht Ihnen in diesem Traum Angst? Schauen Sie sich die angsteinflößende Situation genau an und fragen Sie sich, woher Sie diese Situation aus Ihrem alltäglichen Leben kennen. Wie reagieren Sie auf diese Furcht im Traum? Zu welchem Ergebnis führt diese Reaktion? Welche anderen Reaktionsmöglichkeiten wären denkbar? Spielen Sie zumindest in Ihrer Fantasie alternative Reaktionsmöglichkeiten durch. Besser ist es jedoch, sich vorzunehmen, die alternativen Reaktionsmuster im Wachzustand auszuprobieren. Warum träumen Sie gerade jetzt diesen Angst- oder Albtraum? Meistens treten beängstigende Träume gerade dann auf, wenn kurz vorher das angsteinflößende bewusst oder unbewusst erlebt wurde. Gehen Sie also noch einmal genau die letzten Tage vor diesem Traum durch und schreiben Sie sich alle furchteinflößenden Momente auf. Wie können Sie diese oder einen von ihnen auf Ihren Traum beziehen? Hatten Sie einen vergleichbaren Traum schon zuvor? Versuchen Sie sich speziell daran zu erinnern, ob Sie in Ihrer Kindheit ähnliche Träume gehabt haben. Ist dies der Fall, versuchen Sie, diese Träume zu verstehen und machen Sie sich klar, dass Ihre Reaktion sozusagen verjährt ist. Das bedeutet, dass Sie als Erwachsener diese Ängste, die in Ihrer Kindheit verständlich und womöglich funktional waren, heutzutage nicht mehr benötigen.

Wenn Sie sich mit diesen Fragen ausführlich beschäftigen, sollte das nicht in einer distanzierten Weise geschehen, nein, lassen Sie sich von der Angst und der Verunsicherung berühren. Möchten Sie sich einem Partner oder einem Freund anvertrauen, können Sie, durch dessen Beisein gestärkt, diese Ängste untersuchen und diese in Ihrer Fantasie Stück für Stück erinnern, wiederholen und durcharbeiten. Danach ist es jedoch unabdingbar, Ihre Fantasien und Gefühle aus der Distanz zu betrachten. Gehen Sie aber sogleich distanziert an Ihre Ängste heran, werden diese Sie nicht zu ihren Ursprüngen führen. Im Grunde machen Sie sich bei dieser Technik die Ängste zu Ihrem Verbündeten, indem sie Ihnen zeigen, woher sie stammen. Wenn Sie das verstanden haben, können Sie meistens auch diese Ängste auflösen. Sollte das jedoch wider allen Erwartens nicht möglich sein, sollten Sie einen Psychotherapeuten um Rat fragen, der im Umgang mit Träumen Erfahrung hat. Träume, die Angst auslösen, sind immer Hinweise auf Zweifel, Unsicherheit, Hemmungen und Schuld- oder Minderwertigkeitsgefühle. Wichtig für die Deutung solcher Träume ist, durch was die Angst ausgelöst wurde. Tritt ein bestimmter Angsttraum häufig auf und beunruhigt Sie das sehr, so deutet dies auf eine ernstzunehmende Störung hin, die einer möglicherweise therapeutischer Behandlung bedarf.

ANZUG   Die Symbolik des Anzuges richtet sich danach, wie elegant er ist und welche Farbe er hat. Grau charakterisiert er eine starre, lebensfeindliche und konservative Einstellung. Besitzen oder kaufen Sie einen Anzug, folgen Wohlstand und Ruhm. Wenn Sie im Traum einen neuen sehen, haben Sie neue Pläne. Bei einem alten Anzug müssen Sie bei Ihrer jetzigen Beschäftigung aushalten. Eigene Geheimnisse werden aufgedeckt, wenn Sie den Anzug wechseln. Einen schwarzen Anzug zu tragen, zeigt womöglich eine bevorstehende Krankheit an. Sehen Sie andere Menschen in schwarzen Anzügen, folgt Enttäuschung.

APFEL Ein roter Apfel kündigt ein freudiges Erlebnis in der Liebe an, vielleicht verlieben Sie sich. Ein fauler Apfel steht für Ärger. Ein wurmstichiger Apfel kann auf eine Trennung oder Liebeskummer hinweisen. Schenken Sie einer Frau im Traum einen Apfel, werden Sie diese als Freundin gewinnen.

APFELBAUM Hängen viele Äpfel daran, werden Sie Freunde gewinnen. Ein Apfelbaum voller reifer Äpfel verspricht Einnahmen. Ein blühender Apfelbaum ist ein Wink auf geschäftliche Erfolge.

APFELSINE Schälen Sie eine Apfelsine, werden Sie noch viel Mühe haben, an Ihr Ziel zu kommen. Essen Sie eine Apfelsine, kann das der Hinweis auf ein bevorstehendes Liebesabenteuer sein. Wenn Sie viele Apfelsinen sehen, winkt Liebesglück.

APRIKOSEN Aprikosen zu essen oder zu besitzen, symbolisiert Glück und Wohlergehen, sie zu sehen, Gewinn und Freude. Wer Aprikosen beim Wachsen beobachtet, wird in Zukunft mit Problemen zu kämpfen haben. Essen Sie unreife Früchte, könnte eine Krankheit bevorstehen. Sehen Sie andere Menschen Aprikosen essen, werden Sie womöglich in Ihrer Umgebung mit Ärger konfrontiert. Verkaufen Sie diese Früchte, stehen Gewinne ins Haus.

ARBEIT Wenn Sie selbst im Traum gearbeitet haben, was für eine Arbeit war es? Hat Sie Ihnen Spaß gemacht oder sonst irgendwie Befriedigung verschafft? Warum? Mit wem haben

Sie gearbeitet? Die Antwort auf diese Fragen kann Ihnen helfen, den Traum richtig zu deuten: Sehen Sie andere Menschen arbeiten, könnten gute Geschäfte bevorstehen, arbeiten Sie selbst, winkt Erfolg, wenn Sie sich genug einsetzen. Suchen Sie Arbeit, könnte dies ein Hinweis auf einen Gewinn aus einem unerwarteten Zusammentreffen sein. Sehen Sie Arbeiter schuften, sollten Sie sich nicht auf fremde Hilfe verlassen. Dieses Traumsymbol verweist unter anderem sehr häufig darauf, dass sie mehr praktisch tätig sein sollten.

ARME Arme stehen im Traum generell für die Fähigkeit, das Leben zu gestalten, sich selbst zu verwirklichen, etwas zu schaffen, zu verändern oder zu zerstören. Spezielle Deutungen dieses Symbols lassen die folgenden Begleitumstände zu: Wer sich den Arm verletzt, ist in seiner Handlungsfähigkeit eingeschränkt. Kräftige Arme umschreiben das Zupacken im Beruf wie im Privatleben, das zum Erfolg führt. Zu kurz geratene Arme deuten auf Mutlosigkeit hin, weil alles misslingt. Zu lange können kleine, aber wichtige Details nicht erfassen, schwache oder dürre lassen in mancher Beziehung Hilflosigkeit erahnen. Nach einer alten Volksweisheit sollen stark behaarte Arme auf Geldzuwachs hinweisen. Und schließlich sind Arme, die uns umschlingen, jene Helfer, die uns „unter die Arme greifen". Eigene Arme kündigen im Traum oft schwere Arbeit an. Nur ein Arm kann auf Hemmungen oder andere Hindernisse im Leben hinweisen, deren Bewältigung schwer fällt. Gebrochene Arme können für bevorstehende große Streitigkeiten und Verluste stehen. Die Amputation eines Armes ist als Anzeichen für Beschränkungen der eigenen Entfaltungsmöglichkeiten zu verstehen.

Außerdem müssen Sie noch die unterschiedliche Symbolik von rechts und links berücksichtigen, wenn Sie nur einen Arm im Traum wahrnehmen. Arm und Hand gehören ganz eng zusammen. Erscheint ein Arm im Traum, so steht er symbolisch für die Fähigkeit und die Grundlage des Handelns. Dementsprechend kann man den Verlust oder die Lähmung eines Armes deuten.

AST Ein Ast mit Blättern weist darauf hin, dass Sie sich grundlos Sorgen machen. Ist er aber kahl, verdorrt oder abgebrochen, steht er als Zeichen für Misserfolge und Enttäuschungen. Wer über einen abgebrochenen Ast stolpert, bei dem wird eine bestimmte Angelegenheit kurzfristig zu Ende gehen. Manchmal beginnt dann eine innere Wandlung im Wachleben. Der Ast ist Teil des Lebensbaumes, der etwas über die seelische Verfassung aussagt, wobei blühende oder grünende Äste Ihre innere Ausgeglichenheit widerspiegeln, dürre oder abgestorbene aber auf eine augenblicklich nicht sehr gute Verfassung hinweisen können. Sie können auch auf einem schwankenden Ast sitzen, d. h. sich unsicher fühlen. Sägen Sie im Traum den Ast ab, auf dem Sie sitzen, sollten Sie im bewussten Leben vorsichtiger taktieren, damit Sie nicht den Halt verlieren. War der Ast abgebrochen? Möglicherweise ist dieser Traum eine Warnung, dass Sie sich zu viel zutrauen und der Last nicht gewachsen sind.

ASTERN Astern sind das Symbol der Würde. Verwelkte Astern stehen oft für Hoffnungen, die Sie begraben müssen, blühende für zukünftigen Erfolg. Weiße oder schwarze Astern werden traditionell als Ankündigung von Krankheit und Todesfällen verstanden, bunte pflückt man für eine späte

Liebe. Diese Blume wird gern den Toten ins Grab gelegt. Sie haben (unbewusst) Angst um Ihre Gesundheit oder die von Freunden. Vielleicht haben Sie Anzeichen von Störungen wahrgenommen, ohne dass es ihnen klar wurde. Seien Sie in dieser Beziehung etwas aufmerksamer in der nächsten Zeit. Rote Astern stehen für Glück in der Liebe, blaue sollen überlegene Geisteskraft und klare Entscheidungen ankündigen. Astern in kräftigem Gelb stehen für Intuition, die Sie in die richtige Richtung lenken wird, schwach gelbe Blumen dagegen sind ein Hinweis auf Verrat, Enttäuschungen oder gar Intrigen und Neid.

ARTISCHOCKEN Ihnen steht heimliches Leid oder eine Trennung bevor. Eine Artischocke zeigt auch Ärgernisse und Schwierigkeiten, die jedoch überwunden werden.

AUFRUHR Ein Aufstand zeigt größere Veränderungen in Ihrem Leben an, die Sie verunsichern, weil Sie den Ausgang noch nicht abschätzen können. Ihr Leben ist in Unordnung geraten. Haben Sie revoltiert oder sind andere an der Unruhe schuld? Es ist wichtig festzustellen, mit was oder mit wem Sie sich im Widerspruch befinden. Wird ein Freund bei dem Aufruhr getötet, haben Sie Pech in allen Dingen. Sehen Sie dabei auch Blut fließen, drohen unerwartete Ausgaben.

AUGEN Die Augen sind das Organ des Lichts, der Bewusstheit, aus der nach einem der ägyptischen Schöpfungsmythen die Welt entstand. Der Spiegel der Seele, als empfangendes Organ weiblich, als „Blitze schleuderndes", scharf sehendes phallisch-männlich, von Freud seiner Form wegen als weibliches Sexualorgan gedeutet. Er fasste die Selbstblendung des

Ödipus wegen des schuldhaften Inzestes mit der Mutter (Ödipuskomplex) als sinnbildliche Kastration, das Reiben des Auges als Onanie- oder Masturbationsersatz auf. Das Gefühl ist von den Augen abzulesen, weshalb eine erotische Deutung durchaus nahe liegt. Nach neuerer Erkenntnis sagt das Symbol eher etwas über Ihren seelischen Gesamtzustand und Ihre Einstellung zur Zukunft aus. Augenträume beziehen sich auf Ihre innere Einstellung. Das Auge steht für Intelligenz, geistige Interessen, Wachheit, Neugierde und Wissen, aber auch für innere Unruhe. Traditionelle weitere Bedeutungen finden Sie in vielen alten Traumbüchern. Im Traum zu erblinden, deutet auf geistige Blindheit, zu sehen, auf das klare Erkennen einer bestimmten Lage. Wer schielt, schätzt womöglich eine Situation oder einen Menschen falsch ein. Ist Ihre Sehfähigkeit im Traum behindert, kann dies bedeuten, dass Sie ein bestimmtes Problem oder auch die gesamte Problematik Ihrer Lebensweise nicht richtig sehen oder nicht erkennen wollen. Trübe oder verschleierte Augen können auch eine Warnung sein. Vielleicht sollten Sie einen Augentest machen lassen.

Das Auge ist Sinnbild der sinnlichen und intellektuellen Wahrnehmung. Versuchen Sie sich auch an die Farbe des Auges zu erinnern: Blaue Augen stehen für heiße Liebe, graue für Falschheit aller Art. Braune Augen stehen für die Treue eines anderen Menschen, Sie können auf ehrliche Liebe hoffen; schwarze, unergründliche Augen können ein Hinweis und eine Warnung vor unaufrichtigen Menschen sein. Sind die Augen im Traum niedergeschlagen, ist dies ein Hinweis auf eine innige Liebe, die sich noch verbirgt, schöne, große Augen stehen für Wohlstand und Glück, schlechte Augen für

Verluste und triefende für betrübliche Erlebnisse, die in Zukunft auf Sie warten.

Sehen Sie in Ihrem Traum ein einzelnes Auge, suchen vielleicht wachsame Feinde eine Gelegenheit, Ihnen beruflich zu schaden, einem Liebenden verheißt es, dass ein Rivale über ihn triumphiert, wenn er nicht aufpasst. Ein Auge als Symbol kann auch darauf hinweisen, dass ein Plan Schwächen aufweist und überarbeitet werden muss. Werden Sie im Traum von fremden Augen angestarrt, ist dies ein glückliches Omen, eine wichtige Veränderung steht schon bald bevor. Machen Sie sich im Traum Sorgen um Ihre eigenen Augen, heißt das womöglich, dass jemand heimlich gegen Sie arbeitet, seien Sie vorsichtig! Es droht schmerzhafter Verlust und Ärger, wenn Sie einen Einäugigen sehen. Ausgestochene Augen können auf einen drohenden Verlust hinweisen, geschlossene auf getäuschte Hoffnungen. Verlieren Sie im Traum Ihre Augen, lassen Sie womöglich Freunde im Stich, und träumen Sie von einem Augenleiden oder einer Verletzung, haben Sie Probleme, die Wahrheit zu erkennen.

AUTO Ein Auto kann allgemein als Sinnbild für Antrieb stehen, die das Handeln und Verhalten eines Menschen beeinflussen und ihn motivieren. Je nach den Begleitumständen ergeben sich oft die folgenden speziellen Bedeutungen: Selbst ein Auto zu lenken zeigt an, dass Sie eine Sache fest im Griff haben und diese zu einem erfolgreichen Abschluss bringen werden, zum Teil werden Sie dadurch aber auch aufgefordert, mehr Aktivitäten zu entwickeln, um das Leben zu verändern und neue Ziele anzustreben. Wer mit seinem Gefährt problemlos vorankommt, der wird auch im bewussten Leben sein Ziel erreichen. Das Lenken eines Fahrzeuges kann mehr mit der Richtung und dem Ziel in Verbindung gebracht werden. Bedienen Sie das Auto falsch, machen Sie auch im Wachzustand manches nicht richtig. Es deutet auf Unabhängigkeit hin, wenn Sie allein in einem Auto sind. Sitzen Sie in einem besonders schicken, fremden Auto, möchten Sie nach außen hin möglicherweise wichtiger erscheinen, als Sie in Wirklichkeit sind. Das Dahinrasen in einem schnellen Auto steht für Sehnsucht nach einem sexuellen Rauscherlebnis. Wenn im Traum während der Fahrt ein Unfall passiert, wohin wollten Sie fahren oder auf welcher Straße befanden Sie sich zur Zeit des Unfalls? Waren Sie im Fahrersitz? Dann bedeutet es Selbstsicherheit. Ein Sieg in einem Autorennen bedeutet, dass Sie bei der Verwirklichung Ihrer Ziele alle Konkurrenten und Hindernisse aus dem Weg räumen werden.

Auf mangelnde Verantwortung verweisen Träume, in denen Sie in Ihrem Auto sitzen, das (von Ihnen selbst oder von einer anderen Person) unvorsichtig gefahren wird. Wird Ihr Auto hingegen von einem anderen überholt, bedeutet dies, dass Sie sich vernachlässigt fühlen. Träumen Sie, dass Sie Ihr Fahrzeug wenden, ist dies ein Hinweis darauf, dass Sie rückfällig werden oder eine Entscheidung rückgängig machen müssen. Beifahrer in einem Auto zu sein, verkündet meist, dass Sie in einer laufenden Angelegenheit Hilfe von außen erwarten dürfen, vielleicht werden Sie dadurch aber auch auf eine übermäßige Beeinflussung und Fremdbestimmung durch andere Menschen hingewiesen, die Sie tunlichst unterbinden sollten. Kaufen Sie sich ein Auto, ist das oft ein untrügliches Zeichen dafür, dass Sie im Begriff stehen, Ihr Leben zu verändern. Es verheißt zugleich einen günstigen Ausgang der in

Angriff genommenen Pläne. Ein Verkehrsunfall verweist auf Versagensängste im Leben.

Brennende Autos, die in hellen Flammen stehen, sind Anzeichen für Erfolge, nur qualmende Wagen warnen vor Misserfolg oder körperlichem bzw. emotionalem Stress. Autopannen und -unfälle machen auf Hindernisse bei der Verwirklichung von Zielen aufmerksam, beispielsweise auf Konkurrenten, dann sollten Sie versuchen, diese Behinderungen zu erkennen und auszuschalten. Verbotsschilder, die Sie übersehen, stehen für Lebensangst, die Sie durch allzu forsches Auftreten überwinden möchten. Der Motor symbolisiert die wesentlichen Triebe, mit denen Sie konfrontiert sind. Handelt der Traum hingegen von den Bremsen, dann zeigt dies Ihre Fähigkeit, eine Situation zu kontrollieren.

Traumszenarios mit Autos verarbeiten häufig die Art, wie Sie auf der psychischen oder emotionalen Ebene mit sich selbst umgehen. Ein Auto steht häufig für den persönlichen Raum, für die Erweiterung des Seins. Es wird in der Traumpsychologie mit motorischer Energie gleichgestellt. Autos, die in Träumen von Männern auftauchen, symbolisieren daher ihre augenblickliche Beziehung zum Sex. Automobil steht oft für das eigene Ich, das es zu beherrschen gilt. Viele Angstträume – Sie überfahren jemanden, die Bremsen funktionieren nicht – hängen mit dem Automobil zusammen, sie beweisen, dass Sie Ihren Lebensstil ändern sollten, um keine Verluste zu erleiden.

AUTOBAHN Auf der Autobahn kommen Sie schnell voran, es sei denn, Sie stehen im Stau, der auf abgeblockte Lebensenergie verweist. Gleichzeitig ist die Autobahn der kollektive breite

Weg, der meist schnell zum Ziel führt, ohne jedoch besonders interessant und umweltgerecht zu sein. Auch Symbol des ständigen Unterwegssein, Vielfahrer, Fernfahrer, Heimatlose, der Beton als Ersatzheimat.

AUTORENNEN Das Traumbild Autorennen kommt erstaunlich häufig vor und deutet auf die Faszination der Beherrschung der Maschine durch den Menschen hin. Gleichzeitig spiegelt sich auch in diesem Traumsymbol die Faszination des Autos und der Geschwindigkeit in unserer Kultur wider. Dabei verbindet sich auf der symbolischen Ebene Erotik mit Schnelligkeit. Eine Mischung, die in perfekter Weise unsere westliche Kultur charakterisiert. Das Autorennen steht im Traum oftmals als Stresssymbol, mit dem viele Ängste verarbeitet werden. Häufig ist mit diesem Traumsymbol verbunden, dass Sie entweder nicht mehr bremsen können oder zu schnell in die Kurve fahren. Das alles sollten Sie auf den eigenen Lebensweg beziehen.

B

BABY Ein Baby im Traum kann einen realen Kinderwunsch ausdrücken oder mit einer Schwangerschaft bzw. Geburt im Zusammenhang stehen. Trifft dies nicht zu, symbolisiert es meist die eigene Kindlichkeit und Unreife. Das bedeutet, dass bestimmte Wesenszüge in Ihnen noch nicht oder erst ungenügend ausgebildet sind und gehegt und gepflegt werden wollen. Ein Baby ist das Symbol der unbewussten Sehnsucht nach Geborgenheit. Ein Baby im Traum kann auch für Neubeginn stehen. Wer eines trägt, hat noch eine ganze Weile sein Päckchen zu tragen und erreicht seine Ziele erst nach vielen Mühen. Wer im Traum ein Baby stillt, sollte seine Pflicht erfüllen, auch wenn es schwer fällt. Wer schöne Babys beobachtet, kann schöne Freundschaften schließen. Hässliche Säuglinge deuten auf kleine Unausgewogenheiten im eigenen Charakter hin. Ein totes Baby lässt manchmal auf ein schlechtes Erinnerungsvermögen schließen. Ein besonders schöner und sauberer Säugling verheißt Liebe und Freundschaft, bei einem schlafenden entwickelt sich die Zukunft bestens. Hören Sie es im Traum schreien, könnte die eigene Gesundheit angegriffen sein. Wenn ein kranker Säugling schreit, sind die Geschäfte rückläufig. Nehmen Sie Ihr fiebergeschütteltes Baby auf den Arm, stehen psychische Qualen bevor. Ist es tot, werden Sie bald von einem Todesfall hören. Wenn Sie im Traum selbst ein Kind zur Welt bringen, wird etwas Neues, eine neue Lebensrichtung oder eine Idee in Ihnen geboren. Sehen Sie, wie eine Frau eines an ihrer Brust stillt, wünschen Sie sich entweder sehnlich ein eigenes Kind, oder sie möchten einem anderen helfen, es betreuen und umsorgen.

BACH Wasser symbolisiert die Seele und den Lebensweg. Plätschert das Wasser in Ihrem Traum gemächlich dahin, können Sie davon ausgehen, dass Ihr Leben auch weiterhin in ruhigen Bahnen verläuft. Falls im Bach viele Fische schwimmen, steht Ihnen Glück ins Haus, wenn Sie in diesem Bach vielleicht sogar baden. Sogar die Genesung von Krankheiten können hinter so einem Traum stehen. Bei unruhigem Wasser müssen Sie mit Schwierigkeiten rechnen, womöglich geht ein Vorhaben daneben. Ist das Wasser trüb, sollten Sie einer Sache unbedingt auf den Grund gehen. Ein kleiner, quellfrischer Bach deutet auf Ihre übersprudelnde Lebensart hin und lässt für Beruf und Privatleben nur das Beste erwarten. Ein trüber, modrig riechender Bach spiegelt oft die trübe Stimmung, in der Sie sich augenblicklich im Wachleben befinden, manchmal möchten Sie dann aber auch im Trüben fischen. Der Stand des Wasserspiegels im Bachbett kann Auskunft darüber geben, wie erfüllt das eigene Leben ist, ein hoher Wasserspiegel weist auf ein erfülltes, ein niedriger auf ein seelisch-geistig verarmtes Leben hin. Hier ist Änderungsbedarf angezeigt. Ein trocken gelegter Bachlauf erinnert an Notzeiten.

BAD Von einem Aufenthalt im Bad zu träumen, kann bedeuten, dass Sie das Bedürfnis haben, sich von alten Gefühlen seelisch-geistig zu reinigen, sich zu erholen, zu erfrischen und zu entspannen. Beim Baden haben Sie die Gelegenheit, über vergangene Ereignisse und über zukünftige Verhaltensweisen nachzusinnen. Dabei sind die folgenden Begleitumstände zu berücksichtigen: Sauber, schön oder verjüngt aus dem Bad zu steigen, zeigt eine Art Läuterungsprozess an, bei dem Sie alles Belastende der Vergangenheit abgewaschen (verarbeitet) haben und sich nun unbeschwert einer glücklicheren Zukunft zuwenden können. Das Bad in klarem Wasser reinigt die Seele und lässt für das Wachleben klare Erkenntnisse zu. Ein Freibad und kaltes Badewasser deuten an, dass Sie neue Tatkraft, mehr Energie und Mut gewinnen werden, um Schwierigkeiten leichter zu bewältigen. Lauwarme Bäder können mehr innere Ruhe oder Entspannung in einer kritischen Situation ankündigen. Baden in trübem, schmutzigem Wasser dagegen deutet auf den Sumpf hin, in den Sie durch eigenes Verschulden gerieten bzw. auf Intrigen und andere Schwierigkeiten, mit denen Sie konfrontiert werden, auch finanzielle Verluste sind dann nicht auszuschließen. Bei gefärbtem Badewasser müssen Sie den Symbolgehalt der jeweiligen Farbe mit bedenken.

Positiv zu deuten ist das Bad in freier Natur, das für das bewusste Leben Ungebundenheit und Zwanglosigkeit verheißt. Sieht sich eine Witwe selbst baden, hat sie ihre frühere Ehe vergessen und kann auf neue Liebesaffären hoffen. Handelt der Traum davon, dass Sie eine andere Person baden, zeigt dies das Bedürfnis, diesen Menschen zu umsorgen oder eine intime Verbindung mit ihm einzugehen. Hier wird der Säuberungsprozess der Seele angesprochen. Das Bad nimmt manches weg, was bisher bedrückte. Das Wasser im Bad spiegelt seelische Energie. So mancher badete schon im Traum, bevor er einen neuen Lebensabschnitt begann.

BADEANZUG Bei Badeanzug und Badehose ist besonders auf deren Schnitt zu achten. Er drückt aus, mit welcher erotischen Selbstdarstellung ihre Trägerin oder ihr Träger charakterisiert ist. Achten Sie genau darauf, was der Badeanzug und die Badehose verhüllt oder nicht. Ferner sollten Sie dieses Traumsymbol als Sehnsucht nach direktem Gefühlskontakt deuten.

BADEMANTEL Der Bademantel symbolisiert bekanntlich die Reinigung. Beim Bademantel ist zu beachten, was er verhüllt und was er enthüllt.

BADEZIMMER Das Badezimmer im Haus spiegelt Ihre Einstellung zu persönlicher Sauberkeit und Ihre intimsten Gedanken und Beschäftigungen wider. Träumen Sie häufig von Badezimmern, steht eine innerliche Reinigung an. Das bedeutet, dass Sie sich um eine klare, zielgerichtete Lebensweise bemühen sollten. Im Badezimmer spielt das Wasser eine hervorragende Rolle und damit ist auch Ihr Gefühlsbereich angesprochen. Gefühle bedeuten auch seelische Bedürfnisse, Wünsche und Ängste, inneres Verlangen und persönliche Lebensträume.

BAUM   Ein gesunder, blühender Baum ist Symbol von Stärke, ein dürrer Baum steht für Pech im Leben. Fallen Sie im Traum vom Baum, ist eine Niederlage zu befürchten. Manchmal kann dieses Symbol aber auch als Warnung verstanden werden. Einen Baum hinaufzuklettern, deutet auf persönlichen Aufstieg hin. Wenn Sie einen Baum schütteln, ist Ihnen das Glück hold. Ist der Baum voller Früchte, weist er auf ein erfolgreiches Leben hin. Sehen Sie einen gefällten Baum, kündigt das womöglich eine Krankheit an. Von den Wurzeln behauptet man, dass sie die Verbindung zwischen den Menschen und der Erde zeigen. Richtiger wäre die Aussage, dass sie das Vermögen des Menschen darstellen, zu den praktischen Seiten des Lebens zu stehen und sich seines Daseins zu erfreuen. Sich ausbreitende Wurzeln bedeuten die Bereitschaft, Offenheit zu zeigen, wohingegen tiefgehende Wurzeln eher auf Zurückhaltung schließen lassen. Der Stamm des Baumes gibt Hinweise, wie Sie Ihre Kräfte einsetzen und wie sie für die Umwelt nach außen hin auftritt. Ein rauer Stamm verbildlicht eine raue Persönlichkeit, wohingegen ein glatter Stamm von Eleganz zeugt.

BÄR   Ist er bedrohlich? Dann ist etwas in Ihrer Beziehung zu einem nahe stehenden Menschen nicht in Ordnung. Im Bären stecken sehr viele weibliche Aspekte, der Bär ist ein sehr umsorgendes Tier, Sie wollen vielleicht Harmonie in Ihren Beziehungen wieder herstellen. In Männerträumen weist er

Der Bahnhof steht immer für eine Station unserer Lebensreise.

auf eine erdrückende, besitzergreifende Mutter hin. Ist der Bär in Ihrem Traum tot, steht er für den Umgang mit Ihren tieferen, negativen Instinkten. Ein schwarzer Bär verkündet Unglück, ein weißer eine zukünftige Auszeichnung. Werden Sie von einem Bären angefallen, werden Sie großen Schaden erleiden. Klatschereien und Verdruss stehen an, sehen Sie einen Bären in Ihrem Traum tanzen. Erscheint ein Bär einer jungen Frau im Traum, muss sie mit einer gefährlichen Rivalin oder einem anderen Missgeschick rechnen.

BAHNHOF Ein Bahnhof bildet den Ausgangspunkt für verschiedene Ziele unserer Lebensreise. Wer im Traum an- und abfahrende Züge beobachtet, kann davon ausgehen, dass sich seine Lebensumstände ändern werden. Haben Sie vielleicht gerade eine Chance verpasst? Schieben Sie dringende Entscheidungen nicht allzu lange auf. Haben Sie Angst, in den falschen Zug einzusteigen? Sie müssen sich fügen, in das, was kommt. Ist der Weg zum Bahnhof versperrt, haben Sie mit Hindernissen zu kämpfen, um Ihr Ziel zu erreichen. Kommen Sie rechtzeitig am Bahnhof an und stehen am Fahrkartenschalter viele Leute vor Ihnen, sind das innere Motive, die mitreisen wollen. In Ihnen ist zu viel Widersprüchliches, zu viel Gedränge im Gefühlsleben, vielleicht auch zu viel Gepäck. Die Mitreisenden sind Ihre eigenen unbewussten Motive, Beweggründe, Gefühle, Charakterzüge, die Ihnen oft nicht sympathisch sind. Promenieren Sie innerhalb eines Bahnhofes, wird Ihnen jemand eine Botschaft übermitteln. Sehen Sie sich auf einem Bahnhof ankommen, so war der unlängst gefällte Entschluss goldrichtig. Verlassen Sie einen Bahnhof, warten dringende Angelegenheiten darauf, von Ihnen erledigt zu werden. Wenn Sie von einem leeren Bahnhof träumen, sollten Sie sehr vorsichtig sein. Ein voller Bahnhof bedeutet Leerlauf in Beruf und Geschäft. Wird der Bahnhof gerade umgebaut oder müssen Sie erst mühselig den richtigen Zug suchen, wird ein geplantes Vorhaben noch in Frage gestellt.

BALLON Bei dem Flug in einem Ballon sind Sie Spielball Ihres Intellekts.

BALKON Ein Haussymbol, das auf das Mütterliche hinweist, auch auf Geschenke. Der Balkon steht manchmal auch als Sexualsymbol für die weibliche Brust, vielleicht kommen darin unterdrückte sexuelle Bedürfnisse zum Ausdruck. Träumen Sie davon, dass Sie sich auf einem Balkon befinden, trachten Sie nach einem höheren Rang, insbesondere dann, wenn Sie vom Balkon herab eine Ansprache halten. Es kann auch anzeigen, dass Sie offen für neue zwischenmenschliche Beziehungen sind. Stehen Sie im Traum unter einem Balkon, zeigt dies, dass Sie sich des Prestigebedürfnisses Ihrer Mitmenschen bewusst sind. Ein einstürzender Balkon steht für Hoffnungen, die Sie wahrscheinlich begraben werden müssen. Sie suchen in einer Situation, in der Sie sich ohnmächtig fühlen, nach Macht.

BANANE   Die Banane ist vor allem in Träumen von Frauen als Phallussymbol zu verstehen, das auf sexuelle, vielleicht unterdrückte Bedürfnisse hinweist, noch deutlicher kommt das zum Ausdruck, wenn die Banane im Traum gegessen wird. Bei Männern kann der Verzehr einer Banane auch unbewusste Ängste vor Sexualität, Potenzverlust oder Kastration anzeigen.

BEERDIGUNG   Es ist kein schlechtes Omen, von einer Beerdigung zu träumen. Der Traum zeigt vielmehr an, dass etwas „begraben" wird, das kann ein Streit, eine Freundschaft oder ein Vorurteil sein. Es hat eine Veränderung stattgefunden, etwas, das Ihnen am Herzen lag, ist bereinigt. Der Traum kann aber auch die Angst vor dem eigenen Tod ausdrücken. An der Beerdigung eines Angehörigen teilzunehmen, zeigt – bei Sonnenschein – gesunde Beziehung und glückliche Heirat im Verwandtenkreis, bei Regen Krankheiten, schlechte Nachrichten von Abwesenden, Geschäftseinbrüche. Eine Beerdigung, auf der es traurig zugeht, kündigt unangenehme Umstände an. Selbst begraben zu werden, soll dagegen Gesundheit und langes Leben bedeuten.

BEEREN Essen Sie im Traum Beeren, haben Sie erotische Wünsche. Suchen Sie nach Beeren, befinden Sie sich womöglich auf der Suche nach einem neuen Ziel oder einem neuen Partner. Sammeln Sie Früchte, weist das auf die Mühsal täglicher Kleinarbeit hin. Sind die Beeren vertrocknet, haben Sie kein Glück in der Liebe, es droht vielleicht sogar Ärger.

BEICHTE Wer im Traum eine Beichte ablegt, möchte sich vielleicht irgendetwas von der Seele reden, über das er im Wachleben schweigt. Je nachdem, was gebeichtet wird, kann der Beichttraum weiteren Aufschluss über diese seelischen Inhalte geben. Vielleicht sind auch die Motive des eigenen Handelns einmal eine Überprüfung wert.

BEINE Machen Sie sich im Traum Sorgen um Ihre Beine, sollten Sie über Ihr Selbstvertrauen nachdenken. Beine weisen auf den Standpunkt in einer Sache hin. Gesunde Beine deuten auf ein rasches Vorwärtskommen hin, auf Erfolg. Füße und Beine verweisen immer auf die Erdung, aber auch auf die Fortbewegung aus eigener Kraft. Werden an einer Traumperson die Füße oder Beine besonders hervorgehoben, sollten Sie Ihre Erdung betrachten und sich fragen, ob Sie auf eigenen Füßen stehen und gehen, was Ihre Grundlagen und Grundwerte sind. Bei verstümmelten Beinen stehen wahrscheinlich Hindernisse bevor. Haben Sie sich ein Bein gebrochen, werden Sie mit einem Verlust oder einer Zurückweisung rechnen müssen.

In der Psychoanalyse, in der jedes Gliedmaß ein Sexualsymbol ist, wird ein Bein mit Fremdgehen gleichgesetzt. Das Bein eines jungen Mädchens ist ein Zeichen von Wolllust, bedeutet aber auch, bald den Kopf zu verlieren und sich gegenüber einem liebreizenden Geschöpf sehr lächerlich zu benehmen. Bei der Deutung der Träume müssen Sie teilweise auch die unterschiedliche Symbolik von rechts und links beachten, wenn Sie nur ein Bein im Traum sehen.

BEISCHLAF   Beischlaf im Traum kann symbolisch für etwas Neues stehen, das Sie im Leben beginnen werden. Aber auch tatsächlich vorhandene sexuelle Bedürfnisse können dahinter stehen. Im Allgemeinen lässt der Traum vom Beischlaf Rückschlüsse auf Ihre Potenz zu. Ein nicht vollzogener Beischlaf kann dementsprechend als Angst vor mangelnder Potenz gedeutet werden. Beischlaf mit der Geliebten kündigt Gutes in aktuellen Liebesdingen an, der mit dem Ehepartner Leid.

BERG   Haben Sie vielleicht das Ziel Ihres Lebens erreicht? Der Gipfel des Berges steht für das Ziel. Wie ist die Aussicht? Ein weiter, freier Ausblick steht für Harmonie und Ausgeglichenheit. Haben Sie den Berg leicht oder nur mit Mühe erklommen? Der Weg auf den Berg verdeutlicht den Lebensweg und die damit verbundenen Schwierigkeiten. Der Abstieg kann auf das Ende eines wichtigen Teilabschnittes in Ihrem Leben hinweisen, aber auch darauf, dass Sie es endlich geschafft haben und dass nun eine ruhigere Zeit vor Ihnen liegt. Vielleicht sollen Sie sich aber auch von zu hoch gesteckten Zielen lösen, die doch nicht erreichbar sind, oder Arroganz ablegen. Oder stehen Sie vor dem Berg als Zeichen von Angst vor scheinbar unlösbaren Problemen? Sehen Sie Berge von weitem, werden Sie mit Missverständnissen konfrontiert. Ein Berg, der Feuer speit, warnt Sie vor einer großen Gefahr. Sie werden von mächtigen Feinden verfolgt, wenn Sie einen Berg wanken sehen. Sind Sie von Bergen eingeschlossen, lassen Sie eine günstige Gelegenheit ungenutzt.

BETT Der Zustand des Bettes weist auf Ihren Allgemeinzustand hin. Ist es ordentlich und sauber, steht es für Beständigkeit. Ist es zerwühlt, kommen unruhige Zeiten auf Sie zu. Ein schmutziges Bett zeigt innere Unzufriedenheit, ein leeres Bett kündigt eine Trennung an. Bei einem großen Bett messen Sie der Sexualität einen großen Stellenwert bei, bei einem kleinen Bett gilt das Gegenteil. Das Bett ist der Hort der Geborgenheit, in dem Sie manchmal tiefe Unruhe erfasst, Sie sollten diesem Gefühl im Wachzustand nachgehen, weil es auf irgendeinen verborgenen Herd seelischer Krankheitskeime hinweisen könnte.

BETTWÄSCHE Hier ist die Beschaffenheit der Bettwäsche entscheidend, ist sie weiß, ist das ein Zeichen für eine glückliche Beziehung, ist sie verziert, wird sich Ihr Lebensstandard verbessern. Wer in schmutziger Bettwäsche schläft, hat Minderwertigkeitskomplexe. Waschen Sie im Traum Bettwäsche, sollten Sie fällige Entscheidungen nicht zu lange aufschieben.

BIBER Fleiß und Ausdauer bringen Sie voran. Sehen oder tragen Sie einen Biberpelz, wird Ihr Besitz sich vermehren und Sie gute Geschäfte tätigen. Beobachten Sie einen Biber, so sind, Ausdauer und Geduld vorausgesetzt, Verbesserung der Lebensumstände zu erwarten. Wird ein Biber wegen seines Fells getötet, steht eine Anklage wegen unschicklichen Betragens bevor.

BIENE Im Gegensatz zu anderen Insekten kommt den Bienen im Traum meist eine positive Bedeutung zu. Sie sind ein Symbol für Fleiß und perfekte Organisation. Sind Bienen und

Bienenkörbe im Traum emsig bzw. in einem guten Zustand, bedeutet das, dass Sie sich in der Gemeinschaft wohl fühlen. Fühlen Sie sich allerdings von den Bienen bedroht, könnten zwischen Ihnen und Ihrem Umfeld Spannungen bestehen. Sehen Sie den Insekten beim Honigsammeln zu, können Sie davon ausgehen, dass Ihre Partnerschaft Bestand haben wird; werden Sie von einer Biene gestochen, kommen große Veränderungen wie Heirat, Berufs- oder Wohnungswechsel auf Sie zu. Töten Sie ein Insekt, kann das Verlust anzeigen; sehen Sie im Traum auf Bienen, die sich auf einer großen, roten Blüte tummeln, können Sie erwarten, dass eine Glückssträhne beginnt, in der so gut wie alles gelingen wird.

BIKINI   Der Bikini im Traum ist ein sichtbares Zeichen der Entblößung, der Offenbarung.

BIRKE   Eine Birke ist immer ein positives Symbol, steht etwa für neue Hoffnungen und Genesung nach langer Krankheit.

BIRNBAUM   Blüht der Birnbaum, zeigt das eine bevorstehende freudige Nachricht, die für das ganze Leben maßgebend ist, an.

BIRNEN   Wenn Sie im Traum Birnen essen, steht Ihnen ein Liebeserlebnis bevor. Eine Birne ist ein erotisches Symbol. Die Form erinnert an Weibliches, an Sehnsüchte, sich zu vereinigen. Die Birne symbolisiert zudem gute Kontakte zu Mitmenschen und gefühlsbetonte Beziehungen. Ernten Sie im Traum Früchte, können berufliche und finanzielle Erfolge bevorstehen. Ungünstig gedeutet wird die Frucht nach alten Traumbüchern. Hier weist sie auf eine Trennung oder ein ähnliches trauriges Ereignis hin.

BISEXUALITÄT Jeder Mensch trägt in sich sowohl eine männliche als auch weibliche Seite. Die eine ist in der Regel offenkundiger als die andere, und oft besteht zudem ein Konflikt zwischen der inneren und der äußeren Welt. Dies kann im Traum als Bisexualität zum Ausdruck kommen.

BISS Sie müssen sich nicht nur Ihrer eigenen Fähigkeit zur Bosheit bewusst sein, sondern auch die Möglichkeit in Betracht ziehen, selbst Opfer eines üblen Angriffs zu werden. Werden Sie im Traum von einer Schlange oder einem anderen großen und giftigen Tier gebissen, werden Sie von Eifersucht und Neid verfolgt. In das Bein oder den Arm gebissen zu werden, kündigt die Krankheit eines Familienmitglieds an. Träumen Sie von einem Menschen, der Sie beißt, wird er Ihnen weh tun, ohne es wirklich zu wollen.

BLAU Blau ist die Farbe der Wahrheit, der seelischen Gelöstheit, der geistigen Überlegenheit. Träume in Blau sind also positiv zu bewerten. Blau symbolisiert Ruhe, Ideale, religiöse und andere Gefühle, so träumen oft sensible, in sich zurückgezogene Menschen. Blau gilt im Traum auch als Farbe der Weite, Ferne und Unendlichkeit. Handelt es sich um die Farbe des Wassers, so ist Blau ein Symbol für das Unterbewusstsein oder die weibliche Seite der Natur. Ein sehr dunkles Blau ist Zeichen für Ruhe und Tiefe wie auch für die Nacht, unter Umständen auch für den Tod. Es gibt aber noch viele andere Bedeutungen der blauen Farbe, die sich jedoch nur ganz individuell erkennen und deuten lassen.

BLUMEN Blumen im Traum deuten auf alles Schöne, Erfreuliche, Ästhetische hin. Blumen zu pflücken, kann Glück und

Erfolg verheißen, manchmal aber auch vor Risiken warnen, die dem im Weg stehen. Wer von einem Strauß frischer Blumen träumt, könnte schon bald ein Liebeserlebnis haben, das glücklich macht. Reißen Sie Blumen ab und werfen Sie diese weg, verspielen Sie wahrscheinlich Ihr Glück durch eigene Schuld. Wenn Blumen verwelken, welkt auch etwas in Ihrem Leben. Welke Blumen stehen für Misserfolge und Enttäuschungen. Zertreten Sie Blumen, trampeln Sie möglicherweise auf den Gefühlen des Partners herum, den Sie zu lieben vorgeben. Die indische Traumschrift „Jagadeva" schreibt einem Blumentraum höchste Glücksverheißung zu. Erhalten Sie einen Blumenstrauß, bedeutet dies, dass Sie für etwas belohnt werden.

BLUMENKOHL   Wer im Traum einen Blumenkohl sieht, wird womöglich für irgendetwas ausgezeichnet. Sehen Sie den Kohl beim Wachsen zu, könnte die Durststrecke, in der Sie sich befinden, bald überstanden sein. Essen Sie Blumenkohl, könnte dies auf positive Geschäfte hinweisen. Erblickt eine junge Frau dieses Gemüse im Garten, geht sie ihren Eltern zuliebe eine Ehe ein, die Sie enttäuschen wird.

BLUT   Blut ist ein Lebenssymbol. Im Traum zu bluten, kann den Verlust von Kraft anzeigen, aber auch eine Verwundung der Seele. Nicht selten ist Ihnen im wachen Zustand überhaupt nicht bewusst, dass Sie an den Verletzungen Ihrer Seele innerlich zu verbluten drohen. Ist der Blutverlust nicht zu stoppen, können Sie einer unangenehmen Situation oder Wahrheit nicht ausweichen. Sehen Sie einen anderen Menschen bluten, ist derjenige auf Ihre Hilfe angewiesen. Blut zu speien, kann symbolisieren, dass Sie alles „Unreine" aus sich herausspucken möchten. Mit Blut befleckt zu sein, deutet oft auf ein Schuld- und Schamgefühl hin. Sie nehmen sich selbst nicht uneingeschränkt an, sondern fühlen sich „schmutzig". Sehen Sie flüssiges Blut, könnten Sie verwundet werden. Rotes Blut symbolisiert auch Fröhlichkeit, geronnenes dagegen verweist auf eine Erkrankung. Schweres, dunkles Blut verkündet den Tod. Wenn Sie im Traum Blut trinken, werden Sie Aussicht auf Erfolg haben. Verlieren Sie tropfen- oder stromweise eigenes Blut, ist das ein gutes Zeichen. Viel Blut zu sehen, bedeutet Krieg. Wenn Sie im Traum helles, rotes Blut spucken, sind Sie gesund. Spucken Sie dunkles und übel riechendes, folgt großer Ärger. Baden Sie im Traum darin, geht Ihr Vermögen verloren. Stammt das Blut von einem Tier, laufen dagegen Ihre Geschäft gut. Blut an anderen Menschen zu sehen, bedeutet Krankheit in der Familie. Das Blut in einer Schüssel aufzufangen, ist ein gutes Zeichen. Ihnen geht es gut und Sie haben jede Menge Kraft. Blutgetränkte Kleider verweisen auf Feinde, die Ihre Karriere zerstören wollen, Sie sollten sich vor neuen Freundschaften hüten.

BOHNEN Wer im Traum Bohnen legt, kann auf einen Gewinn hoffen. Sehen Sie, wie die Bohnen keimen, lacht Ihnen das Glück. Bohnen am Busch zu sehen, zeigt vielleicht, dass Sie Ihre Wünsche oder Absichten nicht verwirklichen können. Pflücken Sie das Gemüse, werden Sie voraussichtlich bald mit Erfolg belohnt. Kochen Sie Bohnen, könnte das auf Probleme hindeuten, aus denen Sie aber letztlich doch Vorteile ziehen. Wer das Gemüse zubereitet, zerstört die Keimwirkung, kann also augenblickliches Glück nicht auf Dauer genießen. Das Essen der Bohnen kann häusliche Streitigkeiten ankündigen. Eine Bohne kann auch für Unsterblichkeit und magische Kraft stehen.

BOOT   Das Boot ist das Symbol Ihrer Persönlichkeit. Es ist ein Zeichen für anstehende Veränderungen. Treibt es in ruhigem Wasser, bedeutet das – ins Wachleben übersetzt – eine ruhige Fahrt des Lebens. Wer es im Dunkeln treiben lässt, der weiß im Augenblick nicht, wie alles weitergeht. Bewegt sich das Boot im trüben Wasser, kommt es vermutlich zu Pannen. Fallen Sie während eines Sturms heraus, sollten Sie eine Reise lieber verschieben. Steuern Sie das Boot selbst, setzen Sie Ihre eigenen Vorstellungen auch um. Befinden Sie sich auf einem Linienschiff, gehen Sie meist unbewusster mit Ihren Gefühlen um, es sei denn, Sie sehen sich als Kapitän dieses Schiffes.

BRATEN   Vielleicht weist das Symbol im Sinne von „den Braten riechen" auf eine günstige Gelegenheit oder ein Risiko hin. Freuen Sie sich im Traum über einen Braten, könnte dahinter eine heimliche Sehnsucht nach der heilen Welt der Familie stehen. Einen Braten zu sehen, steht für gute Aussichten, ein verbrannter für unangenehme Zufälle. Einen Braten zuzubereiten, kann bedeuten, dass Sie eine Einladung erhalten, die ein gutes Omen ist. Die Familie gemeinsam einen Braten essen zu sehen, steht für Wohlstand und schöne Zukunft, günstige Geschäfte oder andere Gewinne, allein einen zu essen, für familiäres Unglück, Verrat, drohende Armut.

BRAND   Mit einem Brand wird immer die eigene Unsicherheit angezeigt. Man sollte in diesem Fall einmal Gefühls- und Gewissensforschung betreiben, um einen möglichen seelischen Brandherd aufzuspüren und etwas dagegen zu unternehmen. Sehen Sie ein Feuer, könnte sich Ihre Freude bald in Traurigkeit verwandeln. Wenn Sie ein Haus in hellen Flammen brennen sehen, wird sich eine Angelegenheit in letzter Minute doch noch zum Guten wenden, oder etwas Neues zeigt sich. Sehen Sie das brennende Haus mit viel Qualm und Rauch, können Sie die Absichten der Menschen um sich herum nicht durchschauen, die eigenen Pläne und Vorhaben sind noch nicht ausgereift. Beobachten Sie einen Brand mit viel Rauch, könnte Streit und Ärger bevorstehen. Sehen Sie nur Rauch, sind Sie bereits jetzt in einer betrüblichen Situation. Wachen Sie während des Traumes auf und träumen dann hinterher noch einmal von einem Brand, ist das kein gutes Zeichen. Etwas Böses steht ins Haus. Entfachen Sie selbst ein Feuer, werden Sie mit vergeblicher Mühe gegen eine ungünstige Schicksalswendung ankämpfen. Brennt es in Ihrem Zuhause, verbessert sich Ihre Situation, wenn es keine Rauchentwicklung gibt. Gibt es dagegen nur Rauch, verschlechtert sich irgendetwas.

BRAUT Eine Braut im Traum zu sehen, ist immer ein gutes Omen. Es wird viel Freude geben in Ihrem Leben. Auch eine Brautkutsche ist positiv zu bewerten. Träumen Männer von einer Braut, werden sie vor leichtsinnigen Liebesabenteuern gewarnt. Wer eine Braut küsst, wird sich mit Freunden versöhnen. Küsst eine Braut andere, wird sie viele Freunde haben. Küsst eine Braut Sie selbst, können Sie sich guter Gesundheit erfreuen, und Ihr Schatz wird unerwartet ein Vermögen erben. Verhält sich die Braut gleichgültig ihrem Mann gegenüber, werden viele unglückliche Umstände Ihre Lebensfreude trüben.

BRAUTKLEID   Das Brautkleid verspricht Glück und Erfolg. Es zu tragen, ist der Hinweis darauf, dass bald eine Hochzeit stattfinden wird.

BRAUTSCHLEIER   Ein Brautschleier deutet in die Zukunft, die noch verhüllt ist, er kann anzeigen, dass Wünsche sich erfüllen werden, auch wenn man das im Augenblick noch nicht erkennt. Wenn Sie ihn im Traum sehen oder tragen, werden sich womöglich Hoffnungen erfüllen. Trägt eine andere Frau den Schleier, kann dies darauf hindeuten, dass ein lieber Mensch erkranken wird. Sieht sich eine junge Frau selbst mit einem Brautschleier, befasst sie sich mit Dingen, die ihr dauerhafte Freude bringen. Geht der Schleier verloren oder kommt es zu einem sonstigen Missgeschick, bringt das Traurigkeit und Schmerz mit sich.

BRÄUTIGAM   Von einem Bräutigam zu träumen, deutet normalerweise auf den Wunsch hin, verheiratet zu sein oder einen Partner zu finden. Wenn Sie einen Bräutigam sehen, steht eine baldige Hochzeit im Freundes- oder Verwandtenkreis an. Küssen Sie Ihren Bräutigam, bedeutet das einen kleinen Streit mit ihm. Wenn Sie im Traum mit ihm streiten, werden Sie von ihm angenehm überrascht werden.

BRAUN   Wird ein Traum von der Farbe Braun beherrscht, sollten Sie sich, um Ihre Leistungsfähigkeit zu erhalten, um innere Ausgeglichenheit und Ruhe bemühen.

BREMSEN Sie sollten sich sofort aus einer Sache zurückziehen, bevor es zu spät ist.

BROT Essen Sie im Traum Brot, sind Sie sehr neidisch. Backen Sie welches, werden Sie erfolgreich sein. Frisches, duftendes Brot kündigt lieben Besuch an. Wenn Sie altes oder hartes Brot kauen, müssen Sie mit Problemen rechnen, Sie müssen sich „durchbeißen". Verteilen Sie Brot an andere, sehnen Sie sich nach Freundschaft. Brot ist die Lebensspeise, die Seele und Körper gleichermaßen stärkt. Wenn Sie vom Brot träumen, bekommt Ihr Leben einen neuen Sinn, weil Sie innerlich wieder mit einer Gemeinschaft zusammenwachsen. Schneiden Sie im Traum Scheiben vom Brot ab, sollten Sie aufpassen, dass man Ihnen nicht die Butter vom Brot nimmt. Brotlaibe, die durchgebrochen sind, deuten auf Zwistigkeiten zwischen Liebenden hin; Brotlaibe, die sich schnell vermehren, bedeuten Glück auf der ganzen Linie, vor allem für Verliebte. Ist eine junge Frau im Traum Brot, muss sie sich schon bald mit widerspenstigen Kindern herumschlagen, die ihr Zeit, Mühe und Nerven abverlangen.

BROMBEEREN Die Brombeere gilt als sexuelles Symbol herbsüßer Verführung, wobei Sie die Stacheln des Strauches nicht außer Acht lassen sollten.

BRUDER Ein Bruder kann gleichermaßen geistige Verwandtschaft und Rivalität darstellen. Ein älterer Bruder symbolisiert im Traum eines Mannes möglicherweise Erfahrung und Autorität, ein jüngerer hingegen Verletzlichkeit und möglicherweise fehlende Reife. Im Traum einer Frau kann ein jüngerer Bruder Rivalitätsgefühle zum Ausdruck bringen, aber auch Verletzbarkeit. Ein älterer Bruder repräsentiert ihr extrovertiertes Selbst.

BRUST Man nimmt an, das dies der Teil des Körpers ist, von dem am häufigsten geträumt wird, die Brüste einer Frau sind das Symbol für Nahrung und Mutterliebe. Der Traum von der Brust zeigt oft an, dass Sie einen vertrauten Menschen zum Anlehnen, Ausruhen und Ausweinen suchen, bei dem Sie sich geborgen fühlen können. Die männliche Brust hängt mit Stärke zusammen. Wir sprechen von der „Heldenbrust". Träumen Frauen von der männlichen Brust, verweist das ebenfalls auf regressive Wünsche, die sich oberflächlich sexuell geben. Frauen träumen von der Männerbrust, wenn sie großes Anlehnungsbedürfnis verspüren. Männer träumen von der Brust, wenn sie mehr Stärke zeigen sollten.

BURG Eine Burg im Traum zeigt, genau wie ein Haus, immer den Seelenzustand an. Fühlen Sie sich prächtig? Oder wollen Sie sich am liebsten vor der Welt verbarrikadieren? Burgen stehen meist auf Bergen, was Unzugänglichkeit und Unerschütterlichkeit ausdrücken soll. Es ist aber auch so, dass Burgen oder Schlösser einen Mutterkomplex anzeigen können. In eine Burg hineinzugehen, verheißt, ein Abenteuer zu erleben, wobei der Ausgang zweifelhaft sein wird. Treten günstige Bilder hinzu, so ist mit Erfolg zu rechnen, während ungünstige den Misserfolg anzeigen. Eine brennende Burg mit viel Rauch kündet schwere Ereignisse im Lande an. Wenn Sie eine zerfallene sehen, werden Sie an bessere Zeiten erinnert.

BUS Wer im Traum eine Busreise macht, möchte verreisen und mit anderen Menschen zusammen sein. Ärger mit Fahrplänen, also den Bus zu verpassen, zu früh anzukommen oder eine Verbindung nicht zu erwischen, zeigt, dass Sie Ihr Leben nicht so ganz im Griff haben und vielleicht neu planen sollten, was und wie Sie in Ihrem Leben fortfahren wollen. Im falschen Bus zu sitzen oder in die falsche Richtung zu fahren, macht Ihnen Ihre gegensätzlichen Wünsche bewusst und verlangt von Ihnen, Ihrer Intuition zu folgen. Dies ist normalerweise eine Warnung vor falschen Handlungen. Reicht das Geld nicht, um die Fahrkarte zu bezahlen, fehlen Ihnen für ein bestimmtes Vorhaben die nötigen Ressourcen, vielleicht haben Sie einfach die Einzelheiten nicht gründlich genug in Betracht gezogen.

BUSSARD Allgemein steht er für anzüglichen Klatsch oder ärgerliche Skandale.

BUTTER Butter kann das Bedürfnis nach mehr Liebe, Zärtlichkeit und sexuellen Kontakten symbolisieren. Verzehren sie die Butter, verspricht dies nach alten Traumbüchern eine gute, stabile Gesundheit. Vielleicht deutet das Symbol aber auch auf übersteigerten Eigennutz oder Schmeicheleien anderer Menschen hin, vor denen Sie sich hüten sollten. Wird Butter im Traum aufgetischt, verheißt sie meist Gutes, denn sie gibt Kraft, etwas glücklich zu Ende zu bringen. Wer sein Brot mit Butter bestreicht, soll nach einer alten Volksweisheit durch eigene Energie erfolgreich sein. Wer beim Buttern zusieht, kann leicht von anderen untergebuttert werden.

BUTTERBLUMEN Die geschäftlichen Bedingungen werden sich verbessern.

CHAMÄLEON   Sie erkennen bei sich selbst oder bei anderen Menschen die Fähigkeit, sich schnell anzupassen und zu verändern.

CHAOS   Ein Zeichen der Verunsicherung. Chaotische Zustände im Traum offenbaren seelische Beklemmungen, Gefühle, die sich nicht einordnen lassen. Wenn Sie einen ganzen Traum oder eine Traumsituation als chaotisch erleben, machen Sie sich klar, dass Sie mit einer anderen Welt Kontakt herstellen, die genauso in Ihnen lebt wie Ihre geordnete Welt. Chaos tritt im Traum immer auf, wenn die Gefahr der Erstarrung droht.

CHAUFFEUR   Lassen Sie sich in den Dingen des täglichen Lebens von einem anderen Menschen lenken und leiten? Vielleicht erhalten Sie einen guten Ratschlag von einem Freund. Sitzen Sie selbst als Chauffeur am Steuer, haben Sie die Verantwortung für jemanden übernommen. Überlegen Sie genau, wie schnell Sie vorankommen wollen.

CHRYSANTHEMEN   Hinter dieser Blume kann sich der Wunsch nach angenehmerer Gesellschaft verbergen. Sie kann aber auch erotische Träume versinnbildlichen, die Sie in der Realität nicht zu leben wagen. Verschenken Sie eine Chrysantheme, sind Sie wahrscheinlich unzufrieden mit Ihren Beziehungen. Schenkt man Ihnen eine Blume, deutet das auf eine günstige Entwicklung Ihrer Liebesbeziehung hin. Sie pflücken eine weiße Chrysantheme? Dann könnte ein großer Verlust bevorstehen. Sie erhalten einen ganzen Strauß? Man bringt Ihnen Liebe entgegen, die Sie aber verschmähen. Sie gehen eine Straße entlang, an der weiße Chrysanthemen blühen und ab und an eine gelbe? Das steht für Trauer und Verlust, aus dem Sie jedoch gestärkt hervorgehen werden. Werden einige Ihrer Freunde vom Duft der Blumen ohnmächtig, werden Sie die eigentliche Bedeutung des Lebens erfassen. Der Tod ist in diesen Träumen oft nahe.

CLOWN   Sie schwanken zwischen Fröhlichkeit und Traurigkeit. Sie sind unsicher, haben Angst, sich lächerlich zu machen.

COUSIN/COUSINE   Sie werden bald unerwartete Neuigkeiten erfahren oder es folgen womöglich Enttäuschungen und Sorgen. Eine herzliche Korrespondenz mit der Person prognostiziert ein schlimmes Familienzerwürfnis. Der Cousin ist auch Zeichen für ein heimliches Liebesverhältnis.

D

DACH   Das Dach ist entscheidendes Symbol des eigenen Ich. Das Dach steht für den Kopf, den Schutz des Gehirns, hier spielt sich das gesamte Bewusstsein ab. War das Dach im Traum in Ordnung, dicht? Wenn nicht, kann das Gefahr für Ihren geistigen Zustand bedeuten. Darüber hinaus gibt es je nach den Begleitumständen im Traum noch eine Reihe anderer, oft traditioneller Deutungen. Ein Dach zu besteigen, kann bevorstehende Auszeichnungen und mehr Ansehen verheißen. Stehen Sie auf dem Dach eines Hauses, fühlen Sie sich stark genug, um auf Schutz verzichten zu können. Wer vom Dach in die Umgebung schaut, sollte sich vielleicht einen besseren Überblick über die augenblickliche Lebenssituation verschaffen, um sie leichter zu bewältigen. Blicken Sie vom Dach hinaus in eine weite, schöne Landschaft, wird die nächste Zukunft erfolgreich und glücklich verlaufen. Schadhafte Ziegel auf dem Dach warnen vor bevorstehenden

Gefahren, die Sie vielleicht noch nicht wahrgenommen haben. Ein undichtes Dach zeigt, dass Sie für emotionale Angriffe offen sind. Ein Dach zu decken steht dafür, dass Sie dabei sind, Ihre Zukunft abzusichern. Der Sturz vom Dach weist auf Gefahren hin, stehen Sie unverletzt auf, werden Sie dadurch nicht geschädigt, andernfalls muss mit Misserfolgen und Verlusten gerechnet werden. Dahinter kann auch eine Warnung vor hochfliegenden Plänen stehen, bei denen Sie sich selbst überschätzen. Ein brennendes Dach mit dunklem Rauch ist eine Unglücksbotschaft, helle Flammen dagegen zeigen Erfolg und Glück an. Oft kommen im Dachbrand auch unbewusste Wünsche und Fantasien zum Ausdruck.

DACHBODEN Im Traum steht der Dachboden für Erinnerungen und alte (weit zurückliegende) Gefühle. Träumen Ledige vom Dachboden, steht eine Verlobung an; träumen Verheiratete davon, sollten Sie Flirts vermeiden, träumen mittellose Menschen vom Dachboden, winken günstigere Umstände. Wer im Traum auf einen Boden klettert, neigt dazu, den harten Alltag anderen zu überlassen, die damit nicht so gut zurechtkommen.

DACHS Vielleicht symbolisiert das Tier die mühsame Suche nach etwas. Sehen Sie im Traum einen Dachs oder werden gar von ihm verfolgt, sollten Sie sich davor hüten, sich von einem Menschen überlisten zu lassen. Fangen Sie ein Tier, wollen Sie vielleicht Ihre Wohnung verändern.

DACKEL Der Dackel soll darauf aufmerksam machen, dass Sie sich selbst überschätzt haben.

DAHLIEN Ihre finanziellen Belange werden sich in Kürze verbessern. Dahlien verkünden Glück, wenn sie frisch und von leuchtender Farbe sind.

DAMENSLIP Er zeigt Ihr intimes Selbst, Ihre sexuelle Identität.

DATTELN Träumen Männer von Datteln, sehnen sie sich nach einem Abenteuer mit mehreren Frauen. Die Dattel gilt als Frucht weiblichen Ursprungs. Verschenken oder essen Sie Datteln, folgt Glück in der Liebe.

DAUMEN Verletzen Sie sich im Traum den Daumen, werden Sie in Ihrer Entwicklung behindert, geschäftliche Verluste oder berufliche Probleme drohen. Mut und Kampfgeist stecken in Ihnen, wenn Sie große Daumen sehen. Der Daumen umschreibt das Kreative, das in Ihnen steckt. Der Daumen im Traum deutet an, dass Ihnen bewusst ist, wie viel Kraft Sie haben. Ein nach oben gerichteter Daumen stellt günstige Energien dar, ein nach unten weisender negative. Schneiden Sie sich in den Daumen, werden Ihre Pläne vielleicht von Hindernissen durchkreuzt.

DAUERWELLEN Dauerwellen können zeigen, dass Sie selbst eifersüchtig sind oder anderen Anlass zur Eifersucht geben. Wenn Sie Dauerwellen sehen oder gerade beim Friseur sitzen, finden Sie einen beständigen Liebhaber oder eine Freundin, der/die Sie nicht verlassen wird.

DELIKATESSEN Eine Delikatesse ist ein ermutigendes Zeichen, das Zufriedenheit und stilles Glück verspricht, wenn Sie unbeirrt Ihren Weg verfolgen. Sie zu essen, bringt Dankbarkeit in der Liebe. Delikatessen aller Art stehen für Glück bei jungen Leuten, für ein gutes Auskommen bei alten Leuten.

DELFIN Delfine sind für Seeleute gleichzeitig Retter und Führer, weil sie ein besonderes Wissen und eine besondere Art von Bewusstheit haben. Begleiten Sie den Delfin in die Welt unter Wasser, ist dies ein besonders glücklicher Traum, der Ihnen viel über Ihr Seelenleben verraten kann. Außerdem steht ein Delfin auch für Klugheit und Notsituationen, aus denen man errettet wird. Merken Sie sich jede Einzelheit, die Sie erleben.

DIELE Die Diele des Hauses versinnbildlicht, wie Sie anderen Menschen begegnen und wie Sie sich auf sie beziehen. Die Diele verbindet unterschiedliche Räume und zeigt die Verbindung verschiedener Eigenschaften in Ihnen. Sie markiert oft einen Übergang von einem Bewusstseinszustand in einen anderen.

DIENER Reicht Ihnen im Traum ein Diener die Hand und bietet Ihnen Unterstützung an, können Sie davon ausgehen, dass Ihnen auch im Wachleben Hilfe zuteil wird.

DIGITALIS Diese Blumen symbolisieren ganz einfach Glück.

DISTELN Disteln in einem Traum stehen für etwas Unangenehmes. Ein Distelfeld symbolisiert einen schwierigen Weg, den Sie noch vor sich haben. Eine einzige Distel deutet auf geringere Schwierigkeiten hin. Die Distel, ein oft lästiges Unkraut, soll nach alten Traumbüchern immer eine Enttäuschung, einen Misserfolg oder Probleme ankündigen, in die Sie aus eigener Schuld geraten. Sticht sie Sie im Traum, macht

Sie das Unbewusste wohl auf versteckte Neider, auf Missgunst aufmerksam. Vielleicht sticht Ihnen im Wachleben ins Auge, dass Sie irgendjemanden aus Ihrem Umfeld gekränkt haben, was Sie wiedergutmachen sollten. Pflanzt oder gießen Sie Disteln, werden Sie vermutlich von Menschen enttäuscht, denen Sie vertrauten, oder die Sie gar gefördert haben.

DOHLE   Eine Dohle kündigt meist eine trübende oder ärgerliche Nachricht an.

DRECK   Treten Sie in Dreck, ist das ein deutliches Zeichen für Glück und Geld. Je ekelhafter der Anblick, desto besser für Sie.

DREI   Die Drei ist als Glückszahl zu sehen, sie deutet darauf hin, dass Sie etwas in seiner Ganzheit erschließen und verstehen werden. Ihre Vorstellungen in Bezug auf Stabilität und Erfolg werden sich verwirklichen. In Träumen, die auf Negatives hinweisen, ist es oft kurz vor drei Uhr. Vielleicht stehen Sie im Moment auch zwischen zwei Menschen. In Männerträumen ist das Dreieck ein Symbol für die weibliche Scham.

DREIZEHN   Dreizehn wird als Ganzheit des Lebens interpretiert. Oft sieht man darin auch ein Unglückssymbol, seltener ein Glückszeichen.

DROSSEL   Eine Drossel singen zu hören, zeigt Freude und Genuss an.

DUNKELHEIT   Sehen Sie sich in einer dunklen Kammer, werden Sie die schlechten Absichten eines Menschen noch gerade rechtzeitig erkennen können. Sie sind unsicher. Sie befinden sich in einer Situation, die Ihre Seele gefährdet. Bringen Sie Licht in das Dunkel.

EBBE Ihr Leben befindet sich im Stillstand. Sie sind unzufrieden mit sich, und Ihr Leben erscheint Ihnen monoton und langweilig.

E

EBER Ein Eber spricht für großes Glück, das jedoch erkämpft werden muss. Auch Eberzähne stehen für Glück und Gewinn. Begegnen Sie im Traum einem Eber im Wald, werden Sie von einem Menschen, der Ihnen nahe steht, enttäuscht werden. Es kann auch ein Hinweis auf starke erotische Wünsche sein.

EHEMANN Verlässt Ihr Ehemann Sie im Traum aus unbekanntem Grund, gibt es ein Zerwürfnis, das aber mit einer Versöhnung endet. Misshandelt er Sie, genießen Sie zwar sein Vertrauen, aber es gibt andere Probleme zwischen Ihnen beiden. Ist Ihr Mann gut gelaunt, dürfen Sie sich über günstige Zukunftsaussichten freuen. Ist Ihr Mann im Traum krank, wird er Ihnen untreu werden. Liebt Ihr Mann eine andere Frau, wird er Ihrer überdrüssig.

EI Ein Ei steht für einen Neubeginn. Mehrere Eier, die in einem Korb liegen, deuten auf gute Chancen, etwa im Beruf, hin. Das Symbol kann aber auch für die Rückkehr aus einer seelischen Krise zurück ins Leben stehen. Einzige Ausnahme bildet hier das schwarze Ei, das „Satans-Ei", das finstere Mächte mit sich bringt. Ein Ei kann auch Zerbrechlichkeit anzeigen, vielleicht in Ihrer Beziehung.

EIBE Einst symbolisierte die Eibe Kummer und Traurigkeit. Ein solches Symbol kann in Träumen als instinktives Wissen

Die Königin der Bäume ist ein positives Traumsymbol.

zum Vorschein kommen. Sie kann Vorbote von Krankheit und Enttäuschung sein, zeigt den Tod eines alten Menschen an, auch einen Verwandten oder Vorgesetzten, der Ihnen eine Erbschaft vermachen wird. Wenn Sie den Baum lediglich anschauen, können Sie ein langes Leben haben. Eine tote Eibe ohne Nadeln kündigt einen tragischen Tod in der Familie an. Auch geerbtes Vermögen wird über diesen Verlust nicht hinwegtrösten.

EICHE Ein sehr erfreuliches Symbol, weil die Eiche als Königin der Bäume gilt. Sehen Sie eine stattliche Eiche, ist das ein Zeichen für ein langes, gesundes Leben, Erfolg, Kraft, Macht, Einfluss und stabile Gesundheit. Betrachten Sie eine dichtbelaubte Eiche, bezieht sich das auf die ganze Familie. Eine kahle Eiche warnt Sie davor, dass Ihre Pläne scheitern werden und Sie sich Schwierigkeiten einhandeln. Eine dürre, abgestorbene Eiche kann ankündigen, dass Sie zwar in große Not geraten, aber unbeschadet wieder herauskommen, wenn Sie den Mut nicht sinken lassen. Sehen Sie eine gefällte Eiche, kann das die Trennung von einer nahe stehenden Person anzeigen, manchmal auch Krankheit oder den Tod eines Verwandten.

EICHHÖRNCHEN Das Eichhörnchen bezieht sich auf die eigene Familie. Vielleicht steht Nachwuchs ins Haus oder Sie werden heiraten. Ein totes Eichhörnchen kann eine Erkrankung anzeigen. Vorsicht, es warnt Sie manchmal auch vor Schmeichlern, die Sie übers Ohr hauen möchten.

EIDECHSE Sie ist der Drache im Kleinformat: Sie möchten sich im Wachleben größer geben, als Sie in Wirklichkeit sind. Als Traumsymbol gilt sie als harmlos. Sie verkörpert vielmehr das Unterbewusste und dessen Ahnungen. Es kann aber auch vorkommen, dass die Eidechse sich im Traum in ein Ungeheuer verwandelt, dass Sie ängstigt. In diesem Traumbild liegt dann eine Warnung vor unkontrollierten Triebkräften des Unterbewusstseins. Sehen Sie im Traum eine grüne Eidechse, werden sich auftretende Missverstände rasch klären, sehen Sie eine graue, gibt es Menschen, die Ihr Vertrauen missbrauchen. Es gibt Streit und Ärger. Eine Eidechse zu sehen, kann auch auf einen Umschwung hinweisen.

EIERKUCHEN Eierkuchen prophezeien Ihnen seelische Zufriedenheit und das Erbe eines Hauses oder einer Wohnung.

EINHORN Im traditionellen Volksglauben verliert ein Einhorn seine Wildheit, wenn es sein Haupt in den Schoß einer

Jungfrau legt. Ein Einhorn, das im Traum erscheint, wird deshalb mit der Unschuld und Reinheit in Verbindung gebracht. Es ist das weibliche Prinzip des Empfangenden und Instinktiven. Das Einhorn steht für bedingungslose Liebe.

EINÖDE Wer im Traum eine Einöde sieht, sollte sein eigenes Leben genau unter die Lupe nehmen. Ist es zu langweilig geworden? Vielleicht sind Sie in Ihrem Alltag auch isoliert, weil Sie mit Freunden und anderen Ihnen nahe stehenden Menschen unfreundlich umgegangen sind.

EINS Die Eins kann für Glück und Erfolg stehen. Sehen Sie sich selbst im Zusammenhang mit der Zahl, ist es möglich, aus einer schwierigen Angelegenheit gestärkt hervorzugehen. Sie kann aber ebenso den Einzelgänger bedeuten, der sich in der Welt durchbeißen muss. Sie stehen wie eine Eins, wenn Sie Rückgrat beweisen. Die Eins ist die erste Zahl, aus ihr gehen alle anderen hervor. Sie kann als die Ausgangssituation verstanden werden.

EIS Zeigt Ihnen jemand die kalte Schulter? Sie sollten Ihr Gefühlsleben durchforsten. Träumen Sie häufig davon, fühlen Sie sich in Ihrer Haut nicht wohl. Schmelzendes Eis ist ein Hinweis darauf, dass sich seelische Verkrampfungen lösen. Brechen Sie ins Eis ein oder treiben Sie auf einer Eisscholle, auf einem Fluss oder im Meer, zeigt die Psyche Rotlicht an. Auf Eis zu gehen, zu schleudern oder zu stürzen, warnt vor Spekulationen, die mit Misserfolgen und Verlusten enden werden, weil sie zu riskant sind: Diesen Hinweis aus dem Unbewussten sollten Sie unbedingt beachten. Eis im Sommer deutet oft an, dass ein Vorhaben unter keinem günstigen

Stern steht und besser wieder aufgegeben werden sollte. Eis zu essen, kann ein Abenteuer ankündigen, von dem Sie „Bauchschmerzen" bekommen werden und das gefährlich verlaufen wird.

EISBÄR Sie träumen von einem Eisbär? Sie werden von einem geliebten Menschen enttäuscht.

EISENBAHN Haben Sie gerade den Zug verpasst, zeigt das vielleicht auf eine verpasste Chance in Ihrem Leben hin. Sehen Sie die Eisenbahn wegfahren, steht ein Abschied unmittelbar bevor. Steigen Sie im Bahnhof aus einer Bahn aus, werden Ihre Ziele in Erfüllung gehen, steigen Sie auf freier Strecke aus, werden Sie vermutlich nicht ans Ziel gelangen. Die Notbremse zu ziehen, kann auf Hindernisse und Risiken hinweisen, die Sie übersehen haben und erst beseitigen müssen, ehe Sie das Ziel erreichen können. In Frauenträumen ist die Eisenbahn (Lokomotive) als sexuelles Symbol zu deuten, besonders wenn sie in einen Tunnel fährt. Werden Sie von anderen gehindert, in die Bahn zu steigen, kommen darin oft Ängste und Hemmungen zum Ausdruck, die das Weiterkommen behindern. Geraten Sie unter die Bahn, kann das für Ihre Angst vor den eigenen Antrieben und Wünschen stehen.

EISENBAHNSCHIENEN Wenn Sie auf Eisenbahnschienen gehen, können Sie für Ihre Begabung, Dinge im eigenen Sinn beeinflussen zu können, dankbar sein. Sehen Sie einen vom Wasser überschwemmten Schienenweg, dauert das Vergnügen nur kurz, bald steigt Pech wie ein Phönix aus der Asche auf. Werden Schienen durch irgendwelche Hindernisse blockiert, spielen Sie ein falsches Spiel. Gehen Sie auf den Schwellen der Gleise, werden schwierige Zeiten und harte Arbeit auf Sie zukommen.

EISVOGEL   Er stellt Gelassenheit und Würde dar.

EJAKULATION   Eine Ejakulation im Traum kann ein Versuch sein, negative Gefühle zu verstehen. Es könnte aber auch ganz einfach ein Hinweis darauf sein, dass Sie das Bedürfnis nach Entspannung und nach Befriedigung Ihrer sexuellen Wünsche haben.

ELEFANT   Haben Sie sich wie der „Elefant im Porzellanladen" benommen und sind auf den Gefühlen anderer Menschen herumgetrampelt? Dann sollten Sie zukünftig mehr Feingefühl zeigen. Der Elefant ist ein Macht- und Herrschersymbol, er ist geduldig und ruhig, ohne je seine Autorität zu verlieren. Ein Elefant zeigt, dass Sie mit Problemen gut fertig werden können. Er kann starke sexuelle Bedürfnisse, bei Frauen die Sehnsucht nach einem starken, einfühlsamen Sexualpartner symbolisieren. Daneben sind noch folgende Deutungen möglich: Ein Elefant mit Treiber auf dem Nacken zeigt die Kraft und Energie an, mit der Sie Hindernisse auf dem Lebensweg überwinden, wobei Sie von Verstand und Logik geleitet werden. Ein Elefant im Zirkus kann vor übertriebener Eitelkeit und Geltungssucht warnen, mit der Sie sich leicht der Lächerlichkeit preisgeben. Die Elefantenkuh mit einem Jungen symbolisiert, dass Sie sich nach einem stillen, friedlichen und harmonischen Familienleben sehnen.

ELF   Diese Zahl kann Arbeit und Mühsal bedeuten, einen schwierigen Neubeginn. Aber die beiden Einsen deuten manchmal auch den Zusammenhalt zwischen zwei Menschen an, die in einem von ihrer Umwelt nicht verstandenen Verhältnis zueinander stehen. Nicht umsonst wird allerdings von einigen Traumdeutern darauf hingewiesen, dass Elf – sie ist ja eine nicht auflösbare Primzahl – ebenso einen kaum zu lösenden Konflikt symbolisieren kann.

ELFEN Wer von einer Elfe träumt, möchte vielleicht wie sie abheben können, spielerisch und schwerelos: ein typischer Realitätsfluchttraum in einer Phase der Überforderung. Das Unbewusste gibt Ihnen ein Signal, einmal innezuhalten.

ELSTER Von dem schwarzweißen Vogel wird öfter geträumt, als man gemeinhin annehmen möchte. Wenn Elstern durch die Traumlandschaft fliegen, bedeutet das seelische Verwirrung. Die diebische Elster weist möglicherweise auch darauf hin, dass Sie mehr auf Ihr geistiges Eigentum achten sollten. Seien Sie nicht zu vertrauensselig, sonst droht Verlust.

ENGE Im Traum steht Enge meist für Einschränkung oder Begrenzung. Häufig kommt darin zum Ausdruck, dass sich der Träumer in seiner Selbstentfaltung eingeschränkt fühlt, ein beengtes Leben führt. Es ist aber auch möglich, dass das Symbol auffordert, geistig aktiver zu werden. Enge weist auch darauf hin, im Umgang mit anderen Menschen nicht zu engstirnig und wertend zu sein. Meist will uns aber das Bild von der Enge anzeigen, dass wir im bewussten Leben nach einem Ausweg aus einer schwierigen Lage suchen und uns durchbeißen sollten. Vor einem Wechsel im Beruf oder im Privatleben deutet die Enge oft den Engpass an, durch den wir hindurch müssen, um uns in der neuen Situation zurechtfinden zu können.

ENGEL Engel sind Wesen, die Sie auffordern, Ihren Verstand einzusetzen, um den richtigen Weg einzuschlagen. Engel sind auch als Vorboten des Glücks zu sehen. Engel im Traum sprechen zu hören, wird in alten Traumbüchern als Hinweis für Krankheit oder für den Tod einer nahe stehenden Person gedeutet. Von mehreren Engeln umgeben zu sein, deutet meist innere Harmonie an und zeigt, dass Sie mit der Umwelt im Einklang sind.

ENTBINDUNG Träumen Frauen von einer Entbindung, weist dies auf die Entfaltung der eigenen Persönlichkeit hin. Sie deutet zudem auf ein glückliches neues Verhältnis oder auf die Auflösung eines brüchigen, alten hin. Träumen Männer von einer Entbindung, kann dies die Geburt einer neuen Idee oder eine private Umstellung ankündigen. Die Entbindung eines Mädchens soll familiäres Glück, die eines Jungens Sorgen und Enttäuschungen ankündigen. Einer glücklichen Entbindung beizuwohnen, bedeutet Glück und Freude, einer unglücklichen beizuwohnen, Schmerz und Trübsal. Sie entbinden im Traum selbst? Wenn Sie das geborene Kind sehen, bedeutet das die Entlastung von vielen Kümmernissen und Sorgen, eine Totgeburt steht dagegen für Trübsal.

ENTJUNGFERUNG Dieses Traumbild zeigt Ihnen, dass Sie im zwischenmenschlichen Bereich unsicher sind. Sie verlieren vielleicht etwas, an dem Sie sehr hängen.

ERBSEN Machen Sie sich und anderen durch Ihre Erbsenzählerei das Leben schwer? Wer im Traum Erbsen zählt, steht

vor einem schwierigen Entwicklungsprozess. Stecken Sie
Erbsen ins Beet, wird ein Plan gut gedeihen, ein Wunsch in
Erfüllung gehen. Sehen Sie blühende Erbsen oder sammeln
die Früchte, verheißt das Wohlstand. Der Verzehr von
gekochten Erbsen soll nach alten Quellen aber Krankheit,
Leid und Not, die Erbsensuppe familiären Streit ankündigen.

ERDBEEREN Essen Sie im Traum Erdbeeren, werden Sie
Glück in der Liebe haben. Große, pralle rote Früchte können
davor warnen, sich nicht zu stark in den Vordergrund zu
drängen. Wie jede andere Frucht, ist auch die Erdbeere als
erotisches Symbol zu sehen: Sie zu pflücken, kündigt baldige
Freude an; sie in einem Teller vor sich zu sehen, steht für viele
Küsse, die Sie erhalten, damit zu handeln, heißt, dass Sie sich
auf Glück und reiche Ernte freuen dürfen.

ERDROSSELN Haben Sie im Traum das Gefühl, erdrosselt zu
werden, dann werden Sie von Ihren Ängsten überwältigt. Es
kann aber auch ein Hinweis darauf sein, dass Sie Ihr Umfeld
nicht unter Kontrolle haben. Sind Sie derjenige, der einen
anderen Menschen erwürgt, fühlt sich diese Person möglicherweise im Alltag von Ihnen erdrückt. Falls Sie die Beziehung zu einer bestimmten Person ablehnen, könnte dies zu
Erdrosselungsträumen führen. Auch Ängste im sexuellen
Bereich finden in diesem Bild ein Ventil.

ERHÄNGEN Sie befinden sich in einem Übergang, hängen
sozusagen in der Luft. Wenn Sie einen Erhängten abschnei-
den, steht das für Glück, wenn der Erhängte ins Leben
zurückkehrt, tritt irgendein Unglück ein. Werden Sie selbst
erhängt, wendet sich wahrscheinlich alles zum Guten, sehen

Sie einen Erhängten, kann das auf eine ungünstige Wendung hinweisen. Wenn ein anderer erhängt wird, ist das ein gutes Omen für diesen Menschen, er wird zu Wohlstand und Ansehen kommen, einen Erhängten zu sehen, heißt, Sie dürfen nicht lange zögern, um eine Tat zum guten Ausgang zu führen.

ERMORDEN Im Traum ermordet zu werden, macht deutlich, dass Sie von falschen und heimtückischen Menschen umgeben sind, die Ihnen schaden wollen. Es ist immer das Zeichen eines herannahenden Unglücks. Selbst jemandem zu ermorden heißt, Sie sollten sich unbedingt vor unbedachten Handlungen hüten.

EROS Er ist immer ein Symbol der Liebe, hat also eine positive Bedeutung.

ERSCHLAGEN Wenn Sie im Traum einen Menschen erschlagen, plagen Sie Reue und Gewissensbisse.

ERSTECHEN Erstechen Sie im Traum einen Menschen, zeigt dies einen unterdrückten sexuellen Wunsch, der oft mit Gewalt verbunden ist.

ERTRINKEN Ein solcher Traum weist darauf hin, dass etwas nicht stimmt – Sie scheinen massive Probleme zu haben, vielleicht zu viele Pflichten, so dass Sie das Gefühl haben, darin zu ertrinken. Verlieren Sie nicht den Lebensmut. Sie haben sich in eine Situation hineinmanövriert, die Sie nicht mehr kontrollieren können. Werden Sie vor dem Ertrinken gerettet, ist sicher, dass Sie genug Widerstandskräfte besitzen, um aus einer scheinbar ausweglosen Situation unbeschadet herauszukommen. Einen Ertrinkenden zu retten heißt, Sie werden bald eine besondere Ehrenstelle einnehmen.

ERWÜRGEN Handelt Ihr Traum davon, dass Sie jemanden erwürgen, ist dies ein Versuch, Gefühle zu ersticken. Werden Sie in Ihrem Traum selbst erwürgt, symbolisiert dies Ihre Schwierigkeit, Gefühle offen auszusprechen.

ESEL Reiten Sie im Traum auf einem Esel, wird Ihr Vorhaben nicht so schnell gelingen, wie Sie es gerne hätten. Einen Esel zu füttern, kann ankündigen, dass Sie Undank für Ihre Anstrengungen ernten werden. Oder haben Sie sich etwa wie ein Esel benommen? Das Schlagen eines Esels deutet nach alten Traumbüchern auf einen rücksichtslosen, gefühlsarmen Charakter hin. Ein Esel steht auch dafür, dass Sie Ihre sexuellen Triebe nicht bändigen können. Vom Esel zu fallen oder abgeworfen zu werden, bedeutet, Sie müssen mit Pech und Enttäuschungen rechnen. Liebespaare werden sich streiten und möglicherweise trennen. Einen fremden Esel im eigenen Garten zu beobachten, weist auf eine bevorstehende Erbschaft hin. Einen zu kaufen oder geschenkt zu bekommen, auf eine hohe Stellung im Beruf oder in der Gesellschaft.

ESSEN Hat Ihnen Ihr Essen im Traum geschmeckt? Oder haben Sie es nur mit Widerwillen heruntergeschluckt? Essen bezieht sich meist auf eine Alltagssituation, zeigt an, ob Ihnen etwas angenehm oder eher unangenehm war. Im übertragenen Sinn kann Essen für die Einverleibung von Erfahrungen, Erkenntnissen und geistigen Werten stehen. Wer ein Festmahl sieht oder eines zubereitet, sehnt sich nach mehr Gefühl im Leben. Gewisse Speisen weisen sogar auf sexuelle

Unzufriedenheit hin, so z. B. Spargel, Datteln oder Bananen. Natürlich ist auch denkbar, dass Sie sich im Moment einer Diät unterziehen und Ihnen Ihr Unterbewusstsein Hunger signalisiert. Selbst zu essen, kann eine Erkrankung als Folge von Unmäßigkeit anzeigen, es ist auch Zeichen für Familienstreitigkeiten. Sehen Sie andere Menschen im Traum essen, steht das Symbol für eine wertvolle Freundschaft. Käse oder Fleisch zu essen, ist meist ein Glücksbote.

ESSZIMMER Das Esszimmer ist als Ort der entspannten Kommunikation zu sehen, allerdings steht hier die Nahrung im Vordergrund und damit sind auch der Genuss und der Prozess der Verinnerlichung angesprochen. Wovon ernähren Sie sich? Was schlucken Sie? Was verleiben Sie sich ein? Und in welcher Stimmung, unter welchen Umständen, geschieht dies?

EULE Im Traum ist sie ein Symbol, das auf Weisheit, Erkenntnis und Vorahnung hinweist. Außerdem kann sie für die Angst vor Sexualität oder vor dem Unbewussten insgesamt stehen. Eine Eule rufen zu hören, deutet auf eine Belehrung hin, die nicht immer angenehm sein wird. Eine tote Eule zu sehen, kann bedeuten, dass Sie selbst oder jemand, der Ihnen nahe steht, nur knapp dem Tode entrinnt.

EXKREMENTE Treten Sie in Kot, ist das ein Zeichen für günstige Entwicklungen. Scheiden Sie Exkremente aus, empfinden Sie Verlustgefühle, allerdings kann es auch Erleichterung bringen, sich von etwas zu lösen. Verstopfung, also das Zurückhalten von Exkrementen, symbolisiert die Unfähigkeit, die Vergangenheit oder frühere Verhaltensweisen loszulassen.

EXPLOSION Im Traum ist das Bild von einer Explosion durchaus als Gefahrenzeichen zu verstehen. Eine plötzliche, gewaltsame Veränderung könnte bevorstehen. Vielleicht sind Sie überfordert und stehen kurz vor einem Nervenzusammenbruch. Oder es entlädt sich ein heftiger Streit.

FAHREN Mit welchem Fahrzeug sind Sie unterwegs? Fahren Sie selbst oder werden Sie gefahren? Das lässt darauf schließen, wie aktiv bzw. passiv Sie in der letzten Zeit waren. Sind Sie selbst der Fahrer, wollen Sie eine Veränderung Ihrer derzeitigen Situation, sind Sie Beifahrer, lassen Sie sich gerne treiben. Damit ist immer eine Veränderung in Ihrem Leben in Sicht, ein Weiterkommen. Fahren Sie im Traum rückwärts, wollen Sie sich zurückwenden, um sich klar zu machen, woher Sie eigentlich kommen oder Sie wollen sich am liebsten ganz aus dem Leben zurückziehen.

F

FAHRRAD Das Symbol steht für das Fortkommen im Leben. Wer von einem Fahrrad träumt, ist ein fröhlicher, naturverbundener Mensch. Ist die Fahrt anstrengend, werden Sie sich noch abstrampeln müssen, um an Ihr Ziel zu kommen. Kaufen Sie sich im Traum ein Fahrrad, sollten Sie sich mehr um Ihren Körper kümmern. Ein beschädigtes oder umgeworfenes Fahrrad kündigt Probleme und Hindernisse an.

FALLEN Träume vom Fallen sind fast immer Warnträume, Sie stolpern in eine unangenehme Sache hinein. Wenn Frauen davon träumen, ist damit das Sich-Fallen-Lassen gemeint, vor dem Sie Angst haben. Geht während des Falls ein Fallschirm auf, nimmt es der Situation die lebensbedrohliche Bedeutung und weist auf den Wunsch hin, die Angst zu überwinden.

Fallen Sie in einen Graben, wird Ihr Ruf Schaden nehmen. Andere fallen zu sehen, kann auf Feinde und Neider hinweisen, mit denen Sie aber fertig werden. Haben Sie den Glauben an sich selbst verloren? Auch Kreislaufschwäche oder niedriger Blutdruck kann angezeigt werden.

FALKE Werden Sie von einem Falken angegriffen, will Ihnen jemand Schaden zufügen. Sind Sie der Falkner, haben Sie konkrete Pläne, gehen aber vielleicht zu kaltblütig vor.

FAMILIE Die Familie steht für häusliches Glück, eine erfüllte, friedliche Ehe oder Partnerbeziehung, entweder wünschen Sie sich das und Sie sollten sich mehr darum bemühen. Vielleicht erkennen Sie in Ihrem Traum, dass Sie mit Ihren familiären Verhältnissen durchaus zufrieden sein können. Träume von der eigenen Familie können im Allgemeinen günstig ausgelegt werden, es sei denn, Sie haben sich im Traum mit ihr überworfen. Macht Ihnen das Leben schwer zu schaffen und Sie fühlen sich übermäßig belastet, sind Träume von der Familie häufig. Im Zentrum stehen dann Streitigkeiten und Auseinandersetzungen, die es bereits vor längerer Zeit in der Familie gab.

FARBEN Wenn viele Menschen auch behaupten, nur in Schwarzweiß zu träumen, ergaben doch Forschungen, dass das nicht zutrifft. Die meisten Menschen ignorieren nur die Farben im Traum. Jede Farbe hat eine besondere Bedeutung. Wer sich an bestimmte Farben in seinem Traum erinnert, sollte das immer in die Deutung seiner Träume mit einbeziehen. Farben anzurühren oder zu mischen, kündigt geschäftliche oder berufliche Erfolge an, handelt es sich aber um

Wasserfarben, müssen Sie noch einige Risiken sorgfältig abwägen. Farben zu kaufen, verweist oft auf ein monotones Leben und das Bedürfnis nach mehr Abwechslung, dem Sie nachgehen sollten. Mit Farben zu arbeiten (streichen), warnt oft vor falschen Erwartungen und Hoffnungen. Es ist aber auch möglich, dass Sie vor der Unehrlichkeit anderer Menschen gewarnt werden. Sich selbst anzustreichen, steht dafür, dass Sie sich der Lächerlichkeit preisgeben, getäuscht und belogen werden. Streichen Sie einen anderen an, sollten Sie einen Menschen nicht verspotten oder täuschen.

FASAN Der Fasan symbolisiert Glück, Gesundheit, Vitalität und Lebensfreude.

FASSADE Bei einer bröckelnden oder rissigen Fassade sollten Sie mehr Wert auf Ihr Äußeres legen. Stürzt die Fassade ein, kommt darin die Angst zum Ausdruck, den äußeren Anschein nicht mehr wahren zu können, was für manche Menschen eine Katastrophe bedeutet. Ist das Äußere eines im Innern reparaturbedürftigen Hauses schön, halten Sie den äußeren Schein in einer brüchigen Verbindung aufrecht. Eine frisch gestrichene oder in anderer Weise renovierte Fassade weist meist darauf hin, wie Sie Ihr Verhalten nach außen sinnvoll im Einklang mit sich selbst verändern sollten.

FAUST Die geballte Faust kann als Zeichen aufgestauter Aggression stehen, wenn der Traum insgesamt unerfreulich verläuft. Im anderen Fall steht sie auch für einen Triumph.

FEHLGEBURT Ein Traum, der anzeigt, dass eine Idee oder Entwicklung in Ihnen noch nicht ausgereift ist. Eine Fehlgeburt kann auch das Scheitern einer Beziehung ankündigen.

FEIGE Die Feige ist ein Symbol der Fruchtbarkeit und sie gilt als Symbol der Lust und der Erotik. Essen Sie im Traum Feigen, werden sich Ihre Wünsche in Liebesdingen bald erfüllen. Sehen Sie einen Feigenbaum, sollten Sie Ihre sexuelle Begierde jedoch zügeln. Sehen Sie mehrere Feigen, sehnen Sie sich nach Sex.

FELS Kann es sein, dass Sie sich an etwas die Zähne ausbeißen? Der Fels ist ein Zeichen dafür, dass Sie etwas überwinden müssen. Klettern Sie vom Fels herunter, haben Sie das Problem gemeistert. Ein Fels steht für Zähigkeit und Standfestigkeit, aber auch für Härte und Unüberwindlichkeit. Sehen Sie sich von einem Fels stürzen, sind Sie ausgelaugt, legen Sie eine Auszeit ein. Vielleicht müssen Sie vor Schwierigkeiten kapitulieren, weil nicht zu erwarten ist, dass Sie Ihr Ziel erreichen werden.

FENSTER Ihr Unterbewusstsein mischt bei diesem Traum kräftig mit. Sehen Sie von außen durchs Fenster, kommen unerwartete Ereignisse auf Sie zu, die Sie noch längere Zeit beschäftigen werden. Ein offenes Fenster steht für Optimismus, den Sie sich in Ihrem Leben unbedingt erhalten sollten. Blicken Sie aus einem Fenster, werden Sie zwar Ihre Erwartungen etwas herunterfahren müssen, Sie müssen sich aber um Ihre Zukunft keine ernsthaften Sorgen machen. Im Traum aus dem Fenster zu fallen, soll ein Unglück ankündigen, bei dem Sie auf keine Hilfe von außen hoffen dürfen. Durchs Fenster zu steigen, warnt vor Streitigkeiten und Verlusten. Zerbrochene Fensterscheiben sollen auf Verleumdungen anderer Menschen aufmerksam machen, denen Sie rechtzeitig energisch entgegentreten müssen. Fenster verweisen primär auf Körperöffnungen und speziell auf Ihre Augen und damit auf die seelische Verbindung von Eigenem und Fremdem. Das Fenster verweist ferner auf das Licht Ihres Bewusstseins und auf Ihre Wahrnehmung.

FERSE   Ist Ihre Ferse verletzt, verschiebt sich Ihr Standpunkt im Alltagsleben, Ihr Fortkommen ist gehemmt. Eine Wunde an der Ferse deutet an, dass eine persönliche Schwäche von anderen ausgenutzt wird, ohne dass Sie sich das bewusst gemacht haben.

FEUER   Feuer ist in Männerträumen ein stark erotisches Symbol, das Feuer der Leidenschaft. Freude beim Anblick des Feuers ist ein Zeichen der absoluten Hingabe. Steht die Hitze des Feuers im Vordergrund, nehmen Sie die starken Gefühle eines Menschen wahr. Zünden Sie ein Feuer an, gehen Sie eine neue erotische Beziehung ein. Vorsicht, wenn ein Haus brennt oder wenn Sie ein Feuer im Ofen löschen, es steht für eine beginnende Krankheit, denn das Haus ist immer mit dem Träumer gleichzusetzen. Feuer und Wasser symbolisieren stets auch seelische Energie: Feuer reinigt. Helle Flammen kündigen eine neue Idee an.

FINGER   Sehen Sie einen Finger, kann das eine sexuelle Bedeutung haben, ein ausgestreckter Finger etwa deutet auf eine Erektion hin. Ein ausgestreckter Finger kann aber auch als Anklage wegen persönlicher Schuld interpretiert werden. Schneiden Sie sich in den Finger, wird Ärger folgen. Der Zeigefinger steht für Geduld, Ehrgeiz, Stolz und Geist des Besitzers, der Mittelfinger für Erfolg, langfristige Pläne, Geschäfte und Vorsicht. Der Ringfinger steht für Emotionen, Freundlichkeit und Gemeinschaftssinn, Kunst, Schönheit und Musikalität. Der kleine Finger wird mit Verstand, Sprache und Intellekt gleichgesetzt. Der Daumen ist der wichtigste Finger der Hand, er erst macht Sie beweglich, er steht für Mut und Selbstvertrauen. In Frauenträumen ist der Daumen der Ausdruck von Produktivität und Durchsetzungsfähigkeit.

FISCH Der Fisch symbolisiert die Gesamtheit des Menschen, also auch das Unterbewusstsein. Sehen Sie im Traum mehrere Fische in klarem Wasser, sollten Sie Ihr Glück einmal in einer Lotterie versuchen. Fische zu fangen, kann eine Aufforderung beinhalten, sich mehr um Selbsterkenntnis zu bemühen, sich genauer zu erforschen, um zur inneren Harmonie zu finden. Zudem können damit große Erfolge und finanzielle Gewinne angekündigt werden. Schenkt man Ihnen Fische, kann das vor übler Nachrede durch scheinbar freundliche Menschen warnen. Fische zu kaufen, wird von alten Traumbüchern als Warnung vor der Hinterlist anderer Menschen verstanden, denen Sie trotz ihrer Freundlichkeit nicht blind vertrauen dürfen. Wer im Traum einen Fisch isst, kann beruhigt in die Zukunft blicken. Doch Vorsicht ist geboten, wenn man sich fast an einer Gräte verschluckt. Dann könnten Betrüger in Ihrem Leben eine Rolle spielen. Fische, die Ihnen aus der Hand gleiten, warnen ebenfalls vor Schmeicheleien. Fische, die Sie als glitschig und kalt empfinden, deuten häufig auf eine gewisse Gefühlskälte hin, die Sie durch leere Freundlichkeit vertuschen. Der Fisch, von dem Sie verschlungen werden, steht dafür, dass Sie sich durch Inhalte des Unbewussten bedroht fühlen, weil diese nicht mehr genügend unter Kontrolle zu halten sind. Manchmal kommt darin eine

ernstere seelische Krankheit zum Ausdruck. Angel, Fisch-
händler oder Fischmarkt sind jeweils positive Symbole, die
Erfolge und finanzielle Gewinne verheißen.

FISCHOTTER   Einen Fischotter zu sehen oder zu fangen, gilt
als Zeichen für Glück und Gewinn.

FLAMMEN   Flammen sind immer mit der kosmischen Lebenskraft verbunden, die erst einmal zerstörerisch wirkt, um
danach Raum für neue Entwicklungen zu schaffen: In ihrer
reinigenden Kraft vergeht ein alter Lebensabschnitt. Eine
neue, glückliche Phase steht Ihnen bevor. Vor den Veränderungen brauchen Sie keine Furcht zu haben. Aber vielleicht
haben Sie ja auch selbst positive Kraft des Feuers im Traum
verspürt. Näher liegt es, eine hell brennende Flamme als Zeichen der inneren Läuterung zu sehen. Flackernde Flammen
weisen auf verzehrende Leidenschaften hin. Als Warnzeichen
gelten sie, wenn sie ein Haus (übersetzt den eigenen Körper)
umlodern, sie deuten dann auf psychischen und physischen
Schaden hin. Die Ägypter glaubten, wer Flammen im Traum
sehe, dürfe mit immensem Geldzuwachs rechnen.

FLEDERMAUS   Derartige Tiere sollten Sie als Warnung sehen.
Die Fledermaus symbolisiert dunkle Schichten Ihrer Persönlichkeit. Ihr seelisches Gleichgewicht ist gestört, Sie fühlen
sich verfolgt und sollten Angstzuständen ernsthaft auf den
Grund gehen. Sehen sie viele Fledermäuse, brauchen Sie sich
wegen Ihrer Schulden keine Sorgen machen, Ihre finanzielle
Situation wird sich bessern. Eine weiße Fledermaus zu sehen,
gilt als sicheres Todessymbol, oftmals stirbt daraufhin ein
Kind. Fangen Sie im Traum eines dieser Nachttiere, wird sich

Ihre Situation bald bessern bzw. Sie werden von einer Krankheit genesen.

FLEISCH Je nachdem, ob das Fleisch in Ihrem Traum appetitlich oder abstoßend war, ist es um Ihr Sexualleben bestellt. Andererseits ist auch möglich, dass Sie sich als zu dick empfinden und von Ihren überflüssigen Pfunden verfolgt werden. Fleisch zu sehen oder zu essen, soll freudige Ereignisse, Glück und finanzielle Vorteile ankündigen. Rohes Fleisch verspricht Hilfe durch andere Menschen. Gebratenes oder verdorbenes Fleisch soll vor bevorstehenden Misserfolgen und Enttäuschungen warnen. Fleisch einem Hund vorzuwerfen, wird als Warnung verstanden, irgendjemand verachtet Sie. Der Ekel vor Fleisch deutet auf Entbehrung, Enthaltsamkeit oder auf Übersättigung und Abneigung hin. Handelt es sich um rohes Fleisch, drückt dies Leidenschaft, Kraft und Potenz aus, oder zumindest den Wunsch danach. Ist das Fleisch hingegen appetitlich zubereitet, ist dies ein Zeichen für Ihre verfeinerte Genussfähigkeit. Verspüren Sie großen Hunger oder Appetit auf Fleisch, haben Sie ein starkes Triebverlangen. Wer es isst, dem fehlt es an seelischer Nahrung, irgendetwas kommt im Leben zu kurz. Das eigene Fleisch oder das eines anderen Menschen zu verspeisen, übersetzte die indische Traumschrift „Jagadeva" mit großen Herrschaftsgelüsten, die erfüllt werden, oder mit dem Hinweis auf zahlreiche Nachkommenschaft.

FLIEDER Der Beginn einer romantischen Liebe wird angedeutet, wenn Sie von Flieder träumen. Welker Flieder dagegen ist das Zeichen einer zu Ende gehenden Beziehung.

FLIEGEN Der Wunsch, in die Lüfte aufzusteigen, sich von seinen Fesseln zu befreien, vielleicht sogar der Wunsch, eine bestehende Beziehung zu lösen, vieles kann dahinter stecken. Klar ist, dass Sie sich eine Veränderung erhoffen, sich von möglichen Begrenzungen befreien möchten. Ein Sturzflug dagegen zeigt Angst vor der Zukunft, eine sanfte Landung zumindest die Hoffnung auf gutes Gelingen. Werden Sie während des Fluges verfolgt oder verspüren Sie ein Gefühl der Beklemmung, kann das auf ein organisches Leiden hinweisen. Bei einem Flugtraum werden auch erotische Aspekte deutlich, der Wunsch nach einem sexuellen Rauscherlebnis ausgedrückt. Sehen Sie sich selbst über andere Menschen hinwegfliegen, haben Sie große Pläne. Sind diese wirklich durchzuführen? Fliegt ein junger Mann mit weißen Flügeln über grünem Laub, wird er im Beruf aufsteigen, auch in der Liebe Erfolg haben. Sind die Bäume kahl oder tot, wird er mit Hindernissen rechnen müssen, seine Anstrengungen werden nur kleine Erfolge bringen. Fliegen und dabei selbst schwarze Flügel zu haben, bringt Kummer, Sie werden bitter enttäuscht. Durch das Weltall zu fliegen, verheißt Unglück in der Ehe. Sehen Sie sich am Himmel zwischen seltsamen Gesichtern und Tieren schweben, werden Sie durch Eifersucht große Schmerzen und Leid erfahren, die eigene Liebe und Treue werden auf der Strecke bleiben. Niedrig und fast über dem Boden zu fliegen, weist auf Krankheiten und Unruhezustände hin, von denen Sie sich aber erholen. Sie verspüren den Wunsch, das Leben und die Zukunft abzustecken.
Über Länder und Meere hinweg zu fliegen, ist Symbol der Sehnsucht nach grenzenloser Freiheit, bei Ehepaaren bedeutet es oft den Wunsch nach Auflösung der Beziehung. Über

schmutzige Gewässer zu fliegen, ist ein Warntraum. Privatangelegenheiten sollten Sie für sich behalten, da Feinde Sie umgarnen. Über eine zerstörte Gegend zu fliegen, bedeutet Unglück. Wenn Sie während des Fluges grüne Bäume und Pflanzenwuchs sehen, werden Sie in Verlegenheit kommen, aber Wohlstand erlangen. Wenn Sie dabei die Sonne sehen, machen Sie sich unnötige Sorgen. Fliegen Sie am Firmament, am Mond und anderen Planeten vorbei, signalisiert es Hunger, Krieg und Schwierigkeiten aller Art. Ein plötzlicher Fall lässt Sie Enttäuschungen erleben, verkündet Ruin. Wachen Sie dabei auf, wendet sich alles zum Guten. Wenn Sie abstürzen, werden Sie in eine böse Angelegenheit hineingezogen. Sehen Sie beim Fliegen jemanden, bringt das Eifersucht. Fliegen mit dem Luftballon zeigt, dass sich Wünsche erfüllen werden. Glaubt eine Frau, sie fliege von einer Stadt zu anderen und lässt sich auf Kirchtürmen nieder, wird sie sich gegen viele falsche Anschuldigungen und Liebeserklärungen behaupten müssen. Es drohen ihr Krankheiten und der Tod einer nahe stehenden Person. Wird eine Frau während des Fluges beschossen, heißt dies, dass ihre Feinde ihren Aufstieg in höhere Sphären des Nutzens und des Wohlstandes zu verhindern suchen. Erleben Sie einen beglückenden Flug, haben Sie sich erfolgreich über etwas hinweggesetzt. Ist es ein beklemmender Flug, ein Verfolgungstraum, zeigt sich evtl. ein organisches Leiden an Herz und Kreislauf.

FLIEHEN Mit der Flucht begeben Sie sich in die Opferhaltung, wenn Sie sich jedoch dem zuwenden, wovor Sie fliehen, können Sie selbst die Situation bestimmen.

FLUCHT Einer der am häufigsten vorkommenden Träume. Befinden Sie sich auf der Flucht, rennen Sie im realen Leben vor einer Entscheidung davon. Sie sind wenig konfliktfreudig. Sie sollten Pläne auf mögliche Gefahren hin genau überprüfen. Helfen Sie jemanden zu fliehen, werden Sie mit neuen Problemen konfrontiert.

FLUSS Der Fluss ist das Symbol des Lebens, er stellt den Strom physischer Energie dar. Wegen des Fließens ist er Zeichen für Vergänglichkeit, aber auch für ständige Erneuerung. Die Fahrt in einem Boot ist der Lebensreise gleichzusetzen. Sehen Sie trübes Wasser, haben Sie einen Feind, gegen den Sie kämpfen müssen. Achten Sie bei dem Traum auf das Ufer des Flusses.

FLUGZEUG Flugzeuge symbolisieren den Wunsch, sich über den Alltag zu erheben, hohe Ideale und Ziele zu verwirklichen, sich von Begrenzungen zu befreien. Träume, in denen Flugzeuge eine Rolle spielen, können für plötzliche oder dramatische Veränderungen im Leben stehen. Ein startendes Flugzeug wird mit einem Sprung ins Ungewisse gleichgesetzt. Sie sind bereit, Risiken einzugehen. Ein landendes Flugzeug deutet auf den Erfolg einer neuen Unternehmung oder den Ertrag eines kalkulierten Risikos hin. Stürzt das Flugzeug ab oder brennt es mit dunklem Rauch, werden Sie scheitern, während helle Flammen meist einen großen Erfolg versprechen. Das Flugzeug symbolisiert die Suche nach dem unabhängigen Sein. Fliegen Sie ohne fremde Hilfe, kann dies bedeuten, dass Sie mit Ihren Gedanken abheben, was zu kreativen Ideen führen kann und somit positiv zu deuten ist, sofern Sie dabei nicht den Kontakt zur Realität verlieren. Rote

Flugzeuge haben häufig mit Sexuell-Triebhaftem zu tun, das krankhafte Züge aufweist. Im Allgemeinen sind Flugzeuge ein Alarmzeichen der Seele, Sie sollten Ihren allzu fröhlichen Lebenswandel aufs Maßvolle zurückschrauben. Wer in einem Flugzeug reist, will oft Belastendes zurücklassen.

FLUT Sehen Sie im Traum eine Flut, gestaltet sich Ihr Leben sehr wechselhaft. Fluten repräsentieren die chaotische Seite in Ihnen, die gewöhnlich unkontrollierbar ist und deshalb Ihre ganze Aufmerksamkeit verlangt.

FOHLEN Ein Fohlen im Traum weist auf erfolgversprechende Unternehmungen hin.

FRAU In Männerträumen, in denen unbekannte Frauen auftreten, kann man den Hinweis auf das Weibliche in der Psyche sehen. Es werden auch erotische Erwartungen und Wünsche angezeigt. Sehen Sie eine rothaarige Frau, wird Ihnen eine Falle gestellt. Schwarzhaarige Frauen stehen mit Eifersucht in Zusammenhang. Ihre Beziehung wird sich vertiefen, wenn Sie eine langhaarige Frau sehen. Ist sie nackt, sollten Sie darauf achten, sich nicht lächerlich zu machen. Träumt eine Frau von einer anderen Frau, ist das als das eigene Unterbewusste zu sehen. Es soll auf Charaktereigenschaften hingewiesen werden, die Ihnen bisher nicht bekannt sind.

FREUND/IN Sehen Sie sich im Traum mit einem Freund, ist das eine Warnung vor unüberlegten Handlungen. Träumt ein einsamer Mensch von einem Freund, sehnt er sich nach Geselligkeit. Streiten Sie mit einem Freund, sind Sie nicht treu. Die Gefühle, die Sie dem Freund im Traum entgegenbringen, empfinden Sie auch im realen Leben.

FRIEDHOF Haben Sie in der Realität den Wunsch nach Ruhe? Es kann auch sein, dass Sie etwas „begraben" wollen, mit einer Sache abschließen wollen. Der Friedhof zeigt Ihre innere Unruhe an. Bringen Sie Blumen auf den Friedhof, kann das einen Todesfall in der Familie ankündigen.

FRISEUR Im Traum kann ein Friseur als der Persönlichkeitsanteil in Ihnen in Erscheinung treten, der sich mit dem Selbstbild beschäftigt und damit, was Sie von sich selbst denken. Alte Traumbücher sehen im Friseur, von dem Sie frisiert werden, die Ankündigung finanzieller Erfolge oder einer Hochzeit. Es kann aber auch bedeuten, dass Sie besser nicht zu einer Einladung gehen sollten, bei der Sie sich vielleicht blamieren.

FROSCH Dieses Traumsymbol tritt besondern häufig im Traum junger Mädchen auf. Es geht dabei um die Einstellung

Wer davon träumt, einen Frosch in der Hand zu halten, kann sich auf glückliche Zeiten einstellen.

zur und die Angst vor der Sexualität. Hier geht es darum, diese Hemmschwelle zu durchbrechen und sich selbst zu öffnen und zu befreien. Der Frosch ist ein zweideutiges Tier. Er ist ein Tier des Wechsels, pendelt er doch zwischen Wasser und Land hin und her. Ist Ihnen der Frosch im Traum zuwider, hegen Sie vielleicht im realen Leben gegen jemanden große Abneigung. Hat sich der Frosch in einen König verwandelt, ändert sich auch Ihre Gefühlslage zum Positiven. Töten Sie einen Frosch, werden Sie sich selbst Schaden zufügen. Hören Sie Frösche quaken, ist das ein Zeichen, dass Ihr Ruf unbeschadet ist. Sehen Sie einen Frosch oder halten Sie einen in der Hand, verspricht das Glück und Gewinn.

FÜNF Sie ist die Zahl des natürlichen, frischen Lebens. Wo sie erscheint, ist das Glück nicht weit.

FUCHS In Männerträumen ist der Fuchs als Symbol der Lust zu sehen. Auch steht der Fuchs für List und Tücke, es kann aber sein, dass Sie überlistet werden. Seien Sie Freunden gegenüber misstrauisch.

FUSS Die Füße sind die mit der Erde am engsten verbundenen Körperteile. Mit ihnen gehen wir unseren Lebensweg voran. Sie symbolisieren die Basis des Lebens. Haben Sie im Traum sehr große Füße, sollten Sie vielleicht nicht so verschwenderisch sein. Waschen Sie sich Ihre Füße, werden sich Ihre Probleme zum Besseren wenden. Sehen Sie sich barfuß laufen, müssen Sie womöglich wieder auf den Boden der Tatsachen zurückkehren. Eine Fuß- oder Knöchelverletzung ist ein Glücks-Omen, jedoch müssen erst einige Schwierigkeiten überwunden werden.

GÄNSEBLUME   Das Gänseblümchen ist ein Symbol spiritu- **G**
eller Reinheit. Im Traum kann die Blume auch für das psychologische Erwachen stehen.

GANS   Eine Gans kann Einfalt versinnbildlichen, was sich oft
auf eine Liebesangelegenheit bezieht, in der Sie nicht so
leichtgläubig sein sollten. Weitere Bedeutungen können sich
aus folgenden Begleitumständen ergeben: Eine Gans zu sehen,
zu braten oder zu verspeisen, verheißt immer Erfolg, oft auch
in finanzieller Hinsicht. Eine fliegende Gans dagegen steht
für eine enttäuschte Hoffnung oder einen Verlust. Das Rupfen
der Gans kann vor vergeblicher Mühe warnen, der kein Erfolg
beschieden sein wird. Das Hüten von Gänsen kündigt eine
lästige, unangenehme Pflicht mit geringem Gewinn an. Eine
schnatternde Gans kann darauf hinweisen, dass andere über
Sie klatschen, Ihnen übel nachreden. Eine Gans kann auch auf
sexuelle Unerfahrenheit oder Verklemmungen hinweisen.

GARTEN   Der Garten ist als Symbol der kosmischen Ordnung
zu sehen. Blüht und gedeiht es in Ihrem Traum-Garten, sind
Sie ausgeglichen und zufrieden mit sich, Ihr Gefühlsleben ist
in Ordnung. Ist der Garten von einem Zaun oder einer Mauer
umgeben, fühlen Sie sich in Ihrer Beziehung eingeengt.
Betrachten Sie die Bepflanzung und den Zustand des Gartens
sehr genau. Welke, verdorrte Pflanzen weisen auf tiefe Konflikte hin. Im Garten spazieren zu gehen, steht für eine aus-
geglichen-heitere Lebensgrundstimmung. Einen Garten zu
hegen und zu pflegen, zeigt an, dass Sie sich bemühen, Gefühle und zwischenmenschliche Beziehungen zu pflegen,
zuweilen verspricht die Gartenarbeit auch Zufriedenheit mit
dem Leben und sich selbst. Ein verwilderter Garten kann Ent-

täuschungen ankündigen, weil Sie sich vielleicht nicht genug um einen nahe stehenden Menschen kümmern.

GAZELLE Dieses elegante und schöne Tier ist bekannt für seine weiten und plötzlichen Sprünge. Das Bild hat eine starke Beziehung zu Sinnlichkeit und Erotik. Die Gefühle scheinen aber sprunghaft zu sein und nicht von Dauer. Haben Sie den Wunsch nach oder Angst vor flüchtigen Liebesbeziehungen?

GEBÄCK Sehnen Sie sich danach, Ihr Leben zu versüßen?

GEBURT Eine Geburt im Traum deutet in den seltensten Fällen auf eine reale Geburt hin. Vielmehr steht dahinter ein Neubeginn, neue Pläne, neue Ideen. Die Geburt ist als Weiterentwicklung der eigenen Persönlichkeit zu sehen. Ein schönes Traumsymbol!

GEBIRGSPASS Der Pass im Gebirge ist der Punkt eines beschwerlichen Lebensweges, der nun auf Neuland hoffen lässt, andere Traumsymbole werden erweisen, ob dabei ein Erfolgshöhepunkt erlangt wurde, der aber nicht mehr gesteigert werden kann, weil nun – auf das Traumbild bezogen – der Abstieg beginnt. Sie werden die Kehrseite einer Sache oder eines Menschen kennenlernen.

GEBISS Sehen Sie sich im Traum ein Gebiss tragen, wird man Ihre Lügen nicht glauben. Fällt Ihnen das Gebiss aus dem Mund, droht eine schwere Krankheit.

GEFÄNGNIS Hier wird seelische, geistige oder materielle Einschränkung angesprochen. Sie sind in Bewusstseinsvorstellungen gefangen, die mit der Lebenswirklichkeit nicht übereinstimmen. Sie sind nicht mehr Herr der eigenen Lage. Dieses Traumyymbol fordert klar auf, realistischer zu werden.

GEHIRN Das Gehirn symbolisiert die geistigen Fähigkeiten, der Traum vom Gehirn kann zu vermehrtem Nachdenken auffordern, aber auch vor zu viel Kopflastigkeit durch Überbetonung des Verstandes zu Lasten seelischer Kräfte (zum Beispiel Gefühle) warnen. Handelt der Traum von einem konservativen Gehirn, müssen Sie sich um Ihre geistigen Angelegenheiten kümmern. Möglicherweise stellen Sie in diesem Fall zu hohe Anforderungen an sich selbst.

GEIER Dieser Vogel hat dem Leben gegenüber eine ausbeutende Einstellung und ist völlig in sich selbst verstrickt. Deswegen ergeben sich oft Schwierigkeiten, mit der Umwelt in guten Kontakt zu treten. Zu diesen neurotischen Handlungen gehören vielfach auch übertriebene Forderungen und Ausbeutung. Seelische Einsamkeit ist die Folge. Träumt eine Frau von einem Geier, wird sie ein Opfer von Verleumdung und bösartigen Klatsch.

GEISSBLATT Eine Pflanze, die eine harmonische Beziehung verspricht. Sehen Sie ein Geißblatt in voller Blüte, werden Sie Ihren Wohnsitz an einen schöneren Ort verlegen.

GEISSBOCK Er symbolisiert Geiz oder ausschweifende sexuelle Bedürfnisse.

GELB Das Symbol für Güte und Glauben, wenn es ein leuchtendes Gelb ist. Es geht Ihnen gut. Ist das Gelb schmutzig oder matt, verrät es Geiz, Gier und Neid.

GELD Geld im Traum zeigt Ihren Energievorrat und den eigenen Wert an. Bei Männerträumen symbolisiert Geld den Wunsch nach Macht, Potenz und nach materieller Sicherheit. Geld zu verlieren heißt, mit seinen Talenten nicht richtig umzugehen. Geld zu finden dagegen, dass Kräfte in Ihnen wachgerüttelt werden.

GELDBEUTEL Der volle Geldbeutel verspricht Gewinne, der leere kann ankündigen, dass Sie trotz aller Mühe nicht zum erwünschten Erfolg gelangen. Finden Sie im Traum einen Geldbeutel auf der Straße, winkt unverhofftes Glück oder ein unerwarteter Gewinn; finden Sie einen vollen, verkehren Sie mit schlechten Menschen, finden Sie einen leeren, arbeiten Sie für etwas vergeblich. Ist er voller Steine, könnte ein Lotteriegewinn anstehen, schenkt man ihnen eins mit Geld darin, erleben Sie eine unangenehme Überraschung.

GEMÜSE Gemüse, nach dessen Genuss der Atem riecht, also vor allem Knoblauch und Zwiebeln, zeigen Streit an. Etwas wird offenbar werden, ohne dass Sie es möchten, und ein Bekannter oder Freund wird sich dadurch verletzt fühlen. Gemüse wie Erbsen, Bohnen, Karotten stehen für Einnahmen. Einige Gemüsesorten weisen wie manche Früchte auf weibliche oder männliche Geschlechtsorgane hin. Gurken, Mais, Karotte, Spargel sind erotisch-sexuelle Symbole in Frauenträumen.

GENICK Der Genickbruch warnt vor Leichtsinn, durch den man zu Schaden kommt. Vielleicht haben Sie sich zu viel „aufgehalst"?

GENITALIEN Handelt der Traum von den eigenen Genitalien, hat dies eine direkte Verbindung zur eigenen Sexualität. Sind die Genitalien in Ihrem Traum verstümmelt, könnte dies ein Hinweis auf Missbrauch in der Vergangenheit oder in der Gegenwart sein. Des Weiteren symbolisieren die Genitalien weniger das Werkzeug sexueller Handlungen als vielmehr die Vitalität eines Menschen. Ob es sich dabei um ein Zuviel oder ein Zuwenig handelt, können andere Symbole aussagen.

GERANIEN Ein Streit, den Sie vor kurzem hatten, ist nicht so ernst, wie Sie befürchtet haben.

GESCHLECHTSVERKEHR Der Wunsch, mit jemandem auf einer sehr vertrauten Ebene zu kommunizieren, kann im Traum in Form von Geschlechtsverkehr zum Ausdruck kommen. Wird er unterbrochen, haben Sie möglicherweise Hemmungen, deren Sie sich nicht bewusst sind.

GESICHT Sehen Sie ein schönes Gesicht, zeigt das deutlich den Wunsch nach Harmonie. Verzerrte Gesichtszüge deuten dagegen nicht selten auf schlechte Erfahrungen und ein schlechtes Gewissen hin. Sehen Sie Ihr eigenes Gesicht, bezieht sich das auf Ihre Psyche. Nehmen Sie sich vielleicht zu wichtig? Sie sollten auf körperliche Störungen achten. Sehen Sie im Traum ein blasses Gesicht, ist mit einer Erkrankung zu rechnen. Wer das Gesicht im Traum schminkt, will möglicherweise eine Charakterschwäche überdecken oder hat die Absicht zu betrügen und zu täuschen. Wer es wäscht, will sich möglicherweise von einer Schuld reinwaschen. Wenn Sie sich im Traum auf das Gesicht eines Menschen konzentrieren, versuchen Sie, diese Person zu verstehen. Ist das

Gesicht im Traum verhüllt, steht es für verborgene Kräfte oder für die Weigerung, die eigenen Fähigkeiten anzuerkennen.

GESICHTSFALTEN Die Falten im Gesicht deuten auf Erfahrungen hin, die Sie im Leben machen mussten. Sehen Sie Falten bei anderen, wird eine Angelegenheit sehr lange eine Rolle spielen. Sie sollten andere Menschen nicht so hochmütig bzw. herablassend behandeln.

GESPENSTER Sie leiden möglicherweise an Verwirrung oder einer labilen Einstellung.

GIRAFFE Eine Giraffe steht für den Wunsch nach mehr Übersicht. Sie wollen sich einen größeren Überblick verschaffen. Doch Vorsicht, der Kopf ist dabei sehr weit vom Körper entfernt.

GLOCKENBLUME Ihr Partner wird Streitsüchtigkeit entwickeln.

GOLD Gold als Farbe ist als Steigerung von Gelb zu sehen. Gold verweist auf Heilung und innere Reife und zeigt Ihre Ganzheit an. Ein wichtiger Reifeprozess ist vollzogen.

GOLDLACK Ihre Gegenwart wird gesucht, vor allem, wenn Sie diese Blume aus der Mauer herauswachsen sehen.

GORILLA Der Gorilla ist im Gegensatz zu den anderen Affenarten ein eher ungünstiges Traumsymbol. Dies lässt sich damit erklären, dass er in der Natur weniger intelligent, dafür um einiges kräftiger und brutaler als andere Artgenossen ist, mit denen Sie im Wachleben Gegner bezwingen wollen oder mit denen Sie selbst von Ihnen bezwungen werden sollen.

Der Gorilla ist mit dem Traumsymbol des Drachen oder des Ungeheuers zu vergleichen.

GRAB Steigen Sie im Traum aus dem Grab, werden Sie sich enorm weiterentwickeln, Sie erneuern sich. Eine Krise ist endlich zu Ende. Es kann sein, dass das Grab als Zeichen für fehlenden Lebenswillen gedeutet werden muss. Der Traum zeigt möglicherweise, dass Sie einen Persönlichkeitsanteil getötet und vor der äußeren Welt verborgen haben.

GRAU Grau ist die typische Farbe des Schattens in seiner Bedeutung als das Unbewusste.

GROSSELTERN Vielleicht rät Ihnen Ihr Unterbewusstsein, sich bei jemandem Rat einzuholen. Großeltern verkörpern auch Weisheit.

GRÜN Freude, Reichtum und Hoffnung werden in Verbindung mit der Farbe Grün genannt. Grün verkörpert große Naturverbundenheit und seelisch-geistiges Wachstum.

HAARE Oft stellen Haare den eigenen Seelenzustand dar. Die Farbe hat unterschiedliche Bedeutungen, z.B. steht rotes Haar für Temperament, aber wegen seiner Assoziation zur Hexe kann es auch gefährlich sein. Schwarzes steht für Gesundheit, als Zeichen für Leidenschaft, graues für Sorgen und Kummer, weißes Haar für Weisheit, Güte und Glück. Blondes Haar wird als Zeichen für Unbeständigkeit gesehen, bei braunem Haar fehlt Ihnen die glückliche Hand, eine Karriere aufzubauen. Sehen Sie als Mann eine Frau mit goldenem Haar, sind Sie ein guter Liebhaber und wahrer Frauenfreund. Fremde Haare im Traum zu tragen, könnte eine bevorstehende Krank-

heit bedeuten. Flechten Sie im Traum Haare, gehen Sie großen Veränderungen entgegen. Kurze Haare können auf verdrängte sexuelle Bedürfnisse hinweisen. Langes Haar kann
Sinnlichkeit, aber auch für Überbetonung des Intellekts stehen. Langes Haar verkörpert bei Frauen Weiblichkeit, bei
Männern Freiheit, Kraft und Unabhängigkeit. Sorgfältig ge-
kämmtes und frisiertes Haar deutet auf Eitelkeit oder zu starke
sexuelle Selbstdisziplin hin. Haare im Traum zu schneiden,
bringt bei Männern manchmal Kastrationsangst zum Ausdruck, allgemein deutet es auf Kummer, Sorgen und Verlust
hin. Abgeschnittenes Haar deutet die indische Traumschrift
„Jagaddeva" als Not und Elend, in die der Träumer stürzen
werde. Haare zu färben, warnt vor Täuschungen und falschen
Erwartungen. Das Erbleichen des Haares weist auf den völ-
ligen Verlust des Vermögens hin. Haare im Mund zu haben,
kündet ein schreckliches Erlebnis an. Ausfallendes Haar kann
Potenzprobleme oder den Tod eines nahe stehenden Menschen ankündigen.
Eine Frau mit männlicher Behaarung weist oft auf eine
maskulin geprägte Gefühlswelt hin, weil vielleicht die Ge-
schlechtsrolle nicht akzeptiert wird. Ein Mann mit Frauen-
haaren warnt vor Untreue in einer Liebesbeziehung. Haare
auf Brust und Bauch können sexuell oder als allgemeines
Glück gedeutet werden. Je stärker eine im Traum vorkom-
mende Person behaart ist, desto stärker wird die Tierhaftig-
keit und der Trieb dieser Person hervorgehoben. Gut frisiertes
Haar verheißt eine schöne Freundschaft, auch: Sie sind beruflich auf dem aufsteigenden Ast. Unfrisiertes kündet einen
Familienstreit an, Gleichgültigkeit gegenüber der Sexualität.
Wirres und ungekämmtes Haar bedeutet, dass das Leben zur

großen Last wird, die Geschäfte laufen nicht, und das Ehejoch ist nur unter Qualen zu ertragen. Das berühmte „Haar in der Suppe" soll vor Streit oder Kleinlichkeit warnen.

HABICHT   Ein Habicht ist ein Aggressionssymbol und weist auf bevorstehende Verluste hin. Es erwarten Sie Untreue und es droht Gefahr. Wollen Sie sich etwas unrechtmäßig aneignen? Sparen Sie Ihr Geld, denn Sie werden kein Glück in der Lotterie haben.

HAI   Ein Hai sagt ernstzunehmende Feinde voraus, aber auch, dass Sie einer ernsthaften Schwierigkeit oder Krankheit gerade noch entkommen. Er ist eine Warnung, andere Menschen nicht zu verletzen. Von einem Hai verfolgt oder angegriffen zu werden, zeigt, dass Sie aufgrund unvermeidlicher Rückschläge in Mutlosigkeit versinken werden. Falls Sie von einem gebissen oder gefressen werden, werden Sie von anderen Menschen verletzt und lassen das sogar zu. Ein Hai im klaren Wasser sagt ihnen, dass der Erfolg bei Frauen und im Beruf nicht ewig anhalten wird, da Neider dabei sind, an Ihrer Position zu sägen. Ein toter Hai stellt Versöhnung und neue Gewinne in Aussicht.

HALS   Der dicke, geblähte oder geschwollene Hals kann Glück, Erfolg und eine prall gefüllte Geldbörse ankündigen. Ein steifer Hals steht oft für Uneinsichtigkeit, Sturheit und Halsstarrigkeit. Ein schöner, kräftiger bedeutet Macht, Kraft, Reichtum und Ansehen, ein gutes Zeichen, verheißt er doch einen Aufstieg auf der Karriereleiter. Halsschmerzen zu haben, bringt einen Witterungsumschlag. Wenn Sie ein Halstuch tragen, sollten Sie sich vor Erkältung schützen. Fühlen

Sie Enge im Hals, kann das auf zu viele Verpflichtungen hinweisen, die Ihnen schier die Luft abschnüren. Auf dem Hals sitzt der Kopf, er verbindet mit anderen Worten Geist und Körper. Waschen Sie den Hals in klarem Wasser, verspricht das psychische und physische Gesundheit. Wunden oder Geschwüre am Hals lassen auf eine krankhafte Veränderung im seelisch-körperlichen Bereich schließen.

HAMSTER Sie werden zu Wohlstand kommen.

HAND Wenn Sie von der Hand und ihrer Tätigkeit träumen, können Sie diese Handreichung ins Wachleben übertragen. Das Hand-in-Hand-Gehen können Sie als Anknüpfung freundschaftlicher Beziehungen deuten. Verletzen Sie sich die Hand oder werden von einem Hund in die Hand gebissen, scheinen Sie auch im Wachleben augenblicklich handlungsunfähig zu sein. Eine große Hand fordert auf, mehr Energie zu entwickeln, damit Sie Ihre Ziele erreichen. Die kleine Hand deutet mangelnde Eigeninitiative und Tatkraft an, was zu Misserfolgen und Enttäuschungen führt. Ist die Hand schlaff oder schwach, kann das ebenfalls Energiemangel signalisieren, zum Teil symbolisiert sie auch Distanziertheit oder Überempfindlichkeit. Der Händedruck steht für großes Vertrauen und Treue, was sich meist auf zwischenmenschliche Kontakte bezieht. Händewaschen zeigt oft an, dass Sie sich unschuldig fühlen oder sich von einem Verdacht reinwaschen wollen, auch mehr Ansehen kann darin angekündigt werden. Beschmutzte Hände deuten an, dass Sie mit Menschen Umgang pflegen, vor denen Sie sich hüten sollten, vielleicht erkennen Sie darin auch die Verstrickung in eine „unsaubere" Angelegenheit. Jemanden an der Hand zu halten, steht dafür, dass Sie auf einen anderen Menschen Einfluss ausüben, den Sie nicht missbrauchen sollten. Selbst an der Hand gehalten zu werden, kann darauf hinweisen, dass Sie Rat und Hilfe benötigen oder von anderen beeinflusst werden. Stark behaarte Hände gelten allgemein als Vorzeichen von Sorgen und Verlusten. Sich die Hand zu verbrennen oder zu verletzen, kann vor Risiken warnen, die Sie noch nicht genau abschätzen können. Hände vor die Augen zu halten, warnt oft vor unrealistischen Erwartungen und Hoffnungen, weil Sie die Augen vor den Tatsachen verschließen. Wenn Sie die Hand eines anderen küssen, weist das darauf hin, dass Sie sich einzuschmeicheln versuchen, wird die eigene Hand geküsst, ist das als eine Warnung vor Täuschung durch andere zu verstehen. Händeringen tritt oft bei Rat- und Hilflosigkeit auf, wenn Sie keinen Ausweg mehr sehen.

HANDSCHUHE Träumen Sie von Handschuhen, möchten Sie Ihre Begabungen vor anderen Menschen verbergen. Ein großer Handschuh wird oft als Selbstüberschätzung gedeutet, die zum Scheitern großer Pläne führt. Zu enge Handschuhe weisen darauf hin, dass Sie mit den Lebensumständen unzufrieden sind, sich zu stark eingeschränkt fühlen. Einen Handschuh auf einen anderen oder ein Objekt zu werfen, kann dafür stehen, dass Sie sich mehr zur Wehr setzen sollten. Heben Sie einen vom Boden auf, zeigt das, dass Sie einer Auseinandersetzung nicht aus dem Weg gehen dürfen. Handschuhe zu tragen, soll nach alten Traumbüchern mehr Ansehen verheißen. Einen Handschuh zu verlieren, kann auf bevorstehenden Streit hinweisen. Werden die Handschuhe ausgezogen, zeigt dies Respekt und ist ein Akt der Aufrichtigkeit. Boxhandschuhe im Traum deuten an, dass Sie in einer prekären und aggressiven Situation um jeden Preis die Oberhand behalten wollen.

HASE Der Hase hebt Intuition und spirituelle Einsicht hervor. Die Intuition hat sich vielleicht durch Angst oder Missachtung in der Vergangenheit in Verrücktheit verwandelt. Als Glückssymbol gilt es, wenn man einen Hasen schießt oder Hasenbraten verzehrt. Im positiven Bereich symbolisiert der Hase Fruchtbarkeit. Stallhasen stellen einen netten, aber nicht sonderlich intelligenten Geschäftspartner in Aussicht.

HAUS Das Haus versinnbildlicht immer den Träumer selbst, sein Ganzes, die Seele mit einbezogen. In Frauenträumen zeigt der Zustand des Hauses die augenblickliche Situation an, in Männerträumen ist das Haus als Symbol für Ehrgeiz und Sicherheit, in Verbindung mit beruflichem Aufstieg zu sehen. Wichtig ist seine äußere Beschaffenheit. Ist das Haus beschädigt, haben Sie sich vielleicht von einer Vorstellung verabschiedet, die nicht in die Tat umzusetzen war. Es kann auch der Hinweis auf eine körperliche Störung vorliegen. Jedes Zimmer im Haus hat seine eigene Bedeutung. Gehen Sie von einem Zimmer in ein anderes, deutet das einen Wandel an. Hierbei ist zu beachten, von welchem Zimmer Sie ausgehen und wohin Sie sich begeben. Im Keller lauern unbewusste, versteckte Begierden. Die Küche weist auf das Weibliche, Mütterliche in Ihnen hin, sie ist auch der Ort der Verarbeitung von seelischen Konflikten. Das Wohnzimmer ist der Ort der Entspannung und Erholung. Die oberen Räume, auch der Dachboden, verweisen auf den geistigen Bereich, das Verstandesleben. Das Dach muss als die das Gehirn schützende

Schädeldecke verstanden werden. Gehen Sie in einen unbekannten, leeren Raum, werden Sie neue Erfahrungen sammeln, Ihren Horizont erweitern. Oft entdeckt man im Traum Räume, in die ein Vordringen nicht möglich ist. Das zeigt Hemmungen und Komplexe auf einem Gebiet an. Durchforschen Sie im Traum das Haus, versuchen Sie sich zu ergründen. Wird Ihr Haus im Traum gerade gebaut, basteln Sie vielleicht an einer neuen Liebe oder Ihrer Karriere.

HAUSSCHUHE Hausschuhe stehen als Warnung, dass Sie gerade dabei sind, eine unglückselige Verbindung oder Intrige zu beginnen, wahrscheinlich finden Sie Ihr Glück mit einer verheirateten Person, dies wird jedoch in Schwierigkeiten oder einem Skandal enden.

HAUT Zarte Haut weist auf Sensibilität hin, vielleicht sind Sie zu überempfindlich. Gelbe Haut deutet oft auf Ängstlichkeit hin, die das Leben unnötig behindert. Dunkle Haut warnt vor Täuschung und Betrug durch andere. Harte, raue oder zähe Haut signalisiert das „dicke Fell", welches Sie sich zugelegt haben, um sich zu schützen. Abgestreifte Haut (z. B. einer Schlange) kann auffordern, von der unerfreulichen Vergangenheit unbelastet einen neuen Anfang zu wagen. Ist die Haut glatt und rein, befindet sich die Seele im Zustand der Ausgeglichenheit. Sehr gepflegte Haut kann aber auch eine Warnung vor zu viel Oberflächlichkeit und Eitelkeit sein. Ist die Haut im Traum aber runzelig, rissig, unrein oder zu trocken, deutet dieses Bild darauf hin, dass Sie unbefriedigt und innerlich zerrissen sind. Im Traum verbrannte Haut gilt als Beweis, dass Ihnen jemand schaden möchte, um Sie in ein schlechtes Licht zu setzen. Wer die Haut eines Tieres oder eines anderen

Menschen abzieht, wird im Wachleben vielleicht ohne Schutz vor böswilligen Leuten dastehen. Wenn Hände zärtlich die Haut streicheln, will irgendjemand etwas erreichen, das er mit Gewalt nicht durchsetzen konnte.

HEBAMME Ganz allgemein kann sich in diesem Traumbild der Wunsch nach einem Kind, aber auch die Angst, ungewollt schwanger oder Vater zu werden, ausdrücken. In manchen Fällen deutet die Hebamme im Traum aber auch auf sexuelle Hemmungen hin. Mit einer Hebamme zu sprechen, kündigt eine Geburt oder eine Taufe an. Werden Sie im Traum von einer untersucht, haben Sie kein reines Gewissen. Sind Sie selbst eine Hebamme, haben Sie es mit einer Sache sehr eilig.

HEIDEKRAUT Eine Pflanze, die Glück ankündigt, besonders, wenn dazu auch noch viel Wald zu sehen ist. Ist das Heidekraut verwelkt, muss unter eine enge Beziehung vielleicht ein Schlussstrich gezogen werden.

HEIDELBEEREN Es droht Geldverlust. Seien Sie sparsam.

HEMD Im Traum ein Hemd anzuziehen, verspricht Hilfe in einer wichtigen Angelegenheit. Ein Hemd auszuziehen, warnt vor Enttäuschungen und Misserfolgen. Eines zu waschen, ermahnt Sie, sich nicht mit Menschen einzulassen, die Ihnen schaden. Hemden zu bügeln zeigt an, dass Sie beliebt und angesehen sind. Ein Hemd zu wechseln, kann den Wunsch nach einem erotischen Abenteuer anzeigen. Ein schmutziges oder zerrissenes Hemd deutet eine leichtfertige, oberflächliche Lebensweise an, die Sie ändern sollten. Mehrere Hemden im Traum zu sehen, signalisiert das Bedürfnis nach mehr Geselligkeit und Freunden.

HENGST Männer auf Hengsten erhoffen die Erfüllung ihrer Wünsche. Für Frauen ist der Hengst ein reines Sexualsymbol, sie sehnen sich nach einem kraftvollen Mann.

HERING Der Hering zeigt Nahrungssorgen an und warnt junge Leute vor nutzlosen Ausgaben und Zechgelagen. Seien Sie sparsam!

HERZ Es ist das Zentrum des Seins und repräsentiert emotionale Weisheit. Wenn Sie im Traum ein Herz sehen, kann dies mit einer innigen Liebesbeziehung gleichgesetzt werden. Ein Herz zu zerschneiden, kündigt Kummer und Trennung von einem geliebten Menschen an. Ein blutendes Herz warnt vor einer Beleidigung oder einer anderen schweren seelischen Verletzung durch einen nahe stehenden Menschen. Herz zu essen, symbolisiert meist das Bedürfnis, mit einem geliebten Menschen in eine ganz innige Beziehung zu treten, kann aber auch vor der Vereinnahmung durch andere in einer solchen Beziehung warnen. Wenn Sie Ihr eigenes Herz im Traum sehen, drohen Krankheit und Energieverfall, sehen Sie das eines Tieres, sollten Sie Feinde aus dem Feld schlagen und sich Respekt verschaffen. Fühlen Sie das Herz schlagen, ist dies als eine Warnung vor einem Fehltritt zu verstehen. Ein krankes Herz steht für Sorgen in der Verwandtschaft. Schmerzt das Herz, gibt es berufliche Probleme, Sie begehen einen Fehler, der Verluste mit sich bringt. Ein Herz zu verlieren oder gar keins zu besitzen, bedeutet Vorteil für Ihre Gegner. Herzklopfen steht für Zuneigung, Herzleiden für innere Qualen und Unruhe.

HEUSCHRECKEN Eine Heuschrecke im Traum ist in der Regel ein Symbol für Freiheit und Launenhaftigkeit. Heuschrecken können auf vorübergehende Erfolge hinweisen, an denen Sie sich aber nicht lange freuen werden. Manchmal kommt darin auch die Neigung zu Schwermut und Pessimismus zum Ausdruck, die sich aus der eigenen labilen Persönlichkeitsstruktur erklärt.

HIMBEEREN Wer sie im Traum pflückt, ist vielleicht heimlich verliebt, wer sie isst, kann sich auf intime Stunden freuen. Wenn Sie sich mit dem geliebten Menschen beim Himbeerpflücken treffen, ist es wohl Zeit, sich offen zu seinen Gefühlen zu bekennen.

HOCHZEIT Eine Hochzeit mit farbenfroh gekleideten und glücklichen Gästen zu erleben, bedeutet auch im Wachleben sehr große Freude. Sehen Sie dagegen im Traum eine Hochzeit mit dunkel gekleideten Gästen, müssen Sie sich auf Trauer und Sorgen gefasst machen. Wenn Sie an einer Feier teilnehmen, beschert Ihnen die Rücksichtnahme von lieben Menschen sehr viel Freude. Ihre geschäftlichen Angelegenheiten entwickeln sich. Ein negatives Ereignis in Zusammenhang mit einer Hochzeit prophezeit Kummer, Krankheit oder Tod in der eigenen Familie. Hält eine junge Frau sich für eine unglückliche und nicht verliebte Braut, werden ihr Enttäuschungen in der Liebe und möglicherweise auch die eigene Krankheit vorhergesagt. Sie sollte vorsichtig agieren, denn Widersacher lauern. Träumt eine Frau, einen altersschwachen Mann mit faltigem Gesicht und grauen Haaren zu heiraten, wird sie mit vielen Sorgen und Krankheiten zu kämpfen haben. Tragen Sie in Ihrem Traum ein Hochzeitskleid, zeigt dies, dass Sie sich darum bemühen, Ihre Gefühle und Hoffnungen im Hinblick auf Beziehungen zu ordnen. Trägt eine andere Traumfigur das Hochzeitskleid, lässt dies bei Ihnen auf Minderwertigkeitsgefühle schließen.

HORNISSEN Hornissen kündigen Nachrichten an, die Sorgen verursachen. Auch die Verletzung durch einen boshaften Rivalen ist möglich, ebenso das Ende einer langen, innigen Freundschaft oder Geldeinbußen.

HONIG Honig wird oft als Zeichen einer stabilen Gesundheit verstanden. Honig in Waben steht für geschäftlichen Erfolg. Fließenden Honig im Traum zu sehen, bedeutet, es geht Ihnen alles leicht von der Hand. Es gibt aber auch eine Neigung im Leben, materielle Wünsche auf unlautere Art zu befriedigen. Liebende werden in nächster Zeit heiraten.

HOSEN Ziehen Sie sich im Traum Hosen an, lässt das darauf schließen, dass Sie im Wachleben schnell beleidigt sind. Manchmal deutet es auch auf übermäßiges Machtstreben hin. Wer die Hose im Traum auszieht, gibt sich demnach eine Blöße, sein Ansehen nimmt Schaden. Manchmal weist sie auch auf eine oberflächliche Lebenseinstellung hin, die viel auf Äußerlichkeiten Wert legt. Eine Hose zu kaufen und anzugucken, deutet auf Frauengunst. Eine Hose zu sehen, bedeutet Ruhe und Sicherheit. Eine schwarze zu tragen, steht für Leid, bei einer weißen werden Sie einen Irrtum einsehen. Ist sie zerrissen, werden Sie Schande erleben. Eine Hose zu verlieren, kündigt an, dass Sie verspottet werden.

HOTEL Die Einkehr in den fremden Räumen kann auf eine anstehende Veränderung im Leben hindeuten. In der Anonymität eines Hotels ist es zudem möglich, vor sich selbst oder anderen etwas geheimzuhalten. Die Hotelgäste im Traum repräsentieren häufig Inhalte Ihrer eigenen Persönlichkeit, die noch unbewusst sind. Ein Luxushotel als Traumsymbol kann den Wunsch nach einem Leben andeuten, das frei von materiellen Sorgen ist. Eine Hotelhalle, in der Sie sich sitzen sehen, zeigt, dass Sie eine reiche Bekanntschaft suchen.

HUHN Sehen Sie, wie ein Huhn Körner pickt, werden sich Ihre beruflichen Anstrengungen finanziell ausschlagen. Wollen Sie ein Huhn fangen, werden Sie keine Befriedigung in Liebesdingen erfahren. Sehen Sie, wie ein Huhn Eier legt, wird sich Ihre finanzielle Situation verbessern oder es steht Familienzuwachs an. Schlachten Sie ein Huhn, fügen Sie sich selbst Schaden zu.

HUMMEL Verschwenden Sie nicht kostbare Zeit an unnütze Dinge. Die Hummel warnt auch vor übler Nachrede.

HUMMER Er ist ein Symbol für Glück in Liebesdingen.

HUND Der Hund bringt vor allem sexuelle Triebe, Instinkte und Gefühle zum Ausdruck. Im weiteren Sinn kann das Tier die männlich aggressive Sexualität verkörpern. Bissige Hunde im Traum eines Mannes werden mit Eifersucht in Verbindung gebracht. Erlebt eine Frau den Traum, ist sie ziemlich hemmungslos veranlagt. Das heißt nicht, dass sie auch so lebt, nur die Veranlagung zur Hemmungslosigkeit steckt in ihr drin. Deshalb träumen Frauen oft davon, wie ein Hund an der Leine geführt wird. Das heißt, sie zügeln ihre Triebe. Ein zutraulicher Hund warnt oft vor Hinterlist und Betrug. Ein bellender Hund kann auf üble Nachrede und Verleumdung hinweisen. Ein heulender oder bissiger Hund gilt als allgemeine Warnung vor schwerwiegenden Gefahren. Ein jagen-

der Hund soll eine oberflächliche, leichtfertige Lebenseinstellung mit Neigung zu (vor allem sexuellen) Abenteuern
anzeigen. Mit dem Hund zu spielen bedeutet, dass Sie Gegner
überwinden werden. Einen Hund an die Kette zu legen, kann
ein finanzielles Risiko oder andere Schäden durch Leichtfer-
tigkeit ankündigen. Ein schwarzer Hund wird oft als schmerzhafte Täuschung durch einen Freund gedeutet. Mehrere
Hunde, die sich streiten, stehen für familiären Zwist.
Artemidoros glaubte, dass man sich vor Betrügern hüten müsste,
wenn ein fremder Hund einen anwedele. Kleine Hunde stehen für niedere Gedanken und Lust an frivolen Vergnügungen, struppige künden von misslichen Geschäften oder
kranken Kindern, ein Schoßhündchen verkündet, dass Freunde
Ihnen in schweren Zeiten beistehen, ein abgemagertes und
kränkliches Schoßhündchen warnt Sie vor Schwierigkeiten,
aufgeputzte zeugen von Eitelkeit, Egoismus und Engstirnigkeit ihres Besitzers. Wer einen weißen Hund im Traum sieht,
kann sich auf eine angenehme Bekanntschaft freuen, kommt
er auf Sie zu, ist dies ein Omen für ein glückliches Zusammentreffen. Ein schwarzer Hund steht für den Verrat durch
Freunde, ein roter zeigt an, dass Sie sich auf Ihre Freunde
nicht verlassen können. Besitzen Sie in Ihrem Traum einen
schönen Hund, können Sie sich über viel Geld freuen. Spielen
Sie mit einem Hund, stehen beträchtliche Gewinne und treue
Freunde in Aussicht. Sehen Sie einen bösartigen Hund, kündigt dies unabwendbares Missgeschick an, selbst größte
Anstrengungen werden nicht den gewünschten Erfolg bringen. Töten Sie ihn, bezwingen Sie Gesinnungsgegner. Fürchten Sie sich beim Anblick einer großen Dogge, werden Sie
Probleme bekommen, die über das Mittelmaß hinauswach-

sen; werden Sie von einem Bluthund verfolgt, könnten Sie einer Versuchung erliegen. Werden Sie von einem Hund angefallen, könnten Gefahren auf Sie zukommen. Hören Sie ein Tier knurren, sind Sie möglicherweise intriganten Leuten ausgeliefert oder werden zu Hause mit unschönen Neuigkeiten konfrontiert. Werden Sie gebissen, gibt es Zwist wegen Geld oder eine Krankheit kündigt sich an.

Beobachten Sie ein zutrauliches Tier, will man Sie in eine Falle locken. Das einsame Jaulen eines Hundes kann den Tod oder die lange Trennung von Freunden mitteilen. Beobachten Sie einen jagenden Hund, werden Sie alles mit ungewohnter Forschheit angehen. Ein tollwütiger Hund steht für Sorgen, ein tollender für eine unbegründete Furcht, ein kämpfender für Erniedrigung durch Freunde, ein raufender für Familienstreit. Eine Hundehütte könnte ein Indiz dafür sein, dass Sie sich bald einen Hund anschaffen. Sie reisen allein und ein Hund folgt Ihnen? Dann dürfen Sie auf treue und ergebene Freunde zählen. Sehen Sie Hunde schwimmen, brauchen Sie nur die Hand nach dem Glück auszustrecken. Putzmuntere Welpen stehen für wachsenden Wohlstand und gute Freunde, schwächliche für Einbußen.

HYAZINTHE   Hyazinthen stehen für ein reiches Liebes- und Eheleben, sie versprechen Gutes, die Erfüllung lang gehegter Wünsche. Sehen Sie welke, werden die Erwartungen, die Sie an einen Menschen geknüpft haben, enttäuscht.

HYÄNE   Sie steht im Traum in der Regel für Unreinheit, Labilität und Verschlagenheit. Außerdem ist sie Symbol des Geizes.

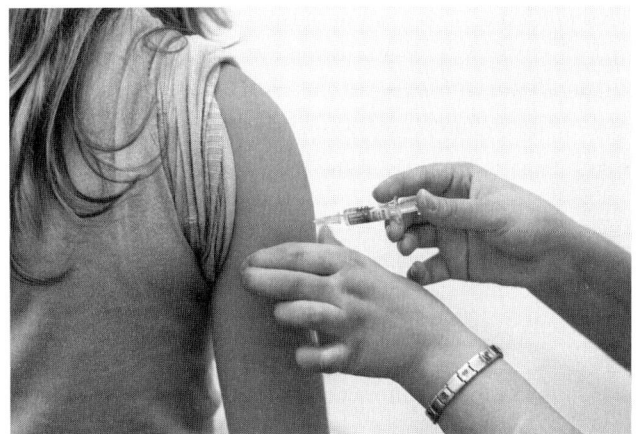

Träumen Sie davon, dass ein Kind geimpft wird, werden Sie in naher Zukunft jemanden vor etwas bewahren.

IGEL Ein Igel kann Ihre Unfähigkeit, mit einer komplizierten Situation richtig umzugehen, aufzeigen. Sie verletzen lieber, um nicht selbst verletzt zu werden. Aber nicht jeder, der sich nach außen hin stachelig gibt, ist deshalb gleich aggressiv. Oft schützt eine raue Schale lediglich einen weichen Kern. In diesem Sinne symbolisiert das Traumbild des Igels Ihre individuelle Empfindlichkeit.

ILTIS Der Iltis warnt vor Dieben, Betrug und Raub. Von ihm gebissen zu werden, ist ein Hinweis auf einen Unfall bzw. eine Krankheit.

IMPFUNG Wenn ein Traum davon handelt, dass Sie geimpft werden, kann dies heißen, dass Sie wahrscheinlich von einem anderen Menschen verletzt werden, möglicherweise auch emotional. Das kann durchaus auch eine schmerzhafte Heilung nach sich ziehen. Betrachten Sie eine Impfung bei kleinen Kindern, werden Sie einen schwachen oder machtlosen Menschen gegen Übergriffe schützen.

INSEL Wer von der einsamen Insel träumt, will neue Kräfte sammeln. Sie ist ein Zeichen für Rückzug und Entspannung.

INSEKTEN Absichtlich zurückgedrängte Kleinigkeiten haben ihre Bedeutung, sie machen sich bemerkbar, indem Sie von Gewissensbissen geplagt werden, ferner warnen sie vor Betrug, kündigen auch Krankheiten und Verluste an. Werden Sie von Insekten umschwärmt, kann es sein, dass Sie im Alltagsleben von unangenehmen Personen oder Angelegenheiten belästigt werden. Kleine, unschädliche Insekten zeigen Erfolg und Gewinn. Werden Sie von großen gestochen, kündigt das einen Verlust oder eine Krankheit an. Schwierigkeiten werden überwunden, wenn Sie selbst im Traum Insekten töten.

INZEST Beischlafähnliche Szenen mit engen Verwandten oder gar der eigenen Mutter oder dem Vater haben meist keine sexuelle Bedeutung. Im Gegenteil, hier wird eher klar, dass in den Beziehungen zwischen Eltern und Kindern oder unter Geschwistern zum Beispiel die Herzlichkeit fehlt, nach der Sie sich unbewusst zurücksehnen.

J

JACKE Wenn Sie eine Jacke verkehrt herum anziehen, sind Sie möglicherweise momentan verwirrt oder falsch informiert. Eine alte, verschlissene, löchrige Jacke zeigt, dass Sie in Ihren Gefühlen verletzt sind.

JOHANNISBEEREN   Sehen Sie Johannisbeeren am Busch, werden Sie mit offenherzigen Menschen zu tun haben. Brechen Sie Zweige ab, können Sie eine treue Freundschaft knüpfen. Johannisbeeren in der Erntezeit zu haben, bedeutet Beständigkeit und Zufriedenheit, außerhalb der Saison Untreue. Wenn Sie den Saft trinken, suchen Sie Abwechslung. Rote Früchte zeigen Festigkeit und Beständigkeit des Charakters, Zufriedenheit mit der jetzigen sozialen und familiären Situation. Weiße Beeren werden mit Frieden und reichlichem Verdienst, Glück in einer Liebessache und Genugtuung in Verbindung gebracht. Schwarze Johannisbeeren stehen für Treulosigkeit des Partners und Liebeskummer. Johannisbeeren einzukochen, wird mit treuer Liebe und viel Glück gleichgesetzt.

JOHANNISKÄFER   Sie erhalten eine Liebesbotschaft, wenn Sie im Traum einen Johanniskäfer sehen. Begegnet Ihnen ein Käfer in der Dunkelheit, wird ein sorgfältig gehütetes Geheimnis verraten werden.

JUNGE   Der Junge symbolisiert oft die männlich-intellektuelle Seite der Persönlichkeit, vor allem Verstand und Willen. Er fordert dann meist auf, das Leben bewusster und aktiver selbst in die Hand zu nehmen und zu gestalten.

KÄFER   Käfer im Traum bringen Freunde, die Ihnen bald lästig werden, es folgt Streit. Sehen Sie Käfer, sollten Sie bescheiden sein, wenn Sie bei Mitmenschen beliebt sein möchten. Kriechen Käfer auf Ihnen herum, sind Unpässlichkeiten angezeigt. Einen zu finden, ist ein gutes Omen, Sie werden eine

K

Angelegenheit schnell richtig stellen. Wenn Sie einen Käfer töten, müssen Sie einen Misserfolg verkraften.

KÄSE Schweizer Käse verspricht Wohlstand, Gesundheit und Annehmlichkeiten. Bereiten Sie überbackene Käseschnitten zu oder essen Sie diese, müssen Sie auf größere Komplikationen gefasst sein. Diese werden sich aber bald wieder in Luft auflösen. Käse in einer Almhütte herzustellen, bedeutet eine gesicherte Zukunft und ein hohes Alter. In einer Käserei zu arbeiten, bringt eine Verbesserung der Lage. Sehen Sie, wie Käse geschnitten wird, werden Sie wahrscheinlich operiert werden. Festen Käse zu essen, bedeutet Glück, Gesundheit und Gewinn. Essen Sie weichen Käse, bringt dies Unruhe. Es steht eine Enttäuschung und Trauer bevor. Verdorbenen, alten zu essen, steht für Krankheit. Wenn Sie faulen sehen, können Sie davon ausgehen, dass Probleme auf Sie zukommen.

KAFFEE Kaffeebohnen im Traum versprechen großes häusliches Glück, als Getränk ist Kaffee Symbol der Anregung. Mit Kaffee zu handeln, deutet auf geschäftliche Verluste hin. Kaufen Sie ihn, werden Sie Ihren guten Ruf behalten. Grüner Kaffee steht für dreiste Feinde, die nur darauf warten, Sie vernichten zu können. Auch getrocknete Bohnen warnen vor bösen Absichten Fremder. Kaffee zuzubereiten, bringt angenehme Gäste, Kaffeebohnen zu mahlen, verheißt ein ruhiges Familienleben. Sehen Sie im Traum gemahlenen Kaffee, werden Sie Missgeschicke aller Art erfolgreich überstehen. Schauen Sie anderen Menschen beim Kaffeetrinken zu, ist viel Klatsch und Tratsch über Sie im Umlauf. Sehen Sie sich selbst Kaffee trinken, wird sich ein schönes Freizeitvergnügen oder eine sehr angenehme Unterhaltung ergeben. Einen kalten Kaffee mit Milch zu trinken, bringt einen Misserfolg, schwarzen zu trinken, eine Aufregung. Wenn Sie im Traum eine Kaffeekanne abwaschen, sind Sie nach einer schweren Arbeit zufrieden mit sich. Sehen Sie eine Kaffeemühle, verkündet das häusliche Zufriedenheit, Vorsicht, Sie sollten jeglichem Geschwätz durch korrektes Verhalten vorbeugen. Kaffeesatz zu sehen, kündet Krankheit und materielle Sorgen an. Serviert eine junge Frau Kaffee, wird sie schnell zum Gespött, wenn sie nicht diskret ist. Röstet eine junge Frau Bohnen, entgeht sie schlimmen Dingen durch eine glückliche Heirat mit einem Fremden.

KAKERLAKEN Sie symbolisieren die Schwierigkeiten, die unverhofft auftauchen. Sie sind praktisch nicht auszurotten.

KALB Das Kalb symbolisiert Unerfahrenheit und Unreife sowie naives Fühlen, Denken und Handeln. Sie haben Angst vor selbstständigem Handeln, dies behindert Sie im wirklichen Leben. Spielen Sie im Traum mit einem Kalb, vertreiben Sie sich Ihre Zeit mit törichten Dingen. Wenn Sie ein Kalb füttern, sind Sie falschen Personen gegenüber zu gutmütig. Eins zu sehen, ist ein gutes Omen für Liebende und Eheleute. Sehen Sie viele Kälber auf einer grünen Wiese, stehen fröhliche Feste ins Haus. Wer sein Vermögen vermehren will, hat jetzt eine Glückssträhne. Wenn Sie beobachten, wie eines geschlachtet wird, werden Sie von einer Krankheit genesen. Kalbsbraten zu essen, bringt ungeladene Gäste ins Haus.

KAMM Mit dem Kamm wird das Haar in Ordnung gebracht, übertragen: Man schafft Ordnung in seinem Triebleben und gewinnt dadurch das Herz des Partners. Im Traum eines

Mannes kann ein Kamm Versuchung und Sinnlichkeit symbolisieren. Macht es Ihnen Schwierigkeiten, Ihr Haar zu kämmen, wird Ihre Arbeit nutzlos sein. Geht das Kämmen leicht von der Hand und ist es lang und schön, winken Gewinn oder eine neue Freundschaft. Sehen Sie einen Kamm, gibt es in der Familie Auseinandersetzungen. Ein schmutziger Kamm steht für nutzlose Bemühungen. Einen Kamm zu verlieren, für Streit im Freundeskreis. Ihn zu benutzen, für einen Lebenskampf. Ist der Kamm zerbrochen, zehren heftige Streitereien am Nervenkostüm.

KÄMMEN Sich selbst im Traum die Haare zu kämmen, ist ein Zeichen für Verluste durch einen Menschen, dem Sie vertrauten. Wenn Sie einem Kind die Haare kämmen, erfreuen Sie sich eines guten Urteils. Lange Haare zu kämmen, kündigt eine neue Freundschaft an.

KANARIENVOGEL Schmeichler wollen Sie betören. Dieser Vogel kann auch den Wunsch nach Freundschaft oder Liebe symbolisieren. Ihn singen zu hören, bedeutet für Ledige womöglich eine Verlobung, für ältere Menschen ein angenehmes, ruhiges Alter. Singende Vögel in einer luxuriösen Wohnung stellen ein Leben in Wohlstand und zahlreiche gute Freunde in Aussicht. Wenn Sie ihn zwitschern hören, können Sie sich auf unerwartete Vergnügen freuen. Schenkt man Ihnen einen Kanarienvogel, zeichnet sich eine Erbschaft ab. Verschenken Sie einen, wird Ihr sehnlichster Wunsch nicht erfüllt. Ist der Vogel unnatürlich grell, geben Sie sich trügerischen Hoffnungen hin, blindes Vertrauen ist der schlimmste Feind. Ihn aus dem Käfig zu lassen, kündet einen

Landausflug an. Stirbt er, sollten Sie sich vor untreuen Freunden in Acht nehmen.

KANINCHEN Ein Kaninchen in einem Traum muss entweder mit Fruchtbarkeit in Verbindung gebracht werden oder aber der Betrüger in Ihnen kommt zum Vorschein. Ein weißes Kaninchen könnte Ihnen den Weg zur inneren spirituellen Welt weisen und auf diese Weise als Führer dienen.

KAROTTE Sie wird als Phallussymbol gedeutet, weist auf sexuelle Bedürfnisse hin.

KARTOFFELN Kartoffeln sind ein männlich sexuelles Zeichen, Ausdruck des Reifens, des Strebens, der Vergänglichkeit. Kartoffeln bringen Kindersegen, stehen überwiegend für vorteilhafte Ereignisse, aber auch, nicht versuchen zu wollen, für andere Schicksal zu spielen. Sie könnten mehr Schaden anrichten als Gutes tun. Wer Kartoffeln pflanzt, kann darauf hoffen, dass seine Wünsche erfüllt werden. Sehen Sie im Traum ein Kartoffelfeld, sollten Sie an einer heimlichen Liebe festhalten. Sich an einem sonnigen Tag auf einem Feld zu sehen, bringt ein harmonisches Eheleben, an einem Regentag kündet dies Ärgernisse im Hause an. Im Traum Kartoffeln auszugraben, verspricht einen Erfolg, der sich aber erst nach langen Mühen und harter Arbeit einstellen wird. Die Erdäpfel verfaulen zu sehen, prophezeit vergängliche Freuden und düstere Zukunftsaussichten.

KARUSSELL Träume vom Karussell können durch äußere Reize, beispielsweise Erschütterungen ausgelöst werden, in seltenen Fällen deuten sie auf Ohrprobleme hin. In einem Karussell zu fahren heißt, dass Sie sich in Ihrem Leben mit

Stillstand abfinden müssen. Sehen Sie andere fahren, zeigt das unerfüllte Hoffnungen und Wünsche an. Steht das Karussell abgelegen und fernab von allem Trubel, drohen Verhängnis und Unglück.

KATZE Sie stellt die Verbindung zur katzenhaften, sensiblen Seite des Menschen her (in der Regel Frauen) und verkörpert oft die kapriziöse Seite der Weiblichkeit. Der elegante und machtvolle, zugleich aber auch übermäßig selbstgenügsame Aspekt von Frauen kann im Traum ebenfalls als Katze zum Ausdruck kommen. Katzen verkünden Kummer in der Liebe, Bediente und Hausgenossen werden sich als betrügerisch erweisen, Sie werden hintergangen. Eine Katze zu sehen und nicht vertreiben zu können, ist immer ein schlechtes Zeichen, in erster Linie warnt dieses Bild vor falschen Freunden und Bekannten oder Enttäuschungen in der Liebe. Wilde Katzen zu sehen, kündigt Streitigkeiten mit den Nachbarn an. Werden Sie von einer Katze angegriffen, bekommen Sie es mit Gegnern zu tun, die vor nichts zurückschrecken, um Ihren Namen durch den Schmutz zu ziehen und Sie Ihres Vermögens zu berauben. Von einer gebissen oder gekratzt zu werden, bedeutet, dass Sie durch falsche Freunde oder andere Leute Schaden nehmen werden. Für Ledige bedeutet dies einen unbeständigen Liebhaber, gefährliche Feinde. Können Sie die Katze verjagen, meistern Sie selbst schwierigste Probleme und gewinnen Ansehen und Reichtum. Begegnen Sie einer abgemagerten, hinterhältig dreinschauenden Katze, müssen Sie mit schlechten Neuigkeiten rechnen, ein Freund könnte im Sterben liegen, schaffen Sie es, das Tier in die Flucht zu jagen, wird er jedoch wieder genesen. Streicheln

Sie eine Katze, sind Sie gut zu einem Menschen, der es verdient. Wenn sich eine an Sie schmiegt, werden Sie durch Schmeicheleien betört, um ausgenutzt zu werden.

Eine Katze mit ihren Jungen ist ein Zeichen für unerwünschte Nachkommenschaft, Sie werden viel Ärger mit den eigenen Kindern haben. Eine weiße Katze symbolisiert Verwicklungen, die zwar auf den ersten Blick harmlos scheinen, dann aber zu Geldverlust führen und Anlass zu Trauer geben. Eine schwarze bringt Unglück, bedeutet Ungemach, warnt vor Gefahren, bei einer gefleckten empfinden Sie sehr leidenschaftliche Gefühle. Katzen zu essen, steht für Ehebruch. Sie miauen oder schreien zu hören, wird mit unangenehmen Vorkommnissen in Verbindung gebracht. Schlagen Sie die Katze, wird ein Gauner unschädlich gemacht. Eine Katze und eine Schlange in friedlicher Eintracht zeigen kommenden Ärger an, möglicherweise planen sie, einen Freund einzuladen, um ihn auszuhorchen, weil Sie einem Sie selbst betreffenden Geheimnis auf die Spur kommen wollen.

KASTANIENBAUM   Einen Kastanienbaum im Traum zu sehen, bedeutet, in Eile zu sein. Unter einem Kastanienbaum zu stehen oder zu sitzen, bringt nach mancherlei Enttäuschungen wieder Freude und Zufriedenheit ins Leben.

KELLER   Der dunkle Keller bzw. das Souterrain eines Hauses stellen in der Regel das Unterbewusste dar und all jene Erfahrungen, die Sie, weil Sie nicht angemessen mit ihnen umgehen konnten, verdrängt haben. Außerdem werden diese Räumlichkeiten mit der eigenen Lebensenergie in Verbindung gebracht, auch mit der Sexualität. Er zeigt die seelische Tiefe. Gehen Sie im Traum in einen Keller, werden Sie in den nächsten Wochen sehr viel Geduld und Ausdauer benötigen. Ein Keller mit reichlich Kohle darin zeigt gute Geschäfte mit einem entfernten Partner, möglicherweise im Ausland. Befinden Sie sich in einem kalten, feuchten Keller, werden Sie von Zweifeln geplagt. Sie sind dabei, die Zuversicht zu verlieren und hegen düstere Gedanken, die Sie nicht mehr loslassen, wenn Sie Ihren Willen nicht durchsetzen. Der Keller deutet auch auf Besitzverlust hin. Wenn Sie einen Weinkeller sehen, wird Ihnen ein Gewinnanteil aus zweifelhaften Geschäften angeboten. Wohnen Sie gar im Keller, sollten Sie einen bescheidenen Lebensstil führen und die Ausgaben drastisch einschränken, da eine Notlage droht. Sehen Sie einen Keller einstürzen, werden Sie vor einem Unglück gewarnt.

KELLERGEWÖLBE Dies ist das Fundament des Hauses, das Symbol für Beine und untere Körperregionen. Sehen Sie es, werden sich Ihre Ersparnisse vermehren. Sitzen Sie in einem dunklen Gewölbe, bedeutet das Trauer, große Unannehmlichkeiten und Misserfolg. Holen sie Kohlen aus einem Kellergewölbe, herrscht Friede im Haus.

KIND Ein Kind im Traum ist ein Hinweis auf neue Möglichkeiten und Chancen. Häufig kommen darin aber auch Konflikte zum Vorschein, die meist auf eine unreife Persönlichkeit zurückzuführen sind. Sehen Sie gesunde Kinder, sind Ihnen Freude, Gesundheit, Glück und innerer Friede, Erfolg in der Liebe und allen Unternehmungen sicher, sehen Sie ein mageres oder eines, das hinfällt, sollten Sie mit einer schlechten Zeit rechnen. Ein dickes dagegen steht für unverhofften Erfolg. Wer den Kopf eines Kindes in seinem Traum erkennt, kann mit viel Freude und finanziellem Erfolg rechnen. Die

Geburt eines Kindes steht für neue Existenzmöglichkeiten, ein Kind mit Amme für glückliche Zeiten. Ein Kind auf dem Arm eines Mannes kündigt die Geburt eines Jungen an, auf dem Arm einer Frau die eines Mädchens. Ein schönes Kind steht für eine liebe Bekanntschaft, viele Kinder zu sehen, für Sorgen und Mühen. Küssen sich Kinder, stehen ein glückliches Wiedersehen in der Familie und beruflicher Erfolg bevor. Reiten in Ihrem Traum Kinder auf Eseln, sind Ihre Kleinen gesund und gehorsam; waten Kinder in klarem Wasser, kündigt dies Glück an. Tanzende Kinder bedeuten für Verheiratete, dass sie kluge Sprösslinge haben werden, für Ledige viele Vergnügungen. Hört eine Mutter die Stimme ihres Kindes, muss sie mit Kummer rechnen.

Kindergelächter im Traum zu hören, steht für Freude und Gesundheit, Kinder spielen zu sehen, für Zufriedenheit und Frohsinn. Wer mit vielen Kindern spielt, wird im Leben erfolgreich sein. Enttäuschte Kinder deuten auf Schwierigkeiten mit Widersachern hin und stellen beängstigende Hinweise auf heimliche Intrigen von so genannten guten Freunden dar. Schämen Sie sich für das Verhalten der Kleinen, wurden Ihre Erwartungen nicht erfüllt. Wer im Traum Kinder verlässt, wird durch fehlendes Urteilsvermögen Geld verlieren. Wer Kinder schlägt, will einen anderen Menschen ausnutzen. Wer die eigenen Kinder mit einem Taschenmesser gegen einen Löwen verteidigt, muss sich auf Widersacher gefasst machen, die auf der Lauer liegen und zuschlagen werden, wenn Sie sich durch ein raffiniertes Ablenkungsmanöver von seinen Pflichten abbringen lassen.

Schlafende Kinder verheißen eine gute Zukunft, neben einem kleinen Kind zu schlafen, steht für häusliche Freuden. Wer im Traum Kindern beim Lesen zuschaut, hat wahrscheinlich gut erzogene Kinder. Lernende Kinder stehen für harmonische Zeiten und Wohlergehen. Kleine Kinder inmitten von Lilien dagegen für Krankheit und eine schwache Konstitution. Träumt eine Mutter, dass ihr Kind das Bett einnässt, ist das ein Zeichen für starke Ängste. Sieht eine Mutter ihr Kind leicht erkrankt, erfreut es sich einer robusten Gesundheit, doch werden sie andere kleine Probleme beschäftigen, sieht sie es schwer erkrankt oder tot, haben Sie viel zu befürchten, denn das Wohl des Kindes ist in Gefahr. Geisteskranke Kinder zu sehen, bedeutet Niedergeschlagenheit und unglückliche Wechselfälle, Kinder zu ermorden, sich selbst einen großen Schaden zuzufügen. Die Beerdigung des eigenen Kindes zeigt Gesundheit für die Familie an, aber schlimme Enttäuschungen aus freundlicher Quelle können folgen.

KIRCHE Auch bei unreligiösen Menschen oder Atheisten ist die Kirche eine Stätte der Besinnung. Ein religiöses Bauwerk bietet Schutz und Zuflucht und ist ein Ort, an dem der Mensch über seinen Glauben nachdenken kann. Wer in der Kirche sitzt, sucht Ruhe und innere Ausgeglichenheit. Auch wenn Sie vielleicht keiner Glaubensgemeinschaft angehören, so besitzen Sie doch moralische Prinzipien, nach denen Sie leben. Wenn in Ihrem Traum der Weg in die Kirche versperrt ist, haben Sie im Wachleben einige Konflikte zu lösen. Geschieht in einer Kirche Obszönes, deutet das auf Unbeherrschtheit oder eine ernstzunehmende Störung im Intimleben hin. Altägyptische Traumforscher glaubten, dass man Trost erhalte, wenn man sich in einem Gottesdienst befindet.

KIRSCHEN Pflücken Sie Kirschen, gewinnen Sie neue Freunde oder festigen eine bestehende Verbindung. Süße Kirschen sind wie Küsse, saure können auch Enttäuschungen signalisieren, schwarze manchmal eine Leidenschaft, die Leiden schafft. Grüne Kirschen deuten auf eine gute Zukunft hin. Wenn Sie reifende Kirschen sehen, werden Ihre sexuellen Bedürfnisse stärker. Sie zu essen, bringt Freude und Gewinn, zeigt die Erfüllung von Besitzwünschen an.

KLEID Ein schönes, kostbares Kleid kann für Glück und Erfolg stehen, zuweilen aber auch vor Eitelkeit warnen. Ein schmutziges Kleid wird mit Misserfolg assoziiert, ein zerrissenes mit Aggressivität. Das Kleid im Traum auszuziehen, kann einen Verlust ankündigen, vor allem in einer Liebesbeziehung. Ein brennendes Kleid warnt vor übler Nachrede und Verleumdung, das gilt auch, wenn Sie es waschen. Nach der Farbe deutet man das Kleid wie folgt: Rot steht für Stolz und Hochmut, gelb für Hinterlist, grün für die Erfüllung eines Wunsches, schwarz für Liebesprobleme, blau für Freude und weiß für einen angenehmen Empfang. Der Blick auf ein Kleid am Bügel steht für Krankheit. Wenn Sie ein goldenes Kleid tragen, werden Sie ein schönes, aber nicht ernst gemeintes Versprechen erhalten. Ein mit Gold besticktes zu sehen, verheißt Glück und Anerkennung, es zu besitzen Gewinn und gute Geschäfte, es zu tragen trübe Tage und schwere Arbeit. Bei seidenen Kleidern werden Sie die erwünschte Stellung im Leben einnehmen. Ist das Kleid zu kurz, fehlt Ihnen etwas oder Minderwertigkeitsgefühle verunsichern Ihr Auftreten.

KLEIDUNG Die Kleider, ihre Farben und ihr Zustand lassen im Traum eine Vielzahl von Bedeutungen zu, die aber, wenn

Sie diese mit Ihrer realen Situation vergleichen, relativ einfach zu verstehen sind. Einengende Kleidung verbildlicht einengende Aufgaben. Durch Ihre Rolle im öffentlichen und sozialen Leben fühlen Sie sich eingeschränkt. Kaufen Sie sich im Traum neue Kleider, ist das ein Hinweis darauf, dass Sie im Alltagsleben gern in eine andere Haut schlüpfen würden, dass Sie mit sich und Ihrer Umwelt nicht mehr ganz zufrieden sind. Zu klein oder zu kurz gewordene Kleidungsstücke signalisieren, dass Sie früheren Vergnügungen entwachsen sind und sich nach neuen Unterhaltungsmöglichkeiten umsehen müssen. Schöne Kleider zeigen, dass es in Ihrem Leben vieles gibt, das Sie zu schätzen wissen. Kleidungsstücke, die einem bestimmten Menschen gehören, erinnern an ihn, auch wenn Ihnen klar ist, dass Sie nicht bei ihm sein können. Schlampige, unkorrekte oder schmutzige Kleidung mag zum einen auf Lässigkeit und Unkonventionalität hindeuten, zum anderen aber auch auf fehlende Achtsamkeit. Schlampige Kleidung des Traum-Ichs will Ihnen sagen, dass Sie mehr Sorgfalt auf Ansehen und Aussehen legen sollten.

KNIE Das Knie ist Symbolverkleidung für einfache Leidenschaften in Spiel oder Liebe, es gilt als schlechtes Zeichen. Ein Knie zu sehen, bringt Unruhe bei der Arbeit; ein gesundes zu haben, bedeutet Glück in allen Geschäften. Zu glauben, die eigenen wären zu groß, kann bedeuten, dass plötzliches Unglück auf Sie zukommt. Ein krankes Knie steht für Krankheit oder schlechte Geschäfte, ein verwundetes für Ruhelosigkeit, eine blutende Wunde für Verschlechterung der materiellen Lage. Ist das Knie geschwollen, könnte Kummer auftreten, ist es steif und schmerzt, könnten Sie von einem bedrohlichen Elend heimgesucht werden. Schmutzige Knie versinnbildlichen Krankheit, unförmige unglückliche Wechselfälle. Gebeugte Knie erfordern von Ihnen Demut, um eine bestimmte Angelegenheit wieder ins Reine zu bringen. Sehen Sie einen Menschen auf Knien, haben Sie jemandem Unrecht getan und fühlen sich jetzt schuldig. Sind die Knie einer Frau wohlgeformt und weich, werden ihr viele Verehrer prophezeit, jedoch ist kein Heiratskandidat darunter.

KÖRPER   Im Traum symbolisiert der Körper oft das Ich. Die meisten psychischen und emotionalen Erfahrungen des Menschen überträgt er in Körpergefühle. Daher sind sie für Träume eine reiche Symbolquelle. Die verschiedenen Körperteile und -bereiche können unterschiedliche Bedeutungen haben. Beispielsweise symbolisiert der Oberkörper die Verbindung mit dem Geist und den spirituellen Anteilen des Charakters, während der Unterleib für Triebe, Instinkte und emotionale Anteile steht. Wenn die rechte Körperseite oder die rechte Hand im Traum eine besondere Rolle spielt, bedeutet dies, dass Sie die logische Seite Ihrer Persönlichkeit zur Kenntnis nehmen sollten. Die linke Körperseite und die linke Hand hingegen machen deutlich, dass Sie sich Ihrer intuitiven, kreativen Anteile bewusst werden müssen. Ein Konflikt zwischen Oberkörper und Unterleib weist auf eine gestörte Harmonie zwischen den mentalen Funktionen und dem instinktiven Verhalten hin. Der Kopf eines Erwachsenen auf einem kindlichen Körper oder der Kopf eines Kindes auf dem Körper eines Erwachsenen wird damit gleichgesetzt, dass Sie den Unterschied zwischen reifem Denken und Emotionen erkennen müssen.

KOHL Kohl oder Kohlköpfe zu sehen, steht für Wohlstand und Glück, Gesundheit und langes Leben. Wenn Sie grünen Kohl sehen, verweist dies auf Untreue und Ehebruch. Schneiden Sie Kohlköpfe ab, quält Sie Eifersucht. Kohl zu pflanzen, verspricht ein gutes Leben. Zerkleinern Sie ihn, sinken Sie wegen Verschwendungssucht immer tiefer ins Verderben. Ihn zu essen, bringt unerwarteten Kummer, Verlust oder Krankheit.

KOLIBRI Der Vogel ist ein Hinweis auf Freude oder ein Geschenk, evtl. auch eine Reise in ein fernes Land und erfolgreiche Geschäfte.

KOPF Ein großer Kopf soll für Glück und Erfolg stehen, eine Wunde am Kopf für Sorgen und Unglück. Wenn Sie den Kopf verkehrt herum tragen, warnt das vor unbesonnenem Verhalten. Sich einen Kopf aufzusetzen, kann auf übertriebene Einbildung hinweisen. Den Kopf eines Vogels zu haben, soll auf ein flatterhaftes, oberflächliches Wesen hindeuten. Kopfschmerzen, die nicht organisch bedingt sind, kündigen Alltagssorgen an. Ein blutüberströmter, vom Rumpf abgetrennter Kopf zeigt, dass schreckliche Enttäuschungen ins Haus stehen und Sie von den sehnlichsten Hoffnungen und Wünschen Abschied nehmen müssen. Sehen Sie einen Rumpf ohne Kopf, sind Sie völlig kopflos in eine Sache geraten und sollten diesen Zustand schnellsten ändern. Haben Sie einen fremden Kopf auf, müssen Sie hinnehmen, dass andere entscheiden, was zu tun ist. Einen Kopf zu verwunden, abzuschlagen oder selbst geköpft zu werden, bringt Unglück, derzeit plagen Sie eine Menge Probleme. Sich den Kopf zu waschen, ist das Vorzeichen eines drohenden Unglücks. Einen kahlen zu sehen, bringt schlechte Nachrichten. Kopfnicken warnt vor Selbstüberschätzung und Krankheit. Der Kopf kann auch bei Kopfschmerzen, Fieber und anderen Krankheiten als Warnzeichen auftreten.

KOT Kot gilt als Vorzeichen eines Gewinnes, er bedeutet Glück, in Kot hineinzutreten, kündet Wohlstand oder überwundenes Elend an, hineinzufallen verkündet unverhofften Vorteil.

KRABBEN Sie werden wohl in Komplikationen verwickelt, für deren Lösung ein sicheres Urteilsvermögen nötig ist. Liebenden bedeutet ein Traum von Krabben ein langes und schwieriges Werben.

KRÄHE Traditionell warnt die Krähe im Traum vor dem Tod. Aber sie kann auch Weisheit, Tücke und Verschlagenheit symbolisieren.

KRANICH Kraniche stehen für die Offenbarung eines Geheimnisses oder sind Zeichen eines Unfalles. Einen Schwarm nordwärts ziehen zu sehen, weist auf eine wenig erfreuliche Geschäftsentwicklung hin. Einen Schwarm nach Süden ziehen zu sehen, steht für ein Wiedersehen mit lieben Freunden. Setzen Kraniche zur Landung an, zeichnen sich Geschäfte von ungewöhnlicher Wichtigkeit ab. Frauen kündet dieser Traum fast immer eine Enttäuschung an.

KRAWATTE In manchen Träumen ist sie Symbol der Korrektheit und des guten Benehmens, in anderen kann sie als Phallussymbol interpretiert werden.

KREBS Er lebt zurückgezogen und geht im Gegensatz zu anderen Tieren oft rückwärts. Im Traum kann er deshalb als ein Symbol für starke, unbewusste, psychische Vorgänge und negative Seiten des Gefühlslebens stehen. Manchmal erscheint der Krebs als Todesbote oder Zeichen für Unglück im Traum. Der Krebs ist Zeichen kommender Schwierigkeiten in den Geschäften (ein Schritt vor, drei Schritte zurück), er ist auch eine Warnung vor falschen Freunden.

KREUZSPINNE Sie wird als Glückssymbol gedeutet.

KRÖTE Sie steht in direktem Zusammenhang mit allem, was Sie in Ihrem Leben oder an Ihrem Verhalten hässlich finden. Jedoch birgt Hässlichkeit die Kraft des Wachstums und der Verwandlung in sich. Eine Kröte zu sehen, verheißt viel Geld, sie quaken zu hören, Lob. Hüpft sie fort, kann harte Arbeit eine Situation noch retten, fassen Sie die Kröte an, machen Sie sich mitschuldig am Ruin eines Freundes. Wer eine Kröte in der Hand hält, kann sich auf einen Gewinn freuen, wer sie tötet, wird sich selbst Schaden zufügen. Sie zu essen, kündigt Krankheit an. Einer Frau können sie sagen, dass jemand versucht, sie durch den Schmutz zu ziehen. Erscheinen im Traum zugleich Kröte und Adler, wird Ihre Aufmerksamkeit auf den Unterschied zwischen irdischen und spirituellen Werten gelenkt.

KROKUS Sie sollten einem „dunklen" Mann in Ihrer Nähe nicht trauen.

KÜCHE Die Küche ist der Ort der Umwandlung. Das Rohe wird zum Gekochten und Genießbaren, es entsteht Kultur. Wenn jemand sich verändert, tritt häufig die Küche als

Traumsymbol auf, speziell bei Klienten in einer Psychotherapie. Bei Personen mit Essproblemen verweist die Küche auf diese Probleme. Schauen Sie, wie Sie die Küche charakterisieren würden und welche Nahrungsmittel dort zu finden sind.

KUCHEN Einen Kuchen zu backen bedeutet, dass Sie bald eine freudige Botschaft erhalten, bedeutet ferner Glück und Reichtum, Zufriedenheit und Verschwendung. Einen Kuchen anzuschneiden, wird Streit bringen und ihn zu essen heißt, dass jemand hinter Ihrem Rücken böse über Sie spricht.

KÜKEN Sie werden allgemein als Glücksbringer gedeutet.

KUSS Erhalten Sie einen Kuss, zeigt das an, dass Sie geachtet und geschätzt werden. Einen Kuss zu geben, deutet Erfolg beim jeweils anderen Geschlecht an. Die Hand zu küssen, warnt vor Schmeichelei und Täuschung. Alte Menschen zu küssen, weist auf eine Enttäuschung hin. Den Boden zu küssen, kündigt eine Demütigung an, die Sie erleiden. Anderen beim Küssen zuzusehen, wird oft mit einer Depression in Verbindung gebracht. Unerlaubt geküsst zu werden, steht für Falschheit, unerlaubt eine Person zu küssen, für Fehlhandlungen und persönlichen Niedergang. Küssen sich Kinder, stehen das Wiedersehen der Familie und beruflicher Erfolg bevor. Wenn eine junge Frau die Stirn ihres Liebhabers küsst, ist er mit ihrem schamlosen Verhaltens nicht einverstanden. Träumt eine junge Frau, beobachtet zu werden, wie sie ihren Geliebten küsst, deutet dies auf Neid hin, den ein falscher Freund gegen sie hegt. Sieht sie ihren Geliebten eine andere küssen, zerschlagen sich ihre Hoffnungen auf Heirat.

L

LÄHMUNG Eine Lähmung symbolisiert in vielen Fällen Ängste, Hemmungen und Minderwertigkeitsgefühle, die das reale Leben behindern. Sie können diese nur aus eigener Kraft überwinden. Einen Lahmen zu sehen, bringt Not und Unannehmlichkeiten mit sich, Schwierigkeiten werden Vorhaben verzögern. Sind Sie im Traum lahm, ist eine Beleidigung zu befürchten, Sie werden In Ihren Aktionen gehemmt. Bei Liebenden prophezeit dies das Ende der Zuneigung. Sieht eine junge Frau jemanden lahmen, werden ihre Glückserwartungen sich leider nicht erfüllen.

LÄUSE Sie sind Symbol für innere Unruhe und stehen oft im Zusammenhang mit Nervenreizungen oder seelischer Unausgeglichenheit. Wenn Sie eine Laus in Ihrem Traum sehen, ist Ihre Gesundheit bedroht, und ein Gegner setzt Ihnen beträchtlich zu. Sehen Sie viele Läuse, werden Sie in der Lotterie gewinnen oder unerwartet und auf außergewöhnliche Art Geld erhalten. Läuse an Pflanzen sagen Verluste voraus. Selbst Läuse zu haben, kündigt unschöne Meinungsverschiedenheiten mit Bekannten an. Fangen Sie Läuse, sind Sie anfällig für Krankheiten und düstere, schwermütige Gedanken. Viele zu töten, ist ein sehr gutes Omen.

LAMA Sie werden im Ausland zu Reichtum kommen.

LAMM Auf einer grünen Weide herumspringend, verspricht das Lamm reine Freundschaft und Freude. Bauern erwartet eine reiche Ernte, allen anderen satte Gewinne. Wenn Sie es im Traum beim Säugen betrachten, winkt Freude durch nette und intelligente Hausgenossen und liebenswerte Kinder. Sehen Sie es schlafen, steht das Lamm für Angst. Ein verirrtes

Lamm gilt als Zeichen für einen eigensinnigen Schutzbefohlenen, Vorsicht in allen Unternehmungen ist angesagt. Ein Lamm im Schneesturm oder Regen zu sehen, weist auf Enttäuschungen hin, wo eigentlich angenehme Gefühle zu erwarten waren. Hören Sie eines blöken, spekuliert jemand auf Ihre Großzügigkeit. Lämmer zu scheren, kann Kälte und Berechnung ausdrücken. Lammfelle werden mit Bequemlichkeit und Vergnügen auf Kosten anderer in Verbindung gebracht. Blut auf dem weißen Fell zu sehen heißt, Unschul-

Zufriedene Schafe auf der Weide sind positiv zu werten – Sie werden Freude erleben.

dige müssen durch Verrat und Missetaten anderer leiden. Wenn Sie Hunde oder Wölfe ein Lamm reißen sehen, müssen Unschuldige die Anzüglichkeiten böswilliger Zeitgenossen ertragen.

Ein Lamm zu töten, steht für Erkrankung. Sehen Sie ein totes, drohen Trauer und Einsamkeit. Selbst Besitzer von Lämmern zu sein heißt, auf fröhliche und profitable Zeiten hoffen dürfen. Tragen Sie ein Lamm auf dem Arm, werden Sie mit der Sorge um andere belastet, die sich jedoch dafür bedanken. Lammkoteletts zu essen, ist ein Indiz für eine Krankheit und die Angst um das Wohl von Kindern. Träumt eine Frau, dass Sie einem Lamm das Fell abzieht und entdeckt dabei, dass sie ihr eigenes Kind häutet, ist zu befürchten, dass sie anderen Leid zufügt und sich damit selbst Schmerzen bereitet.

LAVENDEL Lavendel zu sehen oder zu riechen zeigt, dass die Zeit günstig für Erfolge ist, ein Omen so angenehm wie der Geruch.

LEBER Es ist meist ein Reiztraum, der bei Wiederholungen zu gesundheitlicher Vorsicht mahnt. Haben Sie im Traum eine ungesunde Leber, wählen Sie sich eine nörgelnde Person zum Partner. Leber zu kaufen bedeutet, dass Sie die Gunst einer Frau erlangen werden, die aber unbeständig ist, auch: die Gesundheit wird stabiler. Verdorbene Leber zu essen oder Leber wegzuwerfen, steht für Unpässlichkeit oder aber für eine Erkrankung.

LEHRER Der Lehrer im Traum kann auffordern, sich selbst besser zu erkennen oder in einer Angelegenheit mehr Informationen zusammenzutragen. Ihnen steht eine Prüfung bevor und Sie zweifeln, ob Sie alles richtig machen werden. Einen Lehrer zu sehen, ist als Warnung vor unüberlegten und leichtsinnigen Handlungen zu werten. Verkehren Sie mit ihm, werden Sie Freude und Nutzen am Studium eines Problems haben. Sprechen Sie mit einem Lehrer, ist es höchste Zeit, alte, unerledigte Probleme zu klären. Belehrt zu werden, bringt Verärgerung über Kleinigkeiten. Lehren Sie selbst etwas, ist das eine Einladung zu einer Feierlichkeit. Sind Sie selbst der Lehrer, wissen Sie alles besser als andere. Es deutet auch an, dass Sie gewünschte Erfolge mit literarischen oder anderen Arbeiten erzielen.

LEICHE Sie ist Symbol für Situationen, die noch nicht restlos geklärt sind, auch dafür, dass das Lebensglück durch schlimme Nachrichten getrübt wird. Sich selbst als eine Leiche zu sehen, stellt die Befreiung von einer großen Sorge in Aussicht. Sehen Sie eine unbekannte Leiche, kündet sie eine Geburt im Familien- oder Freundeskreis an, Sie werden zu einem Familienfest eingeladen. Eine im Hause zu entdecken, kann auf eine bevorstehende Hochzeit hindeuten. Eine im Sarg zu sehen, steht für unmittelbar bevorstehende Sorgen. Schleppen Sie eine Leiche mit sich in einem Koffer herum, zeigt das, dass Sie im Lebensgepäck längst Abgestorbenes mit sich mitschleppen oder kein ruhiges Gewissen haben. Eine schwarz gekleidete Leiche deutet auf den gewaltsamen Tod eines Freundes hin. Ein von Toten übersätes Schlachtfeld zu sehen, ist ein Vorbote von Krieg und Streitigkeiten zwischen Ländern und politischen Parteien. Sehen Sie die Leiche eines Familienmitglieds, wird dieses oder ein anderes Familienmitglied sterben, es kommt zu häuslichen Zerwürfnissen oder es ist eine geschäftliche Flaute möglich. Für Liebende ist dies ein Zeichen, dass man das Versprechen der ewigen Treue nicht halten kann.

Geld auf die Augen einer Leiche zu legen heißt, ohnmächtig zu erleben, wie skrupellose Feinde Sie ausrauben. Wenn Sie nur auf ein Auge Geld legen, gelingt es Ihnen, nach einem fast hoffnungslosen Kampf verlorenes Vermögen zurückzugewinnen. Balsamieren Sie die Leiche ein, müssen Sie sich auf unangenehme Überraschungen gefasst machen. Eine Leiche mit schlechtem Geruch bringt Sorgen. Ist eine Leiche im Geschäft, werden alle Betroffenen mit Einbußen und unerfreulichen Dingen konfrontiert. Die Aussichten auf eine harmonische Arbeitsatmosphäre sind äußerst ungünstig. Bei einer jungen Frau prophezeit dieser Traum Kummer, denn sie hat sich auf hinterhältige Menschen eingelassen. Träumt eine junge Frau, der Eigentümer des Geschäfts, in dem sie arbeitet, sei eine Leiche, und wird ihr bewusst, dass sein Gesicht glatt rasiert ist, wird sie der Idealvorstellung des Geliebten nicht gerecht. Sieht eine Frau den Kopf von einer Leiche abfallen, muss sie sich vor unsichtbaren Feinden hüten, die nicht nur ihr selbst, sondern auch den Interessen ihres Arbeitgebers schaden.

LEITER Die Leiter steht für einen Übergang in eine neue Lebenssituation. Dieses Traumsymbol tritt häufig bei Änderungen im Berufsleben in Erscheinung und hat deshalb eine offensichtliche Bedeutung (Karriereleiter). Sind die Leitersprossen zerbrochen, müssen Sie mit Schwierigkeiten rechnen. Wird die Leiter von einer Traumfigur getragen, könnte dies darauf hinweisen, dass eine andere Person, vielleicht ein Vorgesetzter oder ein Kollege, beim Aufstieg eine wichtige Rolle spielt. Die Leiter hat denselben Symbolcharakter wie die Treppe. Von einer Leiter herabzustürzen, ermahnt Sie, mehr nachzudenken, bevor Sie etwas Neues in Angriff nehmen. Eine Leiter zu tragen, deutet an, dass Sie sich nur selbst helfen können. Eine wackelnde oder beschädigte Leiter assoziiert, dass Sie sich auf eine sehr unsichere Situation eingelassen haben. Wenn Sie mit Hilfe einer Leiter aus der Gefangenschaft fliehen, werden Sie trotz vieler Gefahren erfolgreich sein. Eine liegen oder abgestellt zu sehen heißt, Sie sollten sich eine sich anbietende Chance nicht entgehen lassen. Sehen Sie eine an ein Fenster gelehnt, müssen Sie sich vor Diebstahl oder Betrug hüten. Stellen Sie eine auf, werden Durchhaltevermögen und Nervenstärke Erfolg haben. Lehnen Sie selbst eine an ein Fenster, steht ein zärtliches Stelldichein bevor. Sehen Sie eine an ein Fenster gelehnte Leiter umstürzen, werden Sie von einem großen Schaden bewahrt bleiben. Stürzen Sie herunter, macht Sie Ihr Ehrgeiz unvorsichtig, es droht ein schwerer Zusammenbruch. Es bedeutet für Kaufleute erfolglose Geschäftsabschlüsse und eine misslungene Ernte für Landwirte. Wenn Sie andere herunterfallen sehen, werden Sie von einem Menschen in Stich gelassen, von dem Sie es am wenigsten erwartet hätten.

LEOPARD   Der Leopard repräsentiert Grausamkeit und Aggression sowie die Hinterhältigkeit falsch genutzter Macht.

LERCHE   Sie gilt traditionell als Symbol für die Transzendierung des Weltlichen.

LIBELLE   Hier erkennen Sie Ihr Bedürfnis nach Freiheit. Vielleicht wollen Sie sich Ihren Lebenstraum verwirklichen, haben aber noch keinen rechten Überblick darüber, was Sie vom Leben wollen. Ihr Handeln ist nicht logisch durchdacht.

LICHT   Licht ist immer ein Zeichen für einen Neuanfang und neue Hoffnung.

LIEBE   Sie steht für Wohlstand, Glück, Erfolg in der Liebe, mahnt aber auch zur Vorsicht in der Wirklichkeit, damit das Herz nicht mit dem Verstand durchgeht. Vielleicht sind Sie einsam, und Seele und Körper leiden darunter, keinen Partner zu haben, Sie sehnen sich nach Liebe. Haben Sie wegen der Liebe Glücksgefühle, zeigt das eine glückliche Hand in den Angelegenheiten, sie wird Ihnen ein zufriedenes Dasein bescheren. Wenn Sie glauben, die Liebe sei verfehlt oder werde nicht erwidert, werden Sie verzweifelt über das Problem nachdenken, ob es besser sei, die Lebensweise zu ändern oder zu heiraten. Sehen Sie die Liebe der Eltern, sind Sie aufrichtig. Das Vermögen mehrt sich, Sie kommen in der Karriere voran. Im Traum verliebt zu sein, ist auch manchmal als Warnung zu verstehen, sich nicht eigennützigen Begierden hinzugeben. Wenn Sie andere verliebt sehen, lassen Sie sich verführen, Ihre Pflichten zu vernachlässigen. Sehen Sie turtelnde Tiere, werden Sie sich heftigen Sinnesfreuden hingeben. Ist eine junge Frau verliebt, deutet dies auf lockere Beziehungen hin, es sei denn, sie wählt einen erfahrenen und verantwortungsbewussten Partner. Für eine verheiratete Frau ist das ein Zeichen für Unzufriedenheit und den Wunsch nach außerehelichen Abenteuern.

LILA Lila ist eine unentschlossene Farbe, die oft bei jungen Menschen das Bedürfnis nach geistiger Führung, innerer Harmonie und mehr Selbsterkenntnis verdeutlicht.

LILIE Sie steht für eine unglückliche Ehe oder für den Tod einer Beziehung.

LINSEN Linsen können Streit und Probleme ankündigen. Kochen Sie Linsen, werden die Schwierigkeiten bald der Vergangenheit angehören. Wer sie isst, will sich bereichern. Das Auslesen von Linsen kündigt vergebliche Mühe an, Sie haben keine Chance. Einer jungen Frau prophezeit dieser Traum, dass sie mit ihrem Geliebten unzufrieden ist, sich aber in das vermeintliche Schicksal fügt.

LÖWE Dieses Tier steht für Erhabenheit, Stärke und Mut, und es kann auch Ihre Leidenschaften zum Ausdruck bringen. Kämpfen Sie mit einem Löwen, zeigt dies eine erfolgreiche Entwicklung an, solange Sie nicht überwältigt werden und der Löwe nicht getötet wird. Ein Löwe, der einen Menschen frisst, ist ein Indiz dafür, dass eine Seite der Persönlichkeit aus den Fugen geraten ist und Sie sich und Ihrem Umfeld Risiken aussetzen. Ein Löwe, der bei einem Lamm liegt, symbolisiert eine Einheit oder die Vereinbarkeit von Gegensätzen. Geist und Instinkt gehen wider Erwarten Hand in Hand. Einen Löwen zu fangen, kann ankündigen, dass Sie sich einen Gegner zum Freund machen werden. Einen zu zähmen, mahnt, anderen nicht zu sehr zu vertrauen. Den Löwen brüllen zu hören, fordert auf, sich gegen zudringliche Menschen zu wehren. Der Löwe mit Jungen warnt allgemein vor Unheil. Ein Löwenfell verheißt Reichtum und Glück. Wenn Sie einen jungen Löwen in Ihrem Traum zum Begleiter haben, werden Sie Einfluss gewinnen. Auf einem Löwen zu reiten, beweist Mut und Durchhaltevermögen, Sie werden alle Schwierigkeiten spielend meistern.

LUCHS Die Eigenschaft, die in erster Linie mit dem Luchs in Verbindung gebracht wird, ist der scharfe Blick. Daher stellt er im Traum meist Objektivität dar. Er symbolisiert aber auch Hinterlist und Schläue. Vorsicht! Einer Frau, die von einem Luchs träumt, droht eine Rivalin den Geliebten auszuspannen. Kann sie den Luchs töten, wird sie die Konkurrentin aus dem Feld schlagen.

LUNGE Eine kräftige, gesunde Lunge zu haben, weist auf eine bevorstehende Anstrengung hin. Wenn Sie eine kranke oder schwache haben, entsteht Ihnen durch eigene Unvor-sichtigkeit ein Schaden. Einer bevorstehenden Aufgabe oder Anstrengung werden Sie nicht gewachsen sein. Wenn Sie im Traum kräftig durchatmen, ist das ein gutes Zeichen. Ihre seelische Verfassung ist stabil. Bekommen Sie keine Luft, sind Sie im Wachleben vielleicht von Stress geplagt. Eine Lunge zu essen, kann auch auf eine schwache Gesundheit verweisen.

M **MÄDCHEN** Das Mädchen im Traum kann für unreife Sexua-lität oder eine beginnende Liebe stehen, bei Männern meist für den Wunsch nach verwegenen, sexuellen Abenteuern. Sehen Frauen sich selbst als Mädchen, obwohl sie schon älter sind, kann das mit Torschlusspanik übersetzt werden oder mit der Angst, nicht mehr anziehend genug auf den geliebten Mann oder auf Männer allgemein zu wirken. Es verkündet auch überraschende Nachrichten, eine lange, verzögerte Ant-wort wird Sie schließlich erreichen. Wenn Sie ein hübsches, strahlendes Mädchen im Traum sehen, verkündet es Ange-nehmes, aber Sie sollten Ihr Geld in den kommenden Tagen zusammenhalten. Ist das Mädchen dünn und blass, werden Sie in der Familie bald einen Kranken und viele Unannehm-lichkeiten haben.

Mehrere junge Mädchen zu sehen, bringt fröhliche Gesell-schaft. Für Männer, die von Mädchen umschwärmt und umringt werden, gilt, sie sollten ihr Liebesverlangen etwas zügeln, sonst droht Spott. Junge Mädchen zu küssen bedeutet, dass Sie sich durch voreilige Handlungen schnell lächerlich machen. Mit jungen Mädchen zu tanzen, mahnt die eigenen Begierden besser zu beherrschen. Junge Mädchen im Hemd zu sehen, steht für Glück und Freude. Sind Sie in Ihrem Traum von lachenden Mädchen umringt, sind Sie das Ziel von Neckereien oder Spötteleien. Weinende Mädchen verkünden große Verlegenheit. Oder: Sie werden ein Kind bekommen. Ein kleines Mädchen zu beobachten, bedeutet Glück, ein weiß gekleidetes eine beglückende Zuneigung. Wenn Sie ein Mädchen häusliche Arbeit verrichten sehen, steht eine Hochzeit ins Haus. Träumt ein Mann davon, ein Mädchen zu sein, ist er willensschwach. Träumen Sie als Frau, eines zu sein oder eines zu begleiten, wollen Sie der Verantwortung entfliehen und zu „unschuldigeren" Zeiten des Lebens zurückkehren.

MAIGLÖCKCHEN Die Blume, die den Mai einläutet, weist auf ein Liebeserlebnis hin, das bitter enden könnte.

MAIKÄFER Ihn zu sehen, bedeutet Ärger oder Schwierigkeiten, denen man nur schwer entkommt. Maikäfer kündigen einen unliebsamen Kompagnon an, obwohl Sie einen kooperativen erwartet hatten, Verluste drohen; ihn zu fangen heißt, eine verdrießliche oder schwierige Angelegenheit wird glücklich erledigt, Sie werden neue Freundschaften schließen können.

MAKKARONI Diese Nudel warnt entweder davor, etwas voreilig erledigen zu wollen, das sich nicht beschleunigen lässt, oder fordert auf, endlich etwas zum Abschluss zu bringen.

MAMMUT Scheinbar unüberwindliche Hindernisse begegnen Ihnen, Sie können diese aber durch eigene Anstrengung meistern.

MANDELBAUM Ein grüner steht für eine annehmbare Zukunft, ein blühender lässt auf eine fröhliche Zeit hoffen.

Ein verwelkter oder umgestürzter Mandelbaum zeigt, dass Ihr gegenwärtiges Glück bald vorbei ist.

MANN Ein alter Mann taucht oft als derjenige im Traum auf, der Ihnen wertvolle Ratschläge geben kann. Ein junger Mann dagegen kann auf Rastlosigkeit, Unruhe, Tatendrang oder ungezügelte Sexualität hinweisen. Die nächste Zeit wird wohl sehr unruhig und eine Strapaze für die Nerven. Ein dicker Mann wird häufig im Sinne von Weichherzigkeit und Mitgefühl verstanden. Ein großer Mann warnt vor Aggressivität oder Überbetonung des Verstandes. Ein kleiner Mann kann Minderwertigkeitsgefühle (oft auch sexuelle) versinnbildlichen. Nach C. G. Jung bedeutet der unbekannte Mann, der im Männertraum auftritt, die unbewusste Schattenseite, die im Wachleben zu einer Auseinandersetzung mit sich selbst und seinen eigenen Mängeln zwingen möchte. In Frauenträumen ist er der Animus, die unbewusste männliche Seite der Frauenpsyche. Einen dunklen Mann zu sehen, bedeutet nach altägyptischer Traumweisheit, dass Gefahren lauern. Ist der Mann missgestaltet und mürrisch, erwarten Sie Enttäuschungen und Schwierigkeiten. Wird eine Frau von einem Mann geschlagen, wird sie von ihm unaussprechlich geliebt. Sehen Sie einen gut aussehenden Mann, der gut gebaut und sportlich ist, werden Sie das Leben in vollen Zügen genießen.

MANTEL Der Mantel kann als Bedürfnis nach Schutz und Geborgenheit verstanden werden. Achten Sie auf Ihre Gesundheit. Ein Mantel ermahnt auch zur Vorsicht und verlangt Entschlossenheit gegen alle Anfechtungen. Einen neuen zu sehen oder zu tragen, wird damit gleichgesetzt, dass Fortuna höchstpersönlich ihre schützende Hand über alle Wünsche hält. Wenn Sie sich einen leihen, werden Sie durch die Fehler Fremder unglücklich werden.

MARDER Dieses Tier symbolisiert im Traum Aggressivität, Unbeherrschtheit und die männliche Triebkraft, wie auch Leidenschaft und Lebenskraft. Es kommt im Traum immer auf den Zustand des Marders an: Ist er alt, krank, gezähmt oder schläft er, drückt sich darin der Wunsch nach mehr Selbstbeherrschung aus. Ihn zu sehen, verheißt einen Diebstahl oder Betrug, dem Sie selbst zum Opfer fallen. Töten Sie ihn, ist das als Überwindung aller Hindernisse zu verstehen.

MARGARINE Sie soll auf bevorstehe Not und Entbehrungen hinweisen.

MASTURBATION Wenn Masturbation im Traum eine Rolle spielt, suchen Sie Trost.

MAULTIER Oft symbolisiert es Halsstarrigkeit und Uneinsichtigkeit, teilweise aber auch Lebensgewandtheit. Sehen Sie eines in Ihrem Traum, sollten Sie auf der Hut vor boshaften Feinden sein. Wenn Sie es führen oder auf ihm reiten, werden Sie eine beschwerliche Reise machen. Ist es beladen, werden Sie – sofern Sie heiraten – viele Geschenke erhalten.

MAUS Durch ihre geringe Größe wird die Maus im Traum häufig zum Symbol. Man sagt ihr nach, sie sei neugierig, listig und sehr fruchtbar. Sie kann für Aufgewühltheit und Unverständnis stehen. Eine ungünstige Bedeutung haben Mäuse, wenn sie in Massen auftreten. Dann assoziieren sie, dass irgendetwas an uns nagt oder uns Sorgen macht. Schwarze

Mäuse werden mit dem Tod in Verbindung gebracht, rote Mäuse sollen für abartige sexuelle Vorlieben stehen.

MEER Das Meer steht für kosmisches Bewusstsein, das heißt, das ursprüngliche Chaos, aus dem alles Leben hervorgeht. Ihm wohnt alles Wissen inne, auch wenn es durch die Angst des Menschen vor der Tiefe verschleiert sein mag. Ein flaches Meer symbolisiert oberflächliche Gefühle, die Meeresbrandung versinnbildlicht Gefühle und Lust. Eine ruhige See verkörpert ein friedliches Dasein, ein stürmisches Meer hingegen eine unzuträgliche Leidenschaft. Ins Meer zu fallen, warnt vor einem schweren Schicksalsschlag. Im Meer unterzugehen, fordert auf, sich auf sich selbst zu besinnen, damit man glücklicher wird. Aus dem Meer aufzutauchen, zeigt Erweiterung des Bewusstseins und einen Neubeginn im Leben an.

MEERSCHWEINCHEN Hier kündigen sich vergnügte Tage und fröhliche Unternehmungen an.

MENSCHEN Eine Menschenmasse zeigt, wie Sie auf andere Menschen zugehen. Dieses Traumsymbol kann jedoch auch ein Hinweis darauf sein, dass Sie sich verstecken oder Aspekte Ihres Selbst verbergen wollen. Vielleicht geht es darum, Verantwortung zu vermeiden. Eine große Menschenmasse kann auch für Informationen stehen, mit denen Sie vielleicht nicht umgehen können. Werden Menschen von Ihnen als hässlich und ekelhaft empfunden, stellt das Ihre Schattenseite dar. Versuchen Sie konkret zu beschreiben, was Sie an dieser Person als hässlich empfinden. Deuten Sie das symbolisch. Eine besonders starke Verdrängung des Schattens liegt vor, wenn

Sie sich im Traum selbst als hässlich und ekelhaft empfinden. Möglicherweise gibt es wichtige Einstellungen und Ereignisse, die Sie zu bereinigen, zu ändern oder wiedergutzumachen haben.

MILCH Milch als Nahrung ist ein positives Symbol, das für eine gesunde Einstellung zum Leben, zur Natur und entsprechend auch zum eigenen Körper steht. Wer im Traum Milch trinkt, wird sich bei anderen beliebt machen. Wer Milch verschüttet, macht sich vielleicht zu viele Gedanken um Kleinigkeiten. Ein Topf voller Milch kündigt lieben Besuch an. Milch jemand anderem zu reichen, ist ein gutes Zeichen für Liebende. Sie zu vergießen, deutet auf vorübergehendes Herzleid ohne wesentlichen Grund hin. Ist sie heiß, werden Sie in einen Streit verwickelt, der gut für Sie ausgeht. Lassen Sie die Milch im Traum überkochen, machen Sie sich unnötige Gedanken. Saure Milch bringt Ärger und Verdruss.

MISTEL Wenn Sie von Misteln träumen, sollten Sie die Beziehung mit dem augenblicklichen Partner aufrechterhalten.

MÖWE Sie steht für Freiheit und Kraft. Bei toten Möwen stehen Freunden Entzweiungen bevor.

MOHN Eine Nachricht wird Sie enttäuschen. Unwohlsein, Krankheit, Versuchung werden Sie befallen. Sehen Sie in Ihrem Traum ein großes Mohnfeld, sind Sie in der Liebe äußerst experimentierfreudig – auch das geht einmal ins Auge. Bei rotem Mohn verspüren Sie leidenschaftliche Gefühle für einen bestimmten Menschen, doch das kann gefährlich werden, denn diese Liebesaffäre bringt Unglück.

MORD Ein Traum, in dem Sie selbst zum Mörder werden, warnt vor unbedachten Handlungen. Werden Sie selbst ermordet, müssen Sie mit ernsthaften Schwierigkeiten rechnen.

MOSKITOS Sie werden vergeblich versuchen, sich den Attacken heimtückischer Feinde zu widersetzen. Können Sie die Moskitos erschlagen, werden Sie Ihr häusliches Glück in Ruhe genießen können.

MOTTEN Träumen Sie von Motten, werden Sie von unruhigen Gedanken geplagt und zweifeln an der Loyalität Ihnen nahe stehender Personen. Zerfressen Motten Kleidung, weist das auf Kontaktschwierigkeiten und auf die eigene Unsicherheit hin, sowie auf Streit und Zerrüttung von Beziehungen. Männer, die Motten fliegen sehen, sollten in der Wahl ihrer weiblichen Bekanntschaften etwas vorsichtiger sein.

MÜCKEN Sie warnen vor Schmeichlern, Lästermäulern und unangenehmen Besuchern oder sonstigen Belästigungen. Werden Sie im Traum von Mücken umschwärmt, sind Sie zu freigebig und lassen sich schamlos ausnutzen. Vielleicht kommt auch ein lästiger Besuch. Gestochen zu werden, bringt Nachteile durch allzu große Vertrauensseligkeit, eine gewährte Gastfreundschaft wird missbraucht oder es wird durch andere Person Unfrieden ins Haus gebracht.

MUND Er repräsentiert den verschlingenden bzw. empfangenden Teil der Persönlichkeit. Der Mund kann manchmal für die weibliche Seite stehen. Er symbolisiert auch die menschliche Kommunikation, nach Freud stellt er auch einen Hinweis auf die Schamlippen der Frau dar. Meiner Erfahrung nach sollten Sie bewusster kommunizieren, wenn Ihnen im

Traum ein Mund auffällt. Außerdem kann der Mund die Erotik symbolisieren. Schmerzen im Mund zu haben, bedeutet, dass Sie mit dem, was Sie sagen, vorsichtiger sein sollten. Allgemein bezieht sich ein Traum vom Mund auf Verschwiegenheit. Wenn Sie einen schmalen sehen, signalisiert das kommendes Geld, ein breiter verkündet Anerkennung. Ist der Mund groß, werden Sie geachtet, sind Sie ein guter Redner. Wenn Sie einen großen sehen, bekommen Sie einen Gefährten, der mehr als Geld wert ist. Ihn aufmachen zu wollen und nicht zu können, steht für Krankheit.

MÜNZEN Sie sind oft ein sexuelles Zeichen, vor allem bei Frauen, die sich selbst verkaufen wollen. Geldmünzen zu sehen, ist eine Warnung vor einer geplanten Ausgabe oder einem sonstigen Unternehmen. Es bedeutet für einen Kranken Genesung, für Gesunde bessere Stimmung. Münzen einzunehmen, steht für Geld- oder Vermögensverluste. Sie auszugeben, bringt den Dank anderer oder unerwarteten Vorteil. Ausländische oder fremde Münzen symbolisieren Geld oder sonstige Werte, die unerwartet kommen können. Sammeln Sie alte oder fremde Münzen aus Liebhaberei, deutet das auf eine Beschäftigung mit außergewöhnlichen Dingen oder auf ein besonderes Ereignis hin. Sind Münzen aus Gold, werden Wohlstand und Vergnügen durch Besichtigungen und Kreuzfahrten vorausgesagt. Sind sie aus Silber, ist das negativ, Meinungsverschiedenheiten werden auftreten. Wenn Silbermünzen das Lieblingsgeld sind und die Münzen glänzen oder Ihnen gehören, ist das vielversprechend. Erhält ein Mädchen von ihrem Liebsten eine Silbermünze, wird sie von ihm verlassen. Kupfermünzen symbolisieren Verzweiflung und körperliche Belastungen. Nickelmünzen verheißen primitivste Arbeit.

MURMELTIER Ein schlauer Feind in Gestalt einer schönen Frau wird Sie verführen, wenn Sie von einem Murmeltier träumen. Für eine junge Frau kann es Anzeichen dafür sein, dass ihre Zukunft von Versuchungen bestimmt ist.

MUTTER Die Beziehung eines Kindes zu seiner Mutter ist von zentraler Bedeutung für seine Entwicklung. Es ist die erste Beziehung, die ein Kind entwickelt, und es sollte sie daher als fürsorglich empfinden. Trifft dies nicht zu, können Ängste und Zweifel die Folge sein. Im Leben eines Mannes kann dies zur Folge haben, dass er immer wieder Abhängigkeitsbeziehungen mit älteren Frauen eingeht oder sein Bedürfnis nach einer Beziehung leugnet. Im Leben einer Frau färbt ihr Verhältnis zur Mutter ebenfalls alle übrigen Beziehungen. Sie fühlt sich vielleicht in die Rolle gedrängt, sich um den bedürftigen Mann zu kümmern, oder aber geht Beziehungen mit Männern und Frauen ein, in denen sie nicht auf ihre Kosten kommt. Es gibt viele Möglichkeiten, in Träumen die Beziehung mit der Mutter aufzuarbeiten, und derjenige, der sich mit der Deutung solcher Träume befasst, kann große Schritte in seiner Entwicklung machen.

MYRTE Sie symbolisiert Freude, Frieden, Ruhe, Glück und Beständigkeit.

N

NABEL Der Nabel befindet sich in der Mitte des Körpers, er ist das emotionale Zentrum des Menschen. Er ist zudem Hinweis auf egoistisches Verhalten, denn Sie halten sich gewissermaßen für den Nabel der Welt. Das Unbewusste aber versucht Sie darauf hinzulenken, dass Persönlichkeit nichts mit Egoismus zu tun hat. Der Nabel deutet auf zwischenmenschliche Abhängigkeiten hin, die nicht von positiven Gefühlen getragen werden, dabei kann es sich z. B. um Hassliebe oder eine neurotische Beziehung zur Mutter handeln. Er bedeutet, dass Sie Ihren Eltern Kummer und Leid bereiten können. Vermeiden Sie deshalb alles, was zu etwas Unrechtem verführen oder verleiten könnte. Den Nabel zu sehen, zu spüren oder einen Nabelbruch zu haben heißt, es besteht Gefahr für die Angehörigen.

NACHTEULE   Sie stellt, neben sexuellem Symbolgehalt (wie bei allen Tieren), oft einen Warntraum dar. Sie sollten die Ratschläge anderer Menschen beachten. Eine Nachteule schreien zu hören, steht für Verluste, eine schwere Erkrankung oder den Tod einer nahe stehenden Person.

NACHTFALTER   Ähnlich wie der Schmetterling als Symbol der Seele gilt, steht der Nachtfalter für die dunkle, fantasievolle Seite des Menschen. Weil er, wenn Licht in der Nähe ist, auch selbstzerstörerisch sein kann, symbolisiert er die eher kurzlebige Seite der Persönlichkeit. Kleinere Kümmernisse führen zu einem übereilten, langfristig ungünstigen Entschluss. Zu Hause droht womöglich Unfrieden.

NACHTHEMD   Das Nachthemd ist erotisch, aber auch als Symbol für den Charakter des Menschen, je nach dem Zustand des Hemdes, zu verstehen. Tragen Sie es, müssen Sie mit einer harmlosen Krankheit rechnen. Sehen Sie jemandem im Nachthemd, sind Sie laufend bemüht, den wahren

Charakter vor anderen zu verbergen. Sie erhalten unliebsame Nachrichten von abwesenden Freunden, Geschäfte erleiden einen Rückschlag. Erblickt ein Mann seine Geliebte im Nachthemd, wird er sie verlieren.

NACHTIGALL   Sie bringt Freude und Glück, Trost im Leiden. Sie singen zu hören, zeigt eine heimliche Liebe, bedeutet für den Kranken Genesung, sie ist ein gutes Omen fürs Berufsleben. Sie können auf ein angenehmes Leben in Wohlstand und Gesundheit hoffen. Es ist ein besonders schöner Traum für Verliebte und junge Eltern. Bleibt die Nachtigall stumm, kommt es möglicherweise zu kleineren Missverständnissen unter Freunden. Wenn Sie eine Nachtigall in einen Käfig sperren, haben Sie unlautere Absichten. Sehen Sie den Vogel in einem Käfig, ist das eine Warnung vor unlauteren Absichten anderer, ein Mensch in der Umgebung versucht Sie zu beherrschen.

NACKTHEIT   Sie haben den Wunsch, so gesehen zu werden, wie Sie sind und möchten Ihr Wesen enthüllen. Nacktheit kann zu mehr Offenheit und Ehrlichkeit auffordern. Sie sollten falsche Hemmungen ablegen oder andere nicht länger täuschen. Auch Angst vor einer Bloßstellung kommt darin zum Vorschein. Zuweilen weist das Symbol auf sexuelle Bedürfnisse hin, für die Sie sich vielleicht schämen oder die Sie verdrängt haben. Sie kommt vor allem in Angsträumen vor. Nackte kleine Kinder zu sehen, verheißt schönstes und reinstes Glück, sind auch manchmal Zeichen für Familienzuwachs. Nackte Menschen zu sehen, bringt Angst und Schrecken. Sie würden es gerne sehen, wenn andere pflichtvergessen wären, Krankheit wird auch eine Rolle bei dem eigenen Misserfolg spielen. Sehen Sie einen schönen, gegengeschlechtlichen Menschen nackt, wird sich eine heimliche oder heiße Sehnsucht bald erfüllen lassen. Sehen Sie einen hässlichen Menschen des anderen Geschlechts nackt, werden Sie durch eine Liebesaffäre Spott zu erwarten haben. Nackte Menschen am Meeresufer oder am Fluss, die schwimmen wollen, werden mit Mut und Unternehmungslust assoziiert. Wenn Sie durch den plötzlichen Anblick eines nackten Menschen erschrecken, bedeutet das, dass auch im realen Leben ein böser Schreck auf Sie wartet. Ziehen Sie sich im Traum aus, wüschen Sie sich mehr Freiheit und Unabhängigkeit. Selbst nackt zu sein, um baden oder schwimmen zu können, verheißt Erfolg durch Mühe, Mut und Ausdauer. Sind Sie nackt, wollen sich ankleiden und können Ihre Kleider nicht finden, droht leicht Schimpf und Schande. Nackt zu sein und dies verbergen zu wollen, verheißt das Verlangen nach einem außerehelichen Abenteuer, von dem Sie lieber die Hände lassen sollten.

NAGETIER Träume von Nagetieren kündigen meist Unangenehmes an, etwas, das heimlich an Ihrem Ich nagt, also versteckten Kummer, die Sorge ums tägliche Brot, die Angst, Lebenskraft zu verlieren.

NARZISSEN Sie haben sich einem Freund gegenüber unfair verhalten und sollten sich um Versöhnung bemühen.

NASE Die Nase deutet man oft als Symbol sexueller Bedürfnisse. Sie gilt in der Traumsprache wie auch im Volksmund als Bild für den Penis. Diese Bedeutung lässt sich daraus erklären, dass Duftstoffe und das Vermögen, sie wahrzunehmen, stark mit der Erotik zusammenhängen. Die eigene Nase zu sehen, bedeutet besondere Willensstärke und das Bewusstsein, alles, was Sie in die Hand nehmen, erfolgreich zu beenden. Eine große, entstellte Nase zu haben, steht dafür, dass ein Unternehmen gedeiht, dem jedoch üble Nachrede folgen wird. Sehen Sie sich mit einer besonders großen oder auffallend schönen Nase, sollten Sie sich bei der Durchführung eines Planes oder einer Arbeit nicht durch das Gerede anderer Menschen beirren lassen. Die eigene kleiner zu sehen als sie in Wirklichkeit ist, wird mit geschäftlichem Misserfolg in Verbindung gebracht, geben Sie sich mit bescheidenem Glück zufrieden. Sehen Sie eine kleine Nase, werden Sie Unrecht erleiden. Haare auf der Nase zu haben, steht für außergewöhnliche Unternehmungen und Willensstärke.

Eine verstopfte Nase gilt als drohende Gefahr, deutet auf Hindernisse und Schwierigkeiten hin. Eine blutende zeigt Vermögensverlust, prophezeit Unglück, welchen Beruf Sie auch immer ausüben, Vorsicht vor Spekulationen und Reisen, verleihen Sie kein Geld. Eine rote Nase zeigt Unglück, eine zerschundene Zwistigkeiten. Wenn Sie selbst einen anderem an der Nase ziehen, haben Sie in einer Beziehung oder Ehe wohl nicht den richtigen Partner gefunden. Werden Sie selbst an der Nase gezogen, sollten Sie sich lieber an die eigene Nase fassen. Die Nase zu verlieren, wird mit Ehebruch assoziiert.

NASHORN Das Nashorn symbolisiert ungestüme, animalische Kraft und aggressive Sexualität. Es ist als Warnung vor einer allzu hemmungslosen Lebensweise und unkontrollierter Aggression zu verstehen. Versuchen Sie, Ihre Energien sinnvoller zu kanalisieren.

NATTER Sie deutet auf heimliche und unversöhnliche Feinde, unbarmherzige Gläubiger oder unangenehme Gesellschaft hin. Von Nattern gebissen zu werden, zeigt Schaden durch vermeintliche gute Freunde an, warnt vor einer unglücklichen Verbindung. Sie sollten jeglichem Streit aus dem Weg gehen und sich nicht in die Angelegenheiten anderer Menschen hineinziehen lassen. Töten Sie eine Natter, werden Sie Ihre Feinde besiegen können.

NEBEL Nebel kann Unsicherheit in einer Angelegenheit oder Selbstzweifel durch mangelnde Selbsterkenntnis andeuten, in beiden Fällen müssen Sie sich um mehr Erkenntnisse bemühen. Zum Teil symbolisiert er auch die Absicht, andere zu täuschen, ein falsches Bild von sich abzugeben. Wenn Sie im Traum nichts mehr um sich herum erkennen können, werden Sie vor eine Aufgabe oder Angelegenheit gestellt, zu deren Bewältigung Sie sich nur auf Ihr Gefühl und gesunden Menschenverstand verlassen sollten. Möglicherweise sollten Sie aktuelle Vorhaben verschieben, denn im Moment ist kein Durchblick möglich. Durch dichten Nebel zu fahren, bedeutet viel Ärger. Kommen Sie aus dichtem Nebel wieder heraus, steht Ihnen eine ermüdende Reise bevor. Ihn auflösend und die Sonne wieder scheinen zu sehen, zeigt Ihnen, dass die Enttäuschung bald überwunden sind.

NEGLIGÉ Es sagt ein von Abenteuern und Liebe geprägtes Leben mit einem gleichgesinnten Partner voraus. Liegt ein Negligé in einer Schachtel, pflegen Sie Beziehungen, die sich noch nach langer Zeit auszahlen. Trägt eine Frau eins, prophezeit das die Störung Ihres Lebens durch Liebesabenteuer.

NELKE Eine leidenschaftliche Liebesaffäre steht an. Weiße Nelken stehen für eine selbstlose Freundschaft, gelbe oder schwarze Nelken für Probleme in der Freundschaft. Welke Nelken verkünden, dass eine Freundschaft abkühlt.

NEUGEBORENES Das ist ein ausgesprochenes Glückssymbol, sowohl familiär wie beruflich.

NEUN Neun steht am Ende der einstelligen Zahlen, versinnbildlicht also das Ende einer Entwicklung, der eine neue Phase auf einer höheren Ebene folgt. Sie haben in nächster Zeit Glück mit allen Dingen, in denen eine Neun enthalten ist oder eine Rolle spielt.

NIEREN Nieren oder Nierensuppe symbolisieren eine stabile Gesundheit. Wenn Sie von den eigenen Nieren träumen, drohen ernste Erkrankungen oder Probleme in der Ehe. Haben Sie eine erkrankte Niere, spielen Sie eine Rolle in einer bösen Intrige. Bei einer nicht funktionierenden werden Sie durch ein Ereignis Schaden nehmen.

NILPFERD Wenn Sie im Traum ein Nilpferd sehen, wollen Sie durch Ihr Auftreten Stärke demonstrieren, doch Ihr Inneres steht oft auf wackeligen Beinen.

NUDELN Nudeln tauchen bei Hungergefühlen in Träumen auf oder bringen sexuelle Bedürfnisse zum Ausdruck, vielleicht haben Sie auch einen unerfüllbaren Wunsch oder eine Mangelerscheinung, die Sie unbedingt aufspüren sollten. Sie zu essen heißt, Ekel und Übelkeit werden Sie plagen. Hüten Sie sich vor zu vielem Essen. Nudeln zu sehen, zeigt ein geordnetes Leben. Sie zu kaufen oder zuzubereiten, bringt einen langweiligen Besuch ins Haus.

NUSS Die Nuss kann für den gesunden oder „faulen" Wesenskern eines Menschen stehen. In erotischen Träumen ist die Nuss oft Sinnbild des weiblichen Geschlechtsorgans. Zuweilen warnt sie vor dummen, unüberlegtem Handeln. Nüsse zu sehen, verheißt eine gute Zeit. Sie zu ernten oder zu sammeln, wird als unerwartetes Glück gedeutet, auch in der Liebe. Sie zu knacken, kündigt schwierige Aufgaben an. Nüsse zu essen, fordert auf, sich nicht zu ärgern, weil Sie bald für Ihre Mühe belohnt werden. Eine taube Nuss zeigt eine große Enttäuschung an. Frauen, die nachts von Nüssen träumen, sind unter einem wahren Glücksstern geboren.

NUSSBAUM Ist der Baum voller Nüsse, müssen Sie mit Schwierigkeiten rechnen, nach deren Überwindung aber ein schöner Erfolg winkt. Wenn Sie den Nussbaum ohne Früchte sehen, tun sich Schwierigkeiten, Hindernisse und Sorgen auf. Ist er kahl, werden Sie die Schwierigkeiten nicht bewältigen.

OBERSCHENKEL Der Oberschenkel steht für inneren Halt, Realitätsnähe, Kraft und Sicherheit, mit denen man das Leben gut meistert. Haben Sie in Ihrem Traum glatte, weiße Oberschenkel, können Sie mit Glück und Freude rechnen. Verletzte Oberschenkel stehen für Krankheit und Verrat. Bewundert eine junge Frau ihren eigenen Oberschenkel, verheißt dies Abenteuerlust. Sie sollte überlegt handeln.

O

OBST Obst versteht man ähnlich wie Frucht, oft stehen dahinter sexuelle Bedürfnisse, aber es ist ebenso Zeichen für Gedankenreichtum, Erfolg und glückliche Wendungen im

Von Obst in einem Korb zu träumen, verspricht angenehme Zeiten.

Alltagsleben. Die Obstsorte kann im Traum eine größere Bedeutung spielen. Aber es kommt auch auf den Zustand der Früchte an. Sind sie frisch, reif und appetitlich, symbolisieren sie Lebensfreude, sexuelle Genussfähigkeit und die Selbstsicherheit oder den Wunsch danach. Ist das Obst allerdings verfault und ungenießbar, drücken sich in diesem Bild die Unsicherheit, Entbehrungen und die sexuelle Enttäuschung aus. Auf Bäumen verkündet es Erfolge, verheißt Wohlergehen. Es in Körben, Schalen usw. zu sehen, steht es für gute Geschäfte, Sie werden Gäste haben oder selbst zu einem Fest eingeladen werden.

OCHSE Der Ochse ist geduldig und bereit, Opfer für andere zu bringen. Sehen Sie ihn arbeiten, verspricht das trotz vieler

Mühen nur mäßigen Erfolg. Schlachten Sie das Tier, könnten Krankheiten folgen. Essen Sie im Traum Ochsenfleisch, können Sie auf geschäftliche Erfolge hoffen. Der Ochse ist auch Sexualsymbol und insofern als Begriff der Stärke und Potenz zu verstehen. Sehen Sie einen arbeitenden Ochsen auf dem Feld, werden Sie die Bekanntschaft einflussreicher Menschen machen, und diese erweisen sich als sehr nützlich. Werden Sie von einem Tier angefallen, haben Sie eine einflussreiche Persönlichkeit zum Feind. Ein toter Ochse gilt als Omen für einen schmerzlichen Verlust. Fette Ochsen auf der Weide stehen für Reichtum und eine Beförderung, die selbst Ihre kühnsten Erwartungen übertrifft, baldiges Glück winkt. Bei mageren Ochsen wird Ihr Vermögen zusammenschmelzen und Freunde werden sich von Ihnen abwenden. Einen Ochsen brüllen zu hören, verkündet eine Gefahr. Ihn im Stall zu sehen, verheißt eine reiche, gut bestellte Häuslichkeit.

OHREN Können Sie gut zuhören und sich auf andere einstellen? Oder sind Sie verschlossen, so dass der Traum ermahnt, manchen Problemen und Menschen mehr Ohr zu schenken? Wenn Sie im Traum das Gefühl haben, jemand zieht an Ihrem Ohrläppchen, will das Unbewusste wohl auf eine Person oder eine Angelegenheit im Alltagsleben aufmerksam machen, die Sie mehr beachten sollten, vielleicht ist es eine Erinnerung an ein gegebenes Versprechen, das Sie einhalten sollten. Es geht auch um Gehorsam und das Gehörige, um Verständnis und Selbstverständnis. Ein Ohr zu sehen, warnt manchmal vor übler Nachrede. Ein großes Ohr ermahnt, mehr auf andere zu hören, oder kündigt an, dass Sie mit einem Anliegen auf offene Ohren stoßen werden. Verstopfte oder verbundene

Ohren zeigen Ihnen, dass das in einen Menschen gesetzte Vertrauen missbraucht wird. Waschen Sie sich im Traum Ihre Ohren, sollten Sie einer Sache mit gesundem Misstrauen begegnen.

OFEN Ein angenehm warmer Ofen, an dem man sich im Traum wärmen kann, weist auf einen Menschen hin, der uns liebt. Wenn Sie sich daran verbrennen, wird Ihr Selbstvertrauen wanken, durch ein Liebesverhältnis werden Sie in große Schwierigkeiten geraten. Ist der Ofen kalt oder geht er aus, kann dies auf eine Enttäuschung hindeuten, auch auf Probleme in einer Beziehung. Es gelingen vielleicht Ihre augenblicklichen Vorhaben nicht oder die Geschäfte gehen schlecht. Weil ein Ofen innen hohl ist, symbolisiert er im Traum auch den Mutterschoß.

OLIVEN Die Frucht des Ölbaumes ist eindeutig erotisch. Vom Baum gefallene, am Boden liegende Oliven zu sehen, kann mit einem unbefriedigenden Liebeserlebnis gleichgesetzt werden. Essen Sie Oliven, warnt Sie das vor Verschwendung. Schlechte Oliven können für Untreue in einer Liebesbeziehung stehen, gekaufte stehen für ein erotisches Abenteuer, für das Sie unter Umständen teuer bezahlen müssen.

OLIVENBAUM Mit diesem Symbol verbindet sich ein guter Geschäftsverlauf, für Ledige steht eine baldige Heirat und für Verheiratete Wohlstand in Aussicht.

ORANGE Die Farbe Orange steht für einen noch unreifen Idealismus und jede Menge Begeisterungsfähigkeit. Orange stellt den Wärmepol des Spektrums dar und symbolisiert damit auch das Mitgefühl. Orange symbolisiert im Traum

Lebensfreude und emotionale Wärme, Sie durchleben gerade eine Zeit, die Sie besonders dazu herausfordert, Ihr Leben in die eigenen Hände zu nehmen und etwas zu tun.

ORANG-UTAN Jemand will Ihren Einfluss ausnutzen. Bei einer jungen Frau kann dieser Traum auf die Untreue des Geliebten hinweisen.

ORCHIDEE Jemand in der Umgebung wird demnächst versuchen, Sie mit allerlei Schmeicheleien zu umgarnen.

OTTER Der Otter ist hervorragend für die Existenz im Wasser ausgestattet und dafür, seinen Lebensunterhalt aus der Umwelt zu bestreiten. Gefühl und Erfindungsgabe könnten die Eigenschaften sein, um die es für Sie in einem solchen Traum geht. Ihn tauchend und spielend im klaren Wasser zu sehen, verheißt Glück, Unverheirateten steht die baldige Trauung bevor, die Ehe wird glücklich. Frauen dürfen von ihrem Mann ungewohnt viel Zärtlichkeit erwarten. Der Otter warnt aber auch vor einer gefährlichen Bekanntschaft. Freunde werden Ihre Gefühle verletzen.

PACKEN Packen im Traum zeigt entweder eine bevorstehende schöne Reise oder eine vorteilhafte Veränderung in Ihrem Leben an.

P

PALAST In Träumen junger Menschen ist der Palast als Haus meist eine Nummer zu groß, weil sie sich leicht mehr zutrauen, als sie tatsächlich leisten können. In Frauenträumen steht der Palast für die Sehnsucht nach dem Märchenprinzen, der sich dann oft als der eigene Partner entpuppt, den man sich eben etwas prinzenhafter wünscht. Einen Palast im

Traum zu sehen, verheißt auch den Verlust der Freiheit oder eine Verlegenheit. Er ermahnt zur Bescheidenheit. Schenkt man Ihnen im Traum einen Palast oder erben Sie ihn, werden Sie in eine Notlage oder arge Bedrängnis geraten. Wohnen Sie in ihm, werden Sie in einer Angelegenheit ein böses Erwachen erleben. Verkehren Sie in einem Palast, geraten Sie in eine als drückend empfundene Abhängigkeit. Gehen Sie durch einen Palast und bemerken seine Schönheit, verbessern sich Ihre Aussichten und Sie werden neue Würden erlangen. Wenn Sie vornehme Damen und Herren beim Tanzen und Reden sehen oder hören, können Sie vorteilhafte Verbindungen knüpfen. Glaubt eine Frau aus bescheidenen Verhältnissen, sie nehme an der Festlichkeit teil und gehöre dem gleichen gesellschaftlichen Stand an, wird sie durch Heirat oder die Großzügigkeit ihrer Verwandten vorankommen.

PANTHER Wenn Sie von einem Panther träumen, ist Gefahr im Verzug! Sie müssen Angst und Schrecken ausstehen. Auch vor hinterhältigen Menschen warnt Sie der Traum. Hören Sie den Panther fauchen, zeichnen sich unschöne Neuigkeiten ab. Wenn Sie dabei allerdings keine Furcht empfinden, wird es nicht so schlimm werden.

PARTERRE Parterre ist die Region im Körper, die das Sexuelle beinhaltet. Steht eine Wohnung im Parterre leer, werden Sie kaum das finden, wonach Sie sich im erotischen Bereich sehnen.

PARTNER Wenn der Traum von einem gegenwärtigen oder früheren Beziehungspartner handelt, nehmen Sie Verbindung zu den liebevollen und sexuellen Gefühlen auf, die mit diesem Freund in Zusammenhang stehen. Träumt eine Frau von diesem Beziehungspartner als von einem Mann, den sie sich als solchen niemals hätte vorstellen können, muss sie sich mit ihrer Art, wie sie sich auf Männer bezieht, stärker auseinandersetzen. Vielleicht sollten Sie mehr über die liebende, fürsorgliche Seite der Männlichkeit nachdenken. Es kann auch angezeigt werden, dass Sie noch immer auf der Suche nach dem idealen Liebhaber sind.

PAPAGEI   Der Papagei ermahnt meist, nicht kritiklos alles nachzuahmen, was andere tun. Er kann auch vor Klatsch, übler Nachrede oder Bloßstellung warnen. Hören Sie ihn sprechen, soll das ein Lob und eine Anerkennung ankündigen.

PAPRIKA   Besonders rote Paprika können Ärger und Streit ankündigen. Es handelt sich um eine „scharfe" Auseinandersetzung in der Familie.

PAPPEL   Sehen Sie eine Pappel mit Blättern und/oder Blüten, wird Ihr Vorhaben von Erfolg gekrönt, Sie befinden sich auf dem richtigen Weg. Wenn Sie eine krumme oder verkrüppelte sehen, sollten Sie negative Grundhaltungen aufgeben, da Sie sonst ergebnislos den falschen Zielen nachlaufen. Steht eine junge Frau mit ihrem Liebhaber unter den Blüten und Blättern einer „Tulpenpappel", werden sich ihre Hoffnungen erfüllen. Ihr Liebhaber wird gut aussehen und zuvorkommend sein. Wohlstand und Freunde werden sie umgeben. Ist die Pappel ohne Laub und verdorrt, stehen ihr Enttäuschungen bevor.

PASSIONSBLUME   Sie bedeutet als Traumsymbol Kummer und Trübsal.

PASTETE Sie im Traum zu sehen oder zu essen, deutet auf Genüsse verschiedenster Art hin, aber Ihr Wohlergehen macht Sie zu sorglos. Halten Sie Maß! Bereiten Sie Pastete zu, werden Sie hässliche Schwätzereien hören.

PELIKAN Er symbolisiert Opfer und Demut, aber auch fürsorgliche, mütterliche Liebe. Erfolge und Enttäuschungen werden sich abwechseln.

PENIS In der Regel illustriert er die Einstellung zu penetrierender Sexualität. Dabei kann es sich um den eigenen Penis oder um den einer anderen Person handeln.

PETTICOAT Der Petticoat im Traum ist eine Warnung vor Verschwendung. Mäßigen Sie sich!

PFAU Wenn ein Traum von einem Pfau handelt, ist dies ein Hinweis darauf, dass Ihre Erkenntnis sich entwickelt wie ein Pfau, vom schlichten, schmucklosen Jungvogel zum schönsten aller Vögel. Wie der Phönix ist auch der Pfau ein Symbol der Wiedergeburt und der Auferstehung.

PFERD Es repräsentiert im Traum die Energie, die Ihnen zur Verfügung steht. Ein weißes Pferd stellt die spirituelle Bewusstheit dar, ein braunes die eher praktische und auf dem Boden der Tatsachen stehende Seite und ein schwarzes Pferd Ihre leidenschaftlichen Anteile. Ein bleiches Pferd symbolisiert den Tod, und ein Pferd mit Flügeln stellt die Fähigkeit der Seele dar, das Irdische zu überwinden. Wenn das Pferd unter Stress steht oder stirbt, besteht eine starke Schwächung der dynamischen Kräfte, die Sie unter normalen Umständen voranbringen – vielleicht haben Sie sich im Leben bisher zu sehr unter Druck gesetzt. Ist das Pferd vor einen Karren gespannt, beschäftigen Sie sich vielleicht zu sehr oder ausschließlich mit nützlichen Dingen. Wenn ein Mann von einer Stute träumt, repräsentiert diese die Anima oder das Weibliche. Träumt die Frau, sie würde von einem Pferd getreten, kann dies auf den Animus oder die Beziehung zu einem Mann hindeuten. Ein Pferd, das durch jede Tür passt und jedes Hindernis niederreißt, ist der kollektive Schatten, der jene Aspekte der Persönlichkeit umfasst, die von den meisten Menschen unterdrückt werden. Das Pferd als Lasttier symbolisiert häufig die Mutter.

PFINGSTROSEN Zu starke Selbstbeschränkung kann Ihnen Kummer bereiten. Voll erblühte deuten auf die Liebe zu einer älteren Frau hin, vielleicht eine mütterliche Freundin.

PINGUIN Dieser schwarze Vogel kann ein Symbol für Sünde und Weisheit sein. Spricht er im Traum, dann ist das, was er sagt, häufig als Prophezeiung zu werten.

PIZZA Erstaunlich viele Menschen träumen von Pizza und verbinden damit einen leichten, erholsamen Abend mit Freunden. Psychologisch stellt die Pizza ein Freizeitsymbol und ein Mandala dar.

PREISELBEEREN Sie werden eine Einladung erhalten, die frohe Stunden bringen wird, wenn Preiselbeeren in Ihrem Traum auftauchen.

PRIMEL Sie träumen von einer Primel? Dann werden Sie Glück in einer neuen Freundschaft finden oder es steht ein fröhliches Familienfest bevor.

POLYP Der Polyp steht oft für Abhängigkeit, in der Sie sich selbst befinden oder in die Sie andere bringen wollen, ferner kann er Ängste und Ekel verkörpern. Ein Polyp ist dazu in der Lage, sich in alle Richtungen gleich gut zu bewegen, und dies ist der Hinweis, mit dem Sie sich beschäftigen sollten.

PONY Ponys gelten als Omen dafür, dass moderate Spekulationen von Erfolg gekrönt werden.

PUDDING Eventuelle Investitionen werden nur geringe Erträge abwerfen. Essen Sie im Traum Pudding, müssen Sie mit Enttäuschungen rechnen. Junge Frauen, die Pudding zubereiten, dürfen sich hingegen auf einen einfühlsamen Liebhaber freuen. Heiraten sie ihn jedoch, zeigt er sein wahres Gesicht – das Glück wird schnell verschwinden. Die etwas wabbelige Masse, die Sie im Traum zu sich nehmen, könnte das psychisch Weiche in Ihnen umschreiben, das Sie etwas labil erscheinen lässt.

PUDEL Sie werden mit einem gelehrten Menschen zusammenkommen und interessante Gespräche mit ihm führen. Besitzen Sie einen Pudel, geben Sie sich mit gelehrten Sachen ab, die nichts einbringen. Werden Sie von einem gebissen, sind Sie drauf und dran, sehr unüberlegt oder gar dumm zu handeln.

PULLOVER Der Pullover wärmt und drückt damit im Traum Ihr Bedürfnis nach emotionaler Wärme aus.

PURPUR Diese Farbe im Traum verheißt die Verwirklichung von Hoffnungen, wenn auch nicht gleich. Geduld führt Sie schneller zum Ziel als Druck oder Gewalt.

QUALLE Entweder kündigen sich mit den Quallen im Traum **Q**
gesundheitliche Störungen an oder Sie sind von Menschen
umgeben, auf deren Hilfe Sie vergeblich warten.

QUITTEN Die schöne Frucht zu sehen oder zu pflücken, verheißt Glück in der Liebe, die faulige warnt vor einem Menschen, der die Liebe ausnutzen will. Sie vom Baum zu pflücken oder zu schütteln symbolisiert auch die Gefahr, sich die
Liebe des anderen durch zu stürmisches Vorgehen zu verscherzen. Sammeln Sie abgefallene Quitten vom Boden auf,
ist der Gegenstand der Liebe kein unbeschriebenes Blatt
mehr. Wenn Sie Quitten essen, wird alle Sehnsucht nach dem
Lebenspartner gestillt werden. Nur etwas Geduld! Faule Quitten zeigen, dass ein geliebter Mensch dieser Liebe nicht wert
ist. Bei den alten Griechen musste die Braut vor der Hochzeit
eine Quitte essen, damit sie spürte, dass in der Ehe Bitterkeit
und Süße gemischt sind.

RABE Er ist Vorbote von Unglück und Misserfolg. Erscheint **R**
Ihnen ein Rabe im Traum, ist dies ein Zeichen für unglückliche, „schwarze" Gedanken. Der schwarze Vogel fliegt durch
Ihre Träume als der Unglücksrabe, als der dunkle Gedanke,
der bohrend Ihr Ich bedroht. Er symbolisiert Unheil und
Kämpfe, es drohen Diebstahl oder Veruntreuung, Sie müssen
mit einer Schicksalswende oder Unfrieden rechnen. Von
Raben umflattert zu werden, bedeutet Lebensgefahr, auch
wenn sich ein Rabe auf Sie setzt. Wenn Sie Raben aufscheu-
chen, können Sie einer großen Gefahr noch im rechten
Augenblick entgehen, wenn Sie die Augen offen halten. Sie
schreien zu hören, steht für böse Nachrichten. Eine junge
Frau kann er über die Untreue ihres Geliebte informieren.

RADIESCHEN Ein anvertrautes Geheimnis wird von einem Freund nicht bewahrt. Sie werden Gelegenheit haben, an kleinen Vergnügungen teilzunehmen. Sie zu essen, bedeutet Ärger und Verdruss in Form von gehässigen oder verletzenden Bemerkungen. Radieschen können zudem auf den Wunsch nach einem sexuellen Abenteuer hinweisen.

RAPUNZEL Von Rapunzel zu träumen, zeigt bescheidenen Genuss oder ein Liebesabenteuer, das allerdings heimlich bleibt, an.

RATTE Dieses Tier symbolisiert den kranken und fragwürdigen Teil in Ihnen oder der Situation, in der Sie sich befinden. Sie kann auch ein Symbol für Zurückweisung darstellen. Vielleicht haben Sie gerade mit illoyalen Freunden oder Kollegen zu tun. Wasserratten, Feldmäuse etc. bedeuten Feindschaft und Betrug durch Freunde. Sind es weiße Ratten, können Sie Schwierigkeiten erfolgreich überwinden. Sehen Sie eine frei herumlaufen, werden Sie heiß und stürmisch geliebt. Ratten zu fangen, bringt Streit in der Liebe oder Liebeskummer. Bringen Sie eine Ratte um, gehen Sie aus jedem Wettstreit als Sieger hervor. Es zeigt aber auch Kummer in der Liebe oder einer Freundschaft. Werden Sie von Ratten gebissen, befindet sich in der Umgebung ein Feind, der alles daran setzt, Sie in Verruf zu bringen. Verlassen die Ratten ein sinkendes Schiff, haben Sie in beruflichen Angelegenheiten falsch kalkuliert und werden dies jetzt zu spüren bekommen.

RAUBTIER Die Frau, die noch nie von einem Raubtier geträumt hat, gibt es nicht! Raubtiere in Frauenträumen sind immer ein Hinweis auf sexuelle Emotionen und verkörpern die männlich-aggressive Sexualität, die nicht bewusst wird. Schöne große Raubtiere symbolisieren sexuellen Hunger, kleine Raubtiere dagegen (z. B. ein Marder oder Iltis) Unsicherheit gegenüber der männlichen Sexualität. Raubtiere in Männerträumen haben einen bedrohlichen und negativen Aspekt in Bezug auf die weibliche Sexualität.

RAUPEN Sie durchleben eine Zeit der Veränderung. Das Traumbild steht für die berechtigte Hoffnung, dass es in Ihrem Leben eine positive Wendung geben wird. Außerdem kann eine Raupe, da sie kriecht, für das Böse oder allgemeine Schwierigkeiten stehen. Sie zeigt Feindseligkeiten an, Güter könnten an Wert verlieren. Vielleicht treffen Sie auf niederträchtige Menschen. Sie sollten sich deshalb vor undurchsichtigen Geschäften hüten, in Beruf oder Liebe steht möglicherweise eine Enttäuschung bevor. Von einigen Menschen ist nichts Gutes zu erwarten, denn sie werden sich ganz anders „entpuppen". Eine Raupe einzufangen oder zu töten, zeigt an, dass das Misstrauen einem bestimmten Menschen gegenüber berechtigt ist.

REBHUHN Rebhühner im Traum warnen vor Eifersucht und Schwierigkeiten. Sie sind viel zu bescheiden und sollten sich ruhig in den Vordergrund stellen, damit man Ihre Qualitäten und Fähigkeiten erkennen und würdigen kann. Wenn Sie, als Mann, einen Schwarm Rebhühner aufflattern sehen, wollen die Frauen in der Umgebung Sie zwar verführen, sie hegen dabei aber nur oberflächliche Absichten. Fliegende Rebhühner zeigen, dass zukünftige Unternehmungen unter einem guten Stern stehen. Fangen Sie Rebhühner, dürfen Sie auf die Gunst des Schicksals hoffen, aber Sie werden von einem Menschen in der Umgebung getäuscht. Schießen Sie Rebhühner, macht Ihnen die Eifersucht anderer zu schaffen. Töten der Tiere gilt als Vorzeichen für Erfolg, doch werden Sie ein Großteil des Vermögens abgeben müssen. Wenn Sie ein Rebhuhn essen, geben Sie einem anderen Grund zur Eifersucht, es symbolisiert aber auch die Freude über verdiente Ehren.

REGENMANTEL Er steht für den Schutz gegen emotionale Angriffe durch andere Menschen. In seltenen Fällen verweist er auf einen Wunsch, in einen embryonalen Zustand zurückzukehren.

REH Das Reh ist ein Bild für Scheue, Sanftmut, Verletzbarkeit und Zartheit. Oft deutet das Reh im Traum auf die gefühlsbetonte Seite der weiblichen Sexualität hin. Ein Reh zu sehen ermahnt, das Glück nicht durch eigene Schuld zu zerstören. Ein Reh zu erlegen, kündigt eine Enttäuschung in der Liebe an. Das zahme Reh soll nach alten Traumbüchern Familienglück mit Kindern versprechen. Rehbraten zuzubereiten oder zu essen steht für Gewinne, was sich oft auf persönliche Bindungen bezieht. Sehen Sie flüchtende Rehe, sollten Sie Freunde und Bekannte nicht durch Ihr Benehmen vor den Kopf stoßen, sie könnten sonst vor Ihnen flüchten. Wenn Sie ein Tier auf der Jagd schießen oder töten, wird eine Liebesbeziehung durch großes Leid getrübt, Sie werden von Feinden verfolgt. Geschäftsleuten sagt eine Jagd auf Rehe das Scheitern ihrer Vorhaben voraus. Ein totes Reh in der Wildbrethandlung zu sehen, verheißt materiellen Erfolg.

REHBOCK Er zeigt eine unkluge Handlung an, Sie sollten also Ihr Tun und Lassen vorher immer prüfen. Werden Sie von einem Rehbock überrascht oder sogar gestoßen, bringt das Ärger.

REIS Alte Traumbücher verstehen Reis als Symbol für eine gute Gesundheit und ein langes Leben. Seine Farbe lässt auf Reinheit und Unschuld schließen. Wird der Traum von Hungergefühlen begleitet, kann darin auch ein Zeichen von Kummer und Entbehrungen gesehen werden. Reis zu sehen oder zuzubereiten, bringt zusätzliche Einnahmen. Reis zu essen deutet auf Glück und häuslichen Wohlstand hin, auf körperliche Vitalität und Gesundheit. Was Sie anpacken, wird Ihnen auch gelingen. Verschmutzter Reis steht für Krankheiten oder die Trennung von guten Freunden. Auf junge Frauen, die Reis kochen, warten bald neue interessante Aufgaben, die sie glücklich machen.

REISE Hier werden Stationen angeführt, an denen Sie verweilen möchten, aber auch das Wegwollen von einem bestimmten Ort oder der Wunsch, sich einer Verantwortung zu entledigen, wird damit assoziiert. Jeder Schritt, den Sie auf dem Wege zu einem größeren Verständnis Ihrer selbst und der Welt, in der Sie leben, machen, ist Bestandteil der großen Reise des Lebens. Auf eine Reise zu gehen, bedeutet Gewinn oder Enttäuschungen, je nachdem, ob die Reise angenehm und erfolgreich oder mit Unfällen und Pech verbunden ist. Fahren Sie an ein weit entferntes Ziel, werden Sie eine Arbeit oder einen Auftrag überraschend schnell erledigen und dafür gut bezahlt werden. Machen Sie eine katastrophale Reise, verheißt das Inkompetenz und Pech in der Liebe. Sehen Sie Freunde verreisen, kommt ein freudiges Ereignis auf Sie zu, vielleicht neue, vertrauenswürdige Freunde. Verreisen die

Freunde in trauriger Stimmung, sehen Sie diese für längere Zeit nicht wieder. Haben Sie im Traum eine Reise beendet, sind wieder zu Hause, können Sie davon ausgehen, dass Sie erfolgreich an Ihrem Ziel angelangt sind. Haben Sie eine schwierige Reise gerade hinter sich, gehören Probleme erstmal der Vergangenheit an.

RETTICH Rettiche in einem Beet wachsen zu sehen, ist ein glückliches Omen, Freunde werden außergewöhnlich nett zu Ihnen sein und die Geschäfte werden gut laufen und gedeihen. Essen Sie ihn, wird Sie etwas zornig machen. Sie werden wegen der Gedankenlosigkeit eines Menschen in der Nähe leiden. Schälen Sie Rettiche im Traum, werden Sie verspottet.

RENTIER Es steht für Pflichterfüllung und treue Freundschaft, auch in schwierigen Zeiten. Fahren Sie einen Rentierschlitten, kann das auf qualvolle Stunden hinweisen, in denen Ihnen jedoch Freunde zur Seite stehen.

RHABARBER Sehen Sie ihn wachsen, können Sie in naher Zukunft mit angenehmer Kurzweil rechnen. Träumen Sie von gekochtem Rhabarber, werden Sie einen Freund verlieren. Ihn zu essen, bedeutet Ärger am Arbeitsplatz.

RINGELBLUMEN Ringelblumen verheißen Reichtum, Erfolg und glückliche Heirat. Sie sollten sich zum Ziel setzen, zufrieden und genügsam zu sein.

RIPPEN Die Rippen und speziell eine Rippe lässt an den christlichen Mythos von der Erschaffung der Frau denken. Im übertragenen Sinn wird damit ausgedrückt, dass der Mann etwas opfern muss, um sich mit der Weiblichkeit verbinden zu können. Rippen zu sehen oder zu fühlen, verkündet ehelichen Zwist, Armut und Elend. Brechen Sie sich Rippen, sollten Sie auf der Hut sein, damit Sie nicht von Menschen, denen Sie vertrauten, hintergangen werden.

ROCK Der Rock hängt, wie die Hose, mit dem Geschlecht zusammen. Bei der Traumdeutung ist auf die Rocklänge zu achten, wobei man allgemein sagen kann: Je kürzer der Rock, desto deutlicher der „Saum". Haben Sie Angst, etwas zu versäumen? Wo und wie fürchten Sie, zu kurz zu kommen? Ein eleganter Frauenrock deutet bei Männern auf ein erotisches Abenteuer hin, Frauen verspricht er, dass sie den geliebten Mann erobern werden. Ein beschmutzter, schäbiger oder zerrissener Rock warnt vor einer flüchtigen Liebesaffäre, die mit einer Enttäuschung einhergeht. Ein zu weiter oder langer Rock wird damit in Verbindung gebracht, dass Sie wegen einer Liebesbeziehung in Verlegenheit geraten oder ins Gerede kommen. Den Unterrock deutet man immer als starkes Bedürfnis nach Geschlechtsverkehr. Der Herrenrock steht bei Männern für Beruf und Geld, ist er elegant, kündigt das Erfolge an, andernfalls Misserfolge und Verluste. Bei Frauen verdeutlicht der Herrenrock, der elegant aussieht, den Wunsch nach einer Liebesbeziehung, der schäbige oder zerrissene Rock dagegen warnt vor Enttäuschungen, der fleckige vor einem schlechten Ruf durch eine Liebesaffäre.

ROSA Die Farbe Rosa verweist im Traum auf Sehnsüchte, auf raffinierte Bedürfnisse, auf den Wunsch nach Leichtigkeit in Liebe und Leidenschaft.

ROSEN Liebe und vielleicht eine Hochzeit innerhalb eines Jahres kündigen sich an, wenn Rosen im Traum eine Rolle spielen. Für die Traumsymbolik sind besonders die Aspekte der Schönheit der Rose und auf der anderen Seite ihre Dornen und ihre Kurzlebigkeit wichtig. So ist sie ein perfektes Symbol der Einmaligkeit eines Menschen. Ein Rosenstock mit vielen Blüten steht für Familienzuwachs.

ROSINEN Vertrocknetes bedeutet immer Vergangenes, Verflossenes, Gestorbenes. Von Rosinen zu träumen, steht dafür, dass Sie durch Ihre eigene Leichtsinnigkeit Geld verlieren werden. Sie zu sehen oder zu essen, weist auf materielle Einschränkungen durch Verschwendungssucht hin, Sie sollten sparsamer sein. Sie zeigen auch derbe Rückschläge in den gehegten Hoffnungen, obgleich sie schon fast realisiert waren. Verwenden Sie Rosinen beim Kochen, steht das für verschiedene kleine Geschenke. Sie in einem Kuchen zu sehen, verheißt günstige Gelegenheiten. Holen Sie Rosinen aus einem Kuchen heraus und essen sie diese, wird es Ihnen nicht gelingen, immer nur auf der Sonnenseite des Lebens zu stehen.

ROT Mit der Farbe Rot wird im Traum der körperliche Aspekt betont, Aktivität und Freude, Leidenschaft und Liebe. Helles Rot wird mit Gefühlswärme und aufrichtiger Zuneigung gleichgesetzt. Dunkles Rot versinnbildlicht Energie und Antriebskräfte, Leidenschaften und Begierden, die einen Menschen beherrschen. Kirschrot ist im Traum die Farbe der Erotik und Sexualität.

RÜCKEN Wenn Ihnen im Traum ein anderer Mensch den Rücken zuwendet, sollten Sie ihn näher kennenlernen. Sie müssen sich mit dem Gedanken konfrontieren, dass Sie andere Menschen zum gegenwärtigen Zeitpunkt nicht an ihren Gedanken teilhaben lassen wollen. Der Rücken drückt Heimlichkeiten, Opposition oder Distanz aus. Möglicherweise zeigt die Haltung auch stärkere Verletzbarkeit. Wenn Sie selbst in Ihrem Traum einem Menschen oder Gegenstand den Rücken zukehren, wehren Sie damit das spezielle Gefühl ab, welches Sie im Traum gerade erleben. Den eigenen Rücken sehen Sie nur selten. Er verweist auf Ihre Schattenseiten. Wenn Sie diesen im Traum begegnen, ist dies ein großes Glück, weil der Schatten nun nicht mehr hinterrücks wirkt.

RÜCKGRAT Wenn das Rückgrat im Traum eine wichtige Rolle spielt, sollten Sie überlegen, welche Strukturen Sie im Leben hauptsächlich unterstützen. Auf der intellektuellen Ebene sollten Sie darüber nachdenken, wie stabil Ihr Charakter wirklich ist.

RUINE Eine Ruine im Traum löst meist Angst aus, die Angst vor Potenzverlust oder der eigenen Vergänglichkeit. Gelegentlich warnt das Symbol konkret vor materiellem Ruin. Eine alte Ruine signalisiert eine ausgedehnte Reise, aber unter die Freude über die Erfüllung eines lang gehegten Traumes mischt sich leichte Traurigkeit. Möglicherweise leiden Sie unter der Abwesenheit eines Freundes. Wer eine Ruine sieht oder besichtigt, mag im Wachleben ein Erlebnis haben, das ihn an die Vergangenheit erinnert und noch nicht vollkommen verarbeitet ist. Die Ruine eines normalen Hauses kann auf eine Krankheitsgefahr hindeuten.

RUMPF Wird der Rumpf im Traum betont, achten Sie darauf, ob er dick oder dünn dargestellt wird. Welches Verhältnis besitzen Sie zu Ihrem Körper? Wie empfinden Sie Ihren Körper bzw. den oder die Körper der anderen im Traum?

S

SACKGASSE Wer im Traum in eine Sackgasse gerät, hat wenig Zielbewusstsein und neigt wohl zu planlosem, überstürztem Handeln. Die Sackgasse symbolisiert sinnlose Aktivität, vielleicht auch einen Zustand der Trägheit und warnt allgemein vor falschen Absichten und Zielen. Um vorwärts zu kommen, aus Ihren Fehlern zu lernen, kann es nötig sein, denselben Weg wieder zurückzugehen. Gelingt es Ihnen, sich aus der Sackgasse zu befreien, wird sich Ihre Situation verbessern. Taucht im Traum eine Sackgasse auf, so kann der Traum auch sexueller Natur sein. Die Sackgasse korrespondiert mit den Innenseiten weiblicher Schenkel – befindet sich am Ende der Sackgasse noch eine Tür, wird das Symbol noch offenkundiger. Ein solcher Traum weist womöglich darauf hin, dass Sie Angst vor dem Geschlechtsakt haben und mit Schuldgefühlen belastet sind.

SADISMUS Sie sind im täglichen Leben entweder sehr ängstlich, dann ist der Traum ein Abwehrmechanismus, oder Sie müssen im Alltag sehr bestimmend und beherrschend auftreten, in dem Fall zeigt das Unbewusste Ihr Bedürfnis, beherrscht zu werden. Sadismus im Traum ist eine Art Ausgleich für Sie.

SAHNE Sahne symbolisiert Gesundheit, Frohsinn und gutes Fortkommen. Schöpfen oder essen Sie welche, können Sie sich einen guten Vorteil verschaffen, doch sollten Sie dabei nicht so egoistisch vorgehen. Sahne zu trinken, bedeutet schnelles Glück. Servieren Sie Sahne, können Sie auf Wohlstand hoffen. Bauern dürfen mit einer guten Ernte und einem harmonischen Familienleben rechnen. Liebende, die einen Sahnetraum haben, werden bald ihr Leben miteinander teilen.

SALAMANDER Er verlangt Schnelligkeit im Denken und Handeln, ohne dabei leichtsinnig zu sein.

SALAT Beim Salat ist seine Farbe wichtig und ebenso seine Beschaffenheit. Geschlossener Salat steht für sexuelle und andere Triebbedürfnisse. Aufgeschossener Salat zeigt sexuelle Bedürfnisse im Freien an. Die einzelnen Zutaten eines Salats können ebenso von Bedeutung sein. Wenn Sie den im Traum angebotenen Salat nicht mögen, sollten Sie überlegen, ob Sie das ganze Gericht ablehnen oder nur einzelne Bestandteile. Wer den Salat in Reih und Glied pflanzt, möchte vielleicht etwas mehr Ordnung in sein Intimleben bringen. Welker Salat kann auf zu Ende gehende Freundschaften schließen lassen. Salat zu sehen, verheißt bessere Einnahmen, die eigenen Fähigkeiten werden das Fortkommen sichern. Sehen Sie eine große Schüssel voll Salat, sollten Sie sich auf eine bestimmte Prüfung sehr gut vorbereiten,, sonst geraten Sie in arge Verlegenheit. Wenn Sie Salat vorgesetzt bekommen und ihn nicht mögen, zeigt das eine Krankheit, ein Leiden oder sonstige Hindernisse im Leben an. Bei frischem, grünem Salat werden Sie sich nach einer kleinen Unerfreulichkeit über einen ersehnten Vorteil freuen können. Wenn Sie grünem Salat pflücken oder essen, sind Sie übertrieben empfindlich und die eigene Eifersucht bereitet grenzenlose Schmerzen und Qualen. Grünen Salat zu kaufen bedeutet, den eigenen Untergang herauszufordern. Wenn eine junge Frau grünen Salat sät, wird sie selbst für eine Krankheit oder ihren frühen Tod verantwortlich sein. Bereitet eine junge Frau Salat zu, ist das ein Zeichen dafür, dass ihr Geliebter wankelmütig und streitsüchtig wird.

SCHAF Es wird stark mit dem Herdentrieb in Verbindung gebracht, und diese Deutung ist auch bei den meisten Träumenden zutreffend. Die Hilflosigkeit des von der Herde getrennten Schafs und die offensichtlich geringe Intelligenz dieser Tiere sind weitere bedenkenswerte Aspekte. Mit Schafen typischerweise assoziierte Eigenschaften wie Gottesfurcht, Passivität, Gutmütigkeit und Einfalt könnten im Traumzusammenhang ebenfalls von Bedeutung sein. Wenn im Traum ein Schaf mit einem Wolf oder ein Schaf mit einer Ziege vorkommt, sollten Sie den Konflikt zwischen Gut und Böse erkennen. Der Schafbock ist ein Symbol männlicher Potenz und Kraft.

SCHARLACHROT Dies ist die Farbe inniger Liebe, Zuneigung und Freundschaft.

SCHIENBEIN Sie werden mit Hindernissen konfrontiert, wenn ein Schienbein in Ihrem Traum auftaucht.

SCHIFF Es stellt dar, wie Sie durch Ihr Leben navigieren. Häufig ist damit der Wunsch nach Veränderung verbunden, den Sie aber sorgfältig abwägen müssen, vor allem das Schiff im Sturm oder Nebel kann vor den Gefahren voreiliger Veränderungen warnen. Geht das Schiff unter oder liegt es auf dem Trockenen, kündigt das ein Scheitern von Plänen an, weil Sie diese wahrscheinlich nicht gründlich genug vorbereitet haben. Aus dem Traum heraus kann jeder selbst leicht deuten, ob die Lebensreise einen guten oder einen schlechten Aspekt enthält, wenn er weitere Symbole zur Erklärung heranzieht. Befinden Sie sich im Traum allein in einem kleinen Boot, ist es an der Zeit, dass Sie sich darüber Klarheit verschaffen, wie Sie mit Einsamkeit umgehen. Handelt der Traum vom Aufenthalt auf einem großen Schiff, wird damit die Aufmerksamkeit auf Ihren Umgang mit anderen Menschen gelegt. Haben Sie im Traum Ihr Schiff versäumt, sollten Sie von Ihrem perfektionistischen Anspruch Abstand nehmen, alle Chancen und Gelegenheiten wahrzunehmen. Ein Schiff in einen Hafen einlaufen zu sehen, verheißt ein Wiedersehen, ein Schiff nach der Ankunft im Hafen zu verlassen, deutet an, dass das Ziel erreicht wird. Zu beobachten, wie ein Schiff gebaut wird oder wie verladen wird, steht für Erfolge oder einen Gewinn. Ein Schiff im Nebel oder in Seenot kündigt drohende Gefahr an. Sehen Sie es in einem heftigen Sturm, stehen unglückliche geschäftliche Entwicklungen bevor. Ein brennendes Schiff verheißt Verluste. Sehen Sie eines sinken, droht unverschuldet ein schwerer Schicksalsschlag. Wenn Sie Berichte von einem Wrack hören, ist das Zeichen für eine katastrophale Entwicklung des Lebens, Freunde werden Sie betrügen. Sterben Sie bei einem Schiffsuntergang, droht ein gefährlicher Angriff auf das Leben. Sind Sie Schiffbrüchiger, werden Sie sich vergeblich damit abmühen, einen Freund vor Schande oder Bankrott zu schützen. Träumt ein Mann von einem Schiff, drückt sich darin die Sehnsucht nach einer Frau und Partnerin aus: ein Schlachtschiff symbolisiert eine Prostituierte, ein Segelschiff symbolisiert ein junges Mädchen.

SCHILDKRÖTE   Die Schildkröte symbolisiert meist Sensibilität und reiches Gefühlsleben, diese Eigenschaften werden aber hinter scheinbarer Härte und Gleichgültigkeit verborgen, weil Sie Verletzungen fürchten. Bewegt sich das Tier langsam, ermahnt das oft zu Geduld, Ausdauer und Beharrlichkeit, damit alle Hindernisse allmählich überwunden werden können. Sie zu sehen, bedeutet eine heimliche Freude, verheißt einen Beschützer oder Fürsprecher, ein langes Leben und Erfolg, ein unerwarteter Zwischenfall verbessert die berufliche Situation, Sie dürfen sich freuen. Die Schildkröte warnt aber auch vor zu langsamer Reaktion in bestimmten Situationen. Töten Sie eine, werden Sie sich die Gunst eines Beschützers oder Fürsprechers verscherzen. Essen Sie eine Schildkröte, werden Sie durch große Mühe einen Erfolg erzielen.

SCHIMMEL   Die Doppelbedeutung der weißen Farbe wird beim weißen Traum-Pferd deutlich: Der Schimmel und der Schimmelreiter gelten als Todesbote, wo sie auftauchen, droht Tödliches.

SCHORNSTEINFEGER   Sehen Sie einen Schornsteinfeger im Traum, werden Sie von einer seelischen Last befreit. Hemmungen oder persönliche Spannungen, die den Umgang mit anderen bisher erschwerten, werden überwunden. Der Schornsteinfeger im Traum ist dafür ein deutliches Zeichen.

SCHLAFZIMMER   Das Schlafzimmer versinnbildlicht das Sexualleben. Es repräsentiert den Ort der Sicherheit, an dem Sie sich entspannen und so sinnlich sein dürfen, wie Sie wollen. Aber das Schlafzimmer steht auch für Tod und Geburt. Es

ist der intimste Innenraum. Manchmal verweist das Schlafzimmer auf eine unbewusste Lebensführung, speziell dann,
wenn Sie im Traum als einzigen Raum das Schlafzimmer sehen
oder dort einen Schlafenden bemerken.

SCHLANGE   Sie kann männlich oder weiblich sein und Tod,
Zerstörung, verkehrtes Leben und auch Verjüngung symbolisieren. Im Traum eines Mannes kann eine Schlange erscheinen, wenn er die weiblichen oder instinktiven Anteile in sich
nicht erkannt oder wenn er Zweifel an seiner Männlichkeit
hat. Im Traum einer Frau kann die Schlange darauf hindeuten, dass sie Angst vor Sexualität hat oder manchmal vor ihrer
eigenen Fähigkeit, andere zu verführen. Weil sie im Zusammenhang mit dem Paradies steht, ist die Schlange das Symbol

Eine Schlange im Gras steht für Illoyalität, Betrug und Böses.

für Doppeldeutigkeit, List und Versuchung. Träume von Schlangen kommen dann vor, wenn Sie versuchen, sich mit Ihrem instinktgeleiteten Selbst zu beschäftigen. Dies steht unvermeidlich in Zusammenhang mit dem Wissen um die Existenz der Sexualenergie und ihre Nutzung, wobei beides bisher unterdrückt und vereitelt wurde. Die Sexualität ist der Trieb, der am weitesten in die Urzeit zurückreicht, und das Symbol Schlange mithin ebenfalls das älteste, dem Menschen zugängliche Bild. Eine um den Körper oder ein Glied geschlungene Schlange deutet auf Gebanntheit hin, vielleicht auf Versklavung durch Leidenschaften. Schlangen oder Würmer, die aus dem Mund einer Leiche kriechen, repräsentieren manchmal den Sexualakt (den „kleinen Tod"), aber sie können auch Ihre Herrschaft über Ihre Lust symbolisieren. Eine Schlange im Gras steht für Illoyalität, Betrug und Böses. Eine Schlange, die sich in den Schwanz beißt, repräsentiert Vollkommenheit und die Einheit von Materiellem und Spirituellem. Von einer Schlange gefressen zu werden, zeigt das Bedürfnis und die Fähigkeit, zum Ursprünglichen zurückzukehren und die Auffassung von Zeit und Raum hinter sich zu lassen. Weil Schlangen einer niedrigeren Lebensform angehören und manchmal auch giftig sind, hat man sie mit dem Tod und allem, wovor sich der Mensch fürchtet, in Verbindung gebracht. Eine Schlange, die sich um einen Stab windet, weist darauf hin, dass Sie bereits Ihre gegensätzlichen Persönlichkeitsanteile miteinander versöhnt haben, unbewusste Kräfte freisetzen, die Heilung, Wiedergeburt und Erneuerung schaffen.

Die Farben der Schlangen können zu größerem Verständnis der Bedeutung des Traums beitragen. Ist das Tier weiß oder blau, kommt es aus den Tiefen des Geistes. Ist sie rot, verkörpert sie aggressive Triebhaftigkeit, braune hingegen haben zwar ein triebbetontes, aber normales Verhalten. Gelbschwarze oder rot-schwarze Schlangen sind die Ausgeburt des Satans, die ein unbewusstes Wirken finsterer Kräfte signalisieren. Eine grüne Schlange repräsentiert vegetatives Wachstum und ist dem urtümlichen Leben und seinen Energien gleichzusetzen. Die schwarze Schlange steht für völlig unerhellte, psychische Kräfte, die aber nicht nur verderblich und beängstigend zu verstehen sind, sondern, am Beispiel der ebenfalls schwarzen Äskulapschlange, auch das Gleichnis für heilende Vorgänge im Seelenraum beinhalten können.

SCHLANGENBISS   Der Biss in die Ferse könnte das Fersengeld bedeuten, das Sie bei drohender Gefahr geben müssen, könnte aber auch einen nötigen Wechsel im Beruf oder in einem anderen Lebensbereich ankündigen. Die erotische Version des Schlangenbisses: Jemand vergiftet oder stört Ihr Liebesleben.

SCHMETTERLING   Oft symbolisiert der Schmetterling Leichtherzigkeit und Freiheit, auch Freude und Glück. Manchmal steht er aber auch für Unbeständigkeit, Unzuverlässigkeit und Untreue. Sehen Sie sich selbst als Schmetterling, verflattert das Leben gedankenlos und unbewusst. Fangen Sie einen Schmetterling, spricht Treulosigkeit in den zwischenmenschlichen Beziehungen aus diesem Bild. Sehen Sie einen zwischen Blumen und grünen Gräsern, dürfen Sie auf baldigen Wohlstand hoffen.

SCHNEE Schnee taucht oft bei Gefühlsproblemen auf, warnt dann vielleicht vor ihrer Unterdrückung oder zeigt an, dass Gefühle sich abkühlen, aber neu belebt werden können. Manchmal steht Schnee auch für das Altern, was dann bei Männern mit Angst vor Impotenz verbunden sein kann. Wenn er schmilzt, kann er für das Erweichen des verhärteten Herzens stehen. Schon die altägyptischen Traumforscher behaupteten, wer Schnee sieht, dem stehe eine Veränderung seiner persönlichen Verhältnisse bevor, und wenn man mühsam durch Schnee watet, werde man in absehbarer Zeit in Bedrängnis kommen.

SCHNEEGLÖCKCHEN Sie sollten lernen, zu vertrauen und Ihre Probleme nicht zu verstecken. Das Schneeglöckchen besticht durch seine weiße Farbe, die Unschuld und Reinheit symbolisiert. Im Traum verweist das die Blume oft darauf, dass Sie sich trotz schwieriger Situationen entfalten können, so wie das Schneeglöckchen in einer blumenfeindlichen, winterlichen Zeit unverhofft aufblüht.

SCHNECKE Eine Schnecke im Traum ruft bei manchen Menschen Ekelgefühle hervor. Sie verkörpert auch Verletzlichkeit und Langsamkeit. Die Schnecke deutet im Einzelfall an, dass Sie sich zu stark abkapseln und in sich selbst zurückziehen. Das ist vor allem bei sensiblen, überempfindlichen Menschen der Fall. Allgemein kann sie aber auch zu mehr Geduld und Beharrlichkeit auffordern. Wer eine Schnecke im Traum sieht, möchte in einer bestimmten Angelegenheit den langsamen Gang einlegen, wird aber möglicherweise von den Ergebnissen überrollt. Zertreten Sie im Traum eine Schnecke, ist im Wachleben Ihre Geduld zu Ende, Sie wollen handeln, könnten dabei aber eine Unvorsichtigkeit begehen. Holen Sie das Tierchen aus seinem Haus, möchten Sie sich von einem überempfindlichen Mitmenschen trennen. Geduld ist vonnöten, wenn Sie sehen, dass sich eine Schnecke in ihr Haus verkriecht. Übrigens kann das Schneckenhaus wie die Muschel spröde Jungfräulichkeit umschreiben.

SCHOKOLADE Schokolade steht für eine Versuchung, die von Menschen oder Dingen Ihrer Umgebung ausgeht, aber sie zeigt auch viel Kraft und Gesundheit an. Schokolade besagt, dass Sie für Ihren Liebsten mit großer Hingabe sorgen werden. Sie ist auch ein Zeichen für ein kommendes Geschenk. Wenn Sie im Traum Schokolade sehen, sollten Sie sich von Ihrem genussreichen und unüberlegten Abhängigkeiten beim Essen freimachen. Sie zu essen oder zu trinken, bringt Glück und Wohlstand, Kraft und Gesundheit. Sie werden sich nach einer problematischen Phase schnell wieder erholen. Schokoladenpralinen signalisieren beste Übereinstimmung mit Geschäftspartnern. Bitterschokolade verheißt Krankheiten oder andere Enttäuschungen. Sie geschenkt zu bekommen, spricht dafür, dass in Ihrer Nähe ein guter Kamerad ist. Wenn Sie jemandem Schokolade schenken, möchten Sie diesen Menschen gerne für sich gewinnen.

SCHUHE Nach Auffassung von Freudianern ist mit dem Hineinschlüpfen in den Schuh der sexuelle Akt gemeint, der Wunsch, mit einem Menschen intim zu werden. Tatsächlich weisen viele Träume von Schuhen auf ein kommendes Liebeserlebnis hin. Wie in der Wirklichkeit verraten Schuhe auch im Traum sehr viel über ihren Besitzer, deshalb ist bei der Traumdeutung auch immer deren Farbe, Zustand und

Zweck zu beachten. Schuhe verdeutlichen die Grundlagen des Verhaltens, oft zeigen sie an, dass Sie mit beiden Beinen fest im Leben und auf dem Boden der Tatsachen stehen. Sie sind ein Symbol für Erdung. Versuchen Sie sich zu erinnern, um welche Art von Schuhen es sich handelt. In Schuhen zu gehen, kündigt viel Zeitaufwand für eine wenig lohnende Sache an. Schöne, bequeme Schuhe stehen für Erfolge, abgetragene für Misserfolge. Verlieren Sie einen Schuh, machen Sie vielleicht eine interessante Bekanntschaft. Der Kauf von Schuhen warnt vor leeren Versprechungen anderer, denen Sie nicht vertrauen dürfen. Holzschuhe sollen geschäftliche Probleme anzeigen. Braune Schuhe versprechen eine günstige Wendung in einer wichtigen Angelegenheit. Sehr hochhackige Schuhe oder Stiefel können auf Masochismus hindeuten. Neue Schuhe sind ein Omen für vorteilhafte Veränderungen. Wenn Sie Schuhe für sich selbst kaufen, haben Sie noch eine lange Wegstrecke vor sich, um das Ziel zu erreichen. Neue anzuziehen bedeutet Glück, neue bequeme Schuhe anzuziehen und zu tragen, verheißt einen erfolgreichen Gang. Neue und passende geschenkt zu bekommen, spricht für treue und zuverlässige Dienstboten oder auch Anerkennung und Hilfe. Schenken Sie jemandem Schuhe, wollen Sie entweder diesen Menschen loswerden oder er wird sich bald von Ihnen entfernen. Sind die eigenen kaputt und schmutzig, machen Sie sich durch unsensible Kritik Feinde. Alte zerrissene anzuziehen und zu tragen, kündigt einen erfolglosen Gang an. Ein zu enger Schuh deutet auf einen beschwerlichen oder schwierigen Gang hin, Sie sind unangenehmen Witzen ausgesetzt. Sind sie nicht gebunden, kommt es zu Verlusten, Streit und Krankheit. Flicken der

Schuhe bringt Verluste. Haben Sie selbst geschwärzte, ist das eine Verbesserung in den Geschäften, wichtige Ereignisse stellen Sie zufrieden. Werden Ihnen die Schuhe nachts gestohlen, aber Sie besitzen noch die Strümpfe, droht Verlust, aber es wartet auch ein ausgleichender Gewinn. Sie zu verlieren, zeigt Kämpfe an. Finden Sie einen verlorenen, werden Sie eine Bekanntschaft machen. Ist der verlorene gut und unbeschädigt, wird aus einer Bekanntschaft eine gute Kameradschaft oder Partnerschaft. Ist der verlorene alt oder zerrissen, erleben Sie wenig Freude an der Bekanntschaft. Eine junge Frau, die wegen der Schuhe an ihren Füßen im Traum Bewunderung erfährt, sollte vorsichtig sein und neuen Bekanntschaften, insbesondere Männern, nicht erlauben, sich ihr in vertrauter Art und Weise zu nähern.

SCHULE Ihre Erinnerung an die Schulzeit kann von glücklichen Erlebnissen bis hin zu Albträumen reichen. Fest steht bei einem solchen Traumbild, dass Ihr Lernprozess voll im Gang ist. Vielleicht haben Sie gerade wieder eine neue Erfahrung gemacht und müssen das im Traum aufarbeiten. Auch der Wunsch nach der Geborgenheit in der Klassengemeinschaft kann ausgedrückt werden. Manchmal weist die Schule darauf hin, dass Sie in nächster Zeit mit einer Prüfung des Schicksals rechnen müssen oder Sie sind im Begriff, eine Dummheit zu wiederholen. Können Sie die in der Schule gestellten Aufgaben nicht lösen, sind Sie im Begriff, etwas zu unternehmen, was Sie nicht verstehen. Sehen Sie sich selbst unterrichten, streben Sie literarische Fähigkeiten an, doch müssen zunächst die notwendigen Dinge im Leben vorankommen.

SCHULNOTEN Handelt es sich um Noten im Zeugnis, sollten Sie sich die Zahlen merken und einzeln deuten.

SCHULTERN Sie sind Symbol für Kraft, Stärke. Wenn Sie nackte sehen, kündigt sich eine glückliche Wendung an, die Sie die Welt in einem anderen Licht sehen lässt. Sehen Sie die eigenen Schultern dünn, machen Sie sich bei Unterhaltung und Freizeit von den Launen anderer abhängig. Ein gebrochenes Schulterblatt symbolisiert Belästigungen. Ist die Schulter geschwollen, folgt Verdruss mit Hausgenossen. Legt ein anderer seinen Kopf an Ihre Schultern, appelliert jemand an Ihr Mitgefühl oder an Ihre Hilfsbereitschaft. Wenn Sie den eigenen Kopf an eine fremde Schulter legen, brauchen Sie jetzt Trost oder einen hilfsreichen Menschen, der Ihnen unter die Arme greift. Wenn Sie sich an einer ausweinen, sollten Sie einmal Ihren Gefühlen freien Lauf lassen, ein guter Freund wird hierbei nützlich sein.

SCHWALBE Die Schwalbe symbolisiert die Sehnsucht nach häuslichem Glück. Sie können es vor allem dann erwarten, wenn die Schwalben ins Haus flattern. Glaubt man alten Sagen, bedeutet der Traum von einer Schwalbe, dass großes Unglück droht, sogar der Tod eines jungen Menschen. Andere alte Deutungen dagegen besagen, dass diese Vögel nur dann Übel vorhersagen, wenn sie sich im Traum verändern. Sonst sind sie von guter Bedeutung für alles, was mit Arbeit zu tun hat.

SCHWAN Ein weißer Schwan versinnbildlicht die Fähigkeit, tiefe Gefühle zu empfinden, das gute Verhältnis zu sich selbst und seiner Umwelt, geistiges Interesse und Idealismus. Schwarze Schwäne weisen auf Ahnungen und Intuitionen hin. Sie können manchmal leider auch Unglücks- oder Todesboten sein. Einen Schwan im Teich zu sehen, bedeutet Glück in der Liebe, ferner Macht und Reichtum, Schönheit und langes Leben und ist ein gutes Omen für geschäftliche Angelegenheiten. Sehen Sie ihn fliegen, könnte ein Wunschtraum in Erfüllung gehen. Wenn Sie ihn füttern, finden Sie einen Menschen, der Ihnen fürs ganze Leben ein treuer Kamerad bleiben wird. Er symbolisiert wie die Wildgans die Seele des Menschen und gilt daher als göttlicher Vogel. Manchmal kann er auf einen friedlichen Tod hindeuten.

SCHWANGERSCHAFT Handelt ein Traum von einer Schwangerschaft, deutet dies meist auf eine recht lange Wartezeit hin, die notwendig ist, um ein bestimmtes Projekt zum Abschluss zu bringen. Sie entwickeln einen neuen Bereich Ihres Potenzials oder Ihrer Persönlichkeit. Nach Artemidoros kann sie bei der Frau Wuscherfüllung bedeuten, natürlich auch ein Wunschkind, einem Mann, der etwas „gebärt", bringt das Geld und Gut, vielleicht sogar eine liebende Frau ein. Hält sich eine Frau für schwanger, verheißt dies eine unglückliche Beziehung zu ihrem Mann. Für eine schwangere Frau ist dieser Traum ein Zeichen für problemlose Niederkunft und baldige Genesung.

SCHWARZ Schwarz ist die Farbe der Finsternis. Sie ist allgemein negativ zu werten und gilt als Mahnung, Ihr Leben umzustellen. Tritt im Traum eine schwarze Person auf, vor der Sie sich fürchten oder ekeln, verweist das unter anderem auf die Ablehnung Ihrer weiblichen Seite. Zugleich wird auch darauf verwiesen, dass ein Mangel an Bewusstheit besteht. Es ist aber auch die Farbe der Kreativität, da aus dem Dunkel alles geboren wird.

SCHWEIN Im westlichen Glauben steht das Schwein für Unwissenheit, Dummheit, Eigensüchtigkeit und Völlerei. Ihr Selbst erkennt vielleicht allmählich Ihre unangenehmen Eigenschaften. Ohne diese Erkenntnis können diese Persönlichkeitsanteile nicht überwunden und gemeistert werden. Schweine und Schmuck zeigen einen Konflikt zwischen niedrigeren Bedürfnissen und spirituellen Werten an.

SCHWERTLILIE Sie steht für Hoffnung und gute Nachrichten.

SCHWESTER Eine Schwester stellt im Traum gewöhnlich Ihre emotionale Seite dar. Sie ist in der Lage, mit diesem Teil Ihres Selbst Verbindung aufzunehmen, vorausgesetzt, Sie bringen Verständnis für die Persönlichkeit der Schwester auf. Eine ältere Schwester im Traum eines Mannes kann schikanierendes Verhalten, aber auch Fürsorge zum Ausdruck bringen. Handelt es sich um eine jüngere Schwester, verkörpert sie seine verletzbare Seite. Eine jüngere Schwester im Traum einer Frau steht für Rivalität und eine ältere für Fähigkeit.

SCHWIEGERTOCHTER, SCHWIEGERSOHN Die Traumperson des Schwiegersohnes oder der Schwiegertochter sollen meist auf einen Irrtum hinweisen. Das bezieht sich oft auf einen Menschen, über dessen Eigenschaften Sie sich täuschen.

SCHWIEGERMUTTER Die Schwiegermutter versteht man in der altindischen Traumdeutung als Symbol für geschäftliche Erfolge. Andere Traumbücher dagegen deuten sie als Warnung vor Streitigkeiten. Hier ist vordergründig Ihr persönliches Verhältnis zu Ihrer eigenen Schwiegermutter zu beachten.

SCHWIEGERVATER Er symbolisiert Streit und Pech und verheißt Streitigkeiten mit Angehörigen oder Freunden, besonders, wenn er eine bedrohliche Haltung einnimmt. Ist er wohlauf und heiter, entwickeln sich angenehme familiäre Beziehungen.

SCHWIMMEN Schwimmen im Traum steht in engem Zusammenhang mit dem Untertauchen. Schwimmen Sie flussaufwärts, ist dies ein Zeichen dafür, dass Sie gegen Ihre Natur handeln. Schwimmende Fische symbolisieren den Samen und daher den Wunsch nach einer Schwangerschaft. Befinden Sie sich in klarem Wasser, durchlaufen Sie einen Reinigungsprozess. Schwimmen Sie hingegen in dunklem Wasser, könnte dies für eine Depression stehen. Schwimmen kann mit unbewussten Instinkten, Trieben und Gefühlen in Verbindung gebracht werden, mit denen Sie entweder in Einklang oder in Widerspruch leben. Mit anderen zu schwimmen, weist darauf hin, dass Sie in einer Angelegenheit Rat und Hilfe benötigen. Schwimmt eine Frau mit einer Freundin, die meisterhaft schwimmt, wird sie für ihren Charme geliebt. Ihre kleinen Liebesaffären werden von ihren Freunden geduldet. Schwimmt eine Frau nackt im klarem Wasser, hat sie Affären, dafür wird sie mit Krankheit und dem Verlust ihrer Reize bestraft. Sieht sie nackte Männer im klarem Wasser schwimmen, prophezeit dies viele Verehrer. Ist das Wasser schmutzig, wird sie ein eifersüchtiger Verehrer verleumden.

SECHS Sechs symbolisiert Harmonie und Symmetrie, das bezieht sich häufig auf die Einheit von Körper, Geist und Seele, die Sie miteinander in Einklang bringen sollen. Manchmal warnt sie auch vor Krankheiten.

SEE Ein See kann, ebenso wie ein Teich, für eine Phase des Übergangs vom bewussten zum spirituellen Selbst stehen. Wenn Sie unerwartet an diese Schwelle gelangen, kann dies für Sie eine Chance sein, sich selbst zu verstehen und schätzen zu lernen. Neue Entscheidungen drängen sich auf. Sie werden mit einem Menschen zusammentreffen, auf die der Ausspruch zutrifft „Stille Wasser sind tief". Wenn Sie in einem See baden oder darauf fahren, kann der vorgenannte Ausspruch auf Sie selbst anzuwenden sein. Ein schmutziger oder trüber See warnt zu Vorsicht, nicht blindlings auf ein vermeintliches Ziel loszusteuern. Ein schmutziger, der von nackten Felsen und kahlen Bäumen umgeben ist, verheißt ein trauriges Ende im Geschäfts- und Liebesleben. Sehen Sie einen sauberen und von Kahlheit umgebenen See, wird eine profitable Existenz durch leidenschaftliche Ausschweifungen ruiniert. Sich im klaren Wasser zu sehen, ist ein Zeichen für Freuden und viele treue Freunde. Spiegeln sich im See grüne Bäume wider, werden Sie heftige Leidenschaft und Liebesglück genießen. Steigen glitschige und unheimliche Bewohner des Sees auf und bedrohen Sie, bedeutet das Fehlschläge und eine schlechte Gesundheit durch die Vergeudung von Zeit und Energie, Sie werden das Vergnügen bis zur Neigung auskosten und Reue verspüren. Träumt eine junge Frau davon, allein auf einem unruhigen und schmutzigen See zu sein, dann stehen ihr viele Schicksalsschläge bevor und sie wird frühere Ausschweifungen und die Missachtung der Tugend bedauern. Dringt Wasser in ihr Boot ein und sie kann das Bootshaus unter großer Anstrengung noch sicher erreichen, unterliegt sie einer falschen Überzeugung, die sie jedoch überwinden wird. Eine ihr nahe stehende Person wird möglicherweise krank. Sieht eine Frau ein junges Paar, das sich aus derselben Lage retten kann, wird sie feststellen, dass ein Freund Vertrauensbrüche begangen hat. Sie wird ihm jedoch verzeihen.

SEEHUND Da diese Tiere im Wasser leben, handelt es sich um Energien, die aus dem Unterbewusstsein aufsteigen und genutzt werden können. Sie sind unzufrieden und streben nach einem zu hohen Ziel, nach einer Stellung, die auf Dauer die eigenen Kräfte übersteigt.

SEEROSE Im Traum verweist die Seerose auf Ruhe, innere Schönheit und oftmals zeigt sie eine positive Persönlichkeitsentwicklung an.

SEGELBOOT Es wird vom Wind, also gewissermaßen vom Geistigen getrieben. Sie wissen also, wie der Wind weht, das heißt, Sie agieren klug. Wenn Sie allerdings wegen einer Flaute nicht vorankommen, ist das als Hinweis auf eine ungünstige Situation zu sehen, in der Sie nur abwarten können. Vor Anker kündet es die Entstehung hochfliegender Pläne für die nächste Zukunft an. Sehen Sie es im Sturm, werden Sie bei der Durchführung hochfliegender Pläne durch missliche äußere Umstände stark behindert. Schwierigkeiten können private Angelegenheiten gefährden. Sind Sie im Sturm auf einem Segelboot, lassen sich hochfliegende Pläne nur unter großen Opfern verwirklichen. Sehen Sie eines kentern, erweist sich ein hochfliegender Plan bald als undurchführbar. Sind Sie auf einem kenternden Boot, bringen Sie für die Verwirklichung eines hochfliegenden Planes umsonst große Opfer. Ist es beschädigt, nehmen die heimischen Angelegenheiten durch außergewöhnliche Ereignisse Schaden.

SEIDENRAUPEN Sie symbolisieren die Teilnahme an einem einträglichen Unternehmen, das Ihnen zu Ruhm verhilft. Tote oder den Kokon durchbrechende Raupen kündigen Rückschläge und schwierige Zeiten an.

SIEBEN Sieben kann auf den Einfluss kosmischer Energien und rhythmischer Schwingungen (Biorhythmen) hinweisen, mit denen Sie in Einklang leben sollten. Ferner kann sie für die körperliche und seelisch-geistige Entwicklung stehen, die man in Sieben-Jahres-Schritte (Kindheit, Schulzeit usw.) unterteilt. In der Esoterik wird die Symbolbedeutung der Sieben damit erklärt, dass sie sich aus der Zahl Drei, dem Bild für schöpferische Geisteskraft und der Vier, dem Ganzheitssymbol zusammensetzt. Im Traum steht die Sieben meist als Bild für eine Veränderung, eine Persönlichkeitswandlung.

SILBERMÜNZEN Silbergeld ist ein Zeichen für reichen Gewinn. Silbermünzen zu finden, ist meist ein Zeichen für Pflichtversäumnisse gegenüber anderen. Außerdem stehen Silbermünzen dafür, dass Sie gerne voreilige Schlüsse ziehen.

SKELETT Das Knochengerüst taucht in Albträumen auf und erschreckt den Träumer, meist ist es ein Erschrecken vor sich selbst, vor seinen Fehlern und Launen. Das Skelett ist gewissermaßen das bloßgelegte Ich. Es zeigt einen boshaften Spaß zum Erschrecken an, wodurch aber keine üblen Folgen entstehen werden. Es kann auch Krankheit, Missverständnisse von anderen Menschen und Unrecht prognostizieren. Sind Sie im Traum ein Skelett, machen Sie sich grundlos Sorgen und sollten sich um eine entspannte Denkweise bemühen. Das Skelett verspricht auch ein langes Leben. Werden Sie von einem verfolgt, werden Sie womöglich bald mit einem Schicksalsschlag oder dem Tod konfrontiert oder der Schlag kommt in Form eines finanziellen Desasters.

SKARABÄUS Diese Art Käfer, ein ägyptischer Mistkäfer, fällt durch das leuchtende Gold-Grün seiner Flügel auf. Im alten Ägypten war er das Symbol der Sonne. Er war Unsterblichkeitssymbol, Symbol schöpferischer Kraft. Er ist sehr positiv zu deuten.

SKORPION Der Skorpion verkörpert Aggressivität, Sarkasmus, Zynismus oder Bosheit, oft steht dahinter Verbitterung angesichts einer Enttäuschung, die Sie noch nicht verarbeitet haben. Bemerkungen der Mitmenschen haben Sie verletzt. Sie meinen, die ganze Welt sei so und möchten es ihr mit gleicher Münze (Stachel) heimzahlen. Der Skorpion ist ein ähnliches Traumsymbol wie die Spinne, allerdings fehlt ihm der weibliche Aspekt. Der Skorpion steht eher als Bild für die männliche, aggressive Kraft. Von einem gestochen zu werden heißt, dass Sie durch eine heimliche Feindschaft schwer geschädigt werden. Können Sie den Skorpion nicht töten, stehen gravierende Verluste bevor.

SOCKEN Sind die Socken sauber oder dreckig, haben sie Löcher? Socken mit Löchern zeigen eine Unsicherheit an, die sich unter anderem in einem unorganisierten Alltagsleben zeigt. Sie können auch auf Armut verweisen. Auch banale Dinge können wichtig sein, kümmern Sie sich darum.

SOHN   Ein Sohn kann im Traum den Wunsch nach Selbstausdruck darstellen. Oder aber er symbolisiert elterliche Verantwortung. Im Traum einer Mutter kann ein Sohn deren Ehrgeiz, Hoffnung und Potenzial repräsentieren. Im Traum eines Vaters kann er unerfüllte Hoffnungen zum Ausdruck bringen.

SONNENBLUMEN   Eine Sonnenblume symbolisiert ein fröhliches Gemüt, Vertrauen, Anerkennung, aber auch hoffnungslose Liebe.

SOSSE   Soße symbolisiert eine angegriffene Gesundheit und enttäuschende Geschäfte.

SPARGEL   Spargel symbolisiert als Phallussymbol sexuelle Bedürfnisse, manchmal auch eine flüchtige Leidenschaft, bei der Sie aber Maß halten sollten. Ihn zu essen, bringt Reue über ein Erlebnis, bei dem die Leidenschaft mit Ihnen durchgegangen ist, Ihre Erfolgssträhne wird unterbrochen.

SPATZ   In ihm verkörpern sich Geschäftigkeit, Geselligkeit und Fleiß. Wenn Sie viele sehen, achten Sie zu sehr auf üble Klatschereien und können nicht mehr klar trennen, durch hässlichen Klatsch wird viel Ärger und Streit ausgelöst. Fangen Sie einen, sind Sie ein sehr genügsamer Mensch. Verletzte Spatzen prophezeien Traurigkeit.

SPECHT   In der Mythologie ist der Specht der Wächter sowohl der Könige als auch der Bäume. Er hat den Ruf, magische Kräfte zu besitzen. Er warnt Sie aber auch, den Menschen in Ihrer Umgebung nicht zu trauen.

SPERBER   Dieser Vogel warnt vor Hinterlist und Feinden.

SPERLING   Über Sie wird geredet. Sie nehmen das zu recht nicht sehr ernst und halten es für eine bloße Belästigung. Halten Sie mehr Abstand zu Menschen, die Sie nicht achten können. Dieser Vogel verheißt aber auch treue Freundschaft und harte Arbeit, mit einigem Erfolg am Ende.

SPEISEKAMMER   Welche Lebensmittel sind in Ihrer Speisekammer zu sehen? Oder fällt Ihnen auf, was fehlt? Sie zu sehen heißt, Ihnen steht Glück und eine sorgenfreie Zeit bevor. Eine offene oder leere bringt Enttäuschungen. Ist sie verschlossen, ohne Schlüssel, wird Ihnen geraten, offen zu sein, denn geheime Dinge würden Ihnen wenig Glück bringen. Befinden Sie sich in einer Speisekammer, ist das kein gutes Omen, Sie werden bis zu einem gewissen Punkt Erfolg haben, es werden jedoch immer wieder Hindernisse zu überwinden sein.

SPEISEWAGEN   Tun Sie sich des Guten nicht zu viel! Einen Speisewagen zu sehen, verspricht Vorteile durch eine Reise, die Sie selbst unternehmen oder die von einem anderen für Sie oder zu Ihnen unternommen wird. Essen Sie in einem Speisewagen, können Sie in einer schwebenden Angelegenheit das Nützliche mit dem Angenehmen verbinden.

SPERMA   Träume bringen gelegentlich seltsame Bilder von primitiven Riten und Bräuchen hervor, von denen Sie vielleicht bewusst gar nichts wissen. Viele von ihnen sind ein

Symbol für den Geschlechtsakt. Sperma ist das Zeichen für Männlichkeit und körperliche Reife und zeigt sich im Traum oft als eine beliebige milchige Flüssigkeit.

SPINNEN Sehen Sie Spinnen, stehen Ihnen neidische Anfeindungen bevor. Das ist eine Mahnung zur besonderen Vorsicht im Umgang mit Frauen. Wenn Sie sich jetzt anstrengen und recht fleißig sind, werden Sie bald sehr zufrieden sein. Sehen Sie Spinnen am Faden hängen, hängen auch Glück und Gut am seidenen Faden. Viele Spinnen zu sehen, verkündet Sorgen und Leid, sind glückverheißende Traumbilder dabei, vermindern sich die Sorgen und das Leid. Sehen Sie viele in ihren Netzen hängen, dürfen Sie sich auf günstige Umstände, Glück, Gesundheit und Freunde freuen. Können Sie Spinnen beim Weben ihres Netzes beobachten, werden Sie sich im eigenen Heim sicher und geborgen fühlen. Laufen Spinnen über den eigenen Körper, werden Sie bald mit einigen Sorgen und Aufregungen konfrontiert. Wenn Sie von einer gebissen werden, betrügt Sie jemand. Kommt eine große Spinne auf Sie zu, steht Erfolg ins Haus, sofern gefährliche Kontakte gemieden werden. Ist eine große in Begleitung einer kleineren, fühlen Sie sich eine Zeitlang unbesiegbar. Werden Sie von der größeren Spinne gebissen, entwenden Feinde das Vermögen, beißt die kleine, stehen kleinere Gehässigkeiten und Eifersüchteleien bevor. Vor einer großen Spinne zu flüchten, zeigt den Verlust des Vermögens. Fangen Sie eine Spinne, winkt zu gegebener Zeit ein Besitz. Eine zu töten, prophezeit Streit mit dem Ehepartner bzw. Freund oder Freundin. Erwacht eine getötete Spinne wieder zum Leben und verfolgt Sie, ist mit Krankheit und wechselhaftem Glück zu rechnen.

Erblickt eine junge Frau im Traum goldene Spinnen, steigen ihre Chancen auf ein glückliches Leben und neue Freunde.

SPINNWEBEN Wer im Traum Spinnweben streift, gibt sich im Wachleben gedankenlos und hält sich mit Kleinigkeiten auf. Jemand will Ihnen ein Geheimnis entlocken, behalten Sie es besser für sich! Spinnweben symbolisieren auch erfreuliche Beziehungen und Unternehmungen. Vernichten Sie Spinnweben, zerstören Sie durch Unachtsamkeit zwischen sich und anderen zarte Fäden.

STACHELBEEREN Sie symbolisieren Zank und Streit im Haus. Für einen Mann ist die Stachelbeere Zeichen, dass er entweder schon eine recht streitsüchtige Frau hat oder eine heiraten wird. Für eine Frau ist sie Zeichen, dass sie mit dem Ehepartner nicht zufrieden ist, oder er ist recht zänkisch. Wenn Sie Stachelbeeren sammeln oder abpflücken und verkaufen, verloben Sie sich nach langem Warten und Zögern. Sie verspricht süßen Liebeslohn für geduldiges Ausharren. Sie werden nach schweren Zeiten mit Glück regelrecht überschüttet. Künftige Geschäftsangelegenheiten werden florieren. Essen Sie grüne, wird Ihnen demnächst ein folgenschweren Fehler passieren und Sie müssen damit rechnen, ins Gerede zu kommen. Grüne Stachelbeeren prophezeien stets Unglück oder einen schlechten Ausgang.

STACHELSCHWEIN Das Stachelschwein ist eine Warnung, nicht auf jemanden sauer zu sein, der danach trachten wird, Sie lächerlich zu machen. Es kann bedeuten, dass Sie neuen Unternehmungen und Freundschaften von vornherein ablehnend gegenüberstehen. Es kommen Schwierigkeiten in geschäftlichen Belangen. Ein totes Stachelschwein kündigt das Ende von Missständen an. Bei einer jungen Frau ist es ein Zeichen, dass sie Angst vor ihrem Geliebten hat.

STAR Dieser Vogel will Sie ermahnen, nicht so vertrauensselig zu sein. Der Star verkündet auch freudige Nachrichten oder Ärger mit Verwandten.

STERBEN Sterben ist ein Hinweis auf einen neuen Lebensabschnitt. Liegen Sie im Sterben, findet in Ihnen gerade ein seelischer Reifungsprozess statt. Sie räumen mit etwas auf oder sind mit einer Sache fertig, wenn Sie daran im Traum sterben. Es kann aber auch etwas Böses von einer Person drohen, die einst zum Aufstieg und Lebensfreude beitrug. Befürchten Sie, sterben zu müssen, wird die Vernachlässigung der geschäftlichen Angelegenheiten zu geschäftlichen Einbußen führen, auch Krankheiten drohen. Selbst zu sterben, deutet auf ein langes Leben hin. Es gilt auch als eine Mahnung zum Ablegen übler Gewohnheiten. Vielleicht macht Ihnen auch jemand leere Versprechungen. Wenn andere sterben, ist Ihnen und Ihren Freunden in allen Lebenslagen kein Glück beschieden. Beobachten Sie freilebende Wildtiere im Todeskampf, befreien Sie sich von schlechten Einflüssen. Haustiere sterben zu sehen, ist ein schlechtes Omen.

STIER Der Stier symbolisiert ausgeprägte Männlichkeit und sexuelle Potenz, im weiteren Sinne Energie, Tatkraft und Durchsetzungsvermögen. Einen Stier zu sehen oder zu kaufen, stellt einen wohlhabenden Freund oder Gönner oder einen materiellen Vorteil in Aussicht. Es ist zugleich eine Warnung, Rücksichtslosigkeit aller Art zu vermeiden, um sich keine ernsten Probleme einzuhandeln. Einen Stier zu besitzen, verheißt einen gut situierten Hausstand oder materielle Vorteile. Einen zu töten, schlachten zu lassen oder zu verkaufen, bedeutet den Verlust eines wohlhabenden Freundes oder Gönners oder materielle Verluste. Von einem Stier verfolgt zu werden, verkündet, einen treuen Freund zu verlieren oder sich Ärger im Beruf einzuhandeln. Neidische und eifersüchtige Konkurrenten machen Ihnen mit ihren Intrigen das Leben schwer. Sie haben Angst vor Ihren eigenen Leidenschaften und sollten diese zügeln lernen. Mit einem Stier zu kämpfen, warnt vor Jähzorn und mahnt zur Nachgiebigkeit. Begegnet eine junge Frau im Traum einem Stier, wird sie einen Heiratsantrag erhalten. Für ihre Zukunft wird es jedoch besser sein, diesen abzulehnen.

STOCKWERKE Die Stockwerke des Hauses stehen für einzelne Körperregionen oder seelische Bereiche, auf die das Unbewusste hinweisen möchte. Die verschiedene Etagen können Sie auch als die unterschiedlichen Bewusstseinsschichten betrachten. Sie können die Stockwerke aber auch auf Ihren Körper beziehen.

STORCH Er verkörpert tiefe Gefühlskraft, die mit geistiger Tiefe einhergeht. Ahnungen dringen aus dem Bereich des Unterbewussten in das Bewusstsein vor. Der Storch ist gleichzeitig ein Zeichen für seelische Ausgeglichenheit. Außerdem ist er Fruchtbarkeitssymbol, Wunsch- und Sehnsuchtstraum. Ihn zu sehen, soll ein Baby ins Haus bringen. Sehen Sie ihn in einem Storchennest, herrscht zu Hause Frieden und Harmonie. Beobachten Sie den Storch, wie er auf sein Nest zufliegt, folgt eine glückliche Heirat. Wenn Sie junge Störche im Nest

Störche im Nest verheißen Frieden und Harmonie.

sehen, bekommen Sie mit einem Kindergarten, Kinderheim oder dergleichen zu tun. Ihn fortfliegen zu sehen, bedeutet Streit oder Unannehmlichkeiten.

SUPPE Im Einzelfall steht die Suppe dafür, eine problematische Angelegenheit, für die Sie selbst verantwortlich sind, mit allen Konsequenzen durchzustehen, auch wenn das noch so schwierig und schmerzlich ist. Vergossene Suppen sind ein Hinweis auf verpasste Chancen. Eine Suppe zu schlürfen, deutet auf Schwierigkeiten im gesellschaftlichen Umgang hin.

T

TANTE Eine Tante im Traum kündigt ein Geschenk, eine unverhoffte Finanzspritze oder gar eine Erbschaft an. Glaubt eine junge Frau, im Traum ihre Tante zu sehen, wird sie wegen irgendetwas in Kritik geraten. Dies wird ihr viel Kummer bereiten. Erscheint diese Verwandte lächelnd und glücklich, lösen sich kleine Differenzen bald auf.

TAUBE Als Seelentier ist die Taube ein Symbol des Weiblichen. Sie wird auch immer mit der Liebe in Zusammenhang gebracht. Fliegende Tauben stehen für erfreuliche Botschaften, die Sie erreichen. Fangen Sie eine Taube, werden Sie sich einem Nahestehenden gegenüber ungerecht verhalten. Töten Sie Tauben, verscherzen Sie sich die Freundschaft eines Ihnen wohlgesonnenen Menschen. Ein gut besetzter Taubenschlag beweist einen gastfreundlichen Hausstand, ein leerer immer Isolation. Das Gurren der Tauben deutet, falls es nicht auf tatsächlich vorhandene äußere Einflüsse zurückzuführen ist, auf ein gestörtes Verhältnis zur Umwelt hin.

TELEFON Wenn Sie im Traum angerufen werden, könnten Sie eine Absage zu einer Verabredung erhalten. Eine falsche Verbindung kündet auch in der Wirklichkeit eine falsche Verbindung an. Wenn der Teilnehmer sich nicht meldet, werden Sie bei einem Rendezvous versetzt. Während eines Gespräches getrennt zu werden, bringt ein freudiges Wiedersehen.

TIERE Wenn Sie darauf angewiesen sind, etwas über Ihre dringenden psychischen Bedürfnisse zu erfahren, tauchen Tiere in Träumen auf, die diese Bedürfnisse symbolisieren. Tiere repräsentieren Triebe und Instinkte. Jeder hat sicherlich schon von einem wilden Tier geträumt und dabei auch seine eigene Ungestümheit gespürt. Träume von wilden Tieren sind positiv zu werten, da sich in ihnen unsere Lebensenergie äußert. Bei Körperteilen von Tieren ist ihre Deutung ähnlich wie bei denen von menschlichen Körperteilen (siehe „Körper").

Wenn vier Beine besonders hervorgehoben werden – vielleicht im Gegensatz zu einem Tier mit drei Beinen –, steht die ganze Persönlichkeit mit allen vier voll entwickelten Geistesfunktionen im Zentrum der Aufmerksamkeit. Sehen Sie missgestaltete Tiere, erkennen Sie, dass manche Ihrer Impulse unverschämt oder abstoßend sind. Um einen Tiertraum näher deuten zu können, empfiehlt es sich, unter den jeweiligen Tiersymbolen nachzulesen.

TINTENFISCH Wichtige Entscheidungen müssen dringend getroffen werden.

TOCHTER Im Traum einer Frau verweist die Beziehung zur Tochter normalerweise auf gegenseitige Unterstützung, obwohl möglicherweise auch Rivalität und Eifersucht eine Rolle spielen. Im Traum eines Mannes kann die Tochter für Ängste und Zweifel stehen, die beim Umgang mit der eigenen Verletzlichkeit auftauchen können.

TOD Todesträume verkünden nie den eigenen Tod. Dieses Traumbild macht aufmerksam, dass Gefühle, Gedanken und Absichten im Sterben begriffen sind. Und da an die Stelle eines gestorbenen Gefühls meist sehr schnell eine neue Regung tritt, ist der geträumte Tod vor allem ein Verkünder von Wandlung und Erneuerung.

TOMATEN Ein Liebessymbol. Tomaten zu sehen, kündet eine heimliche Liebe oder angenehme Umstände an. Wenn Sie Tomaten wachsen sehen, dürfen Sie sich über private Harmonie freuen. Ein heimliches Liebesverhältnis wird unerwünschte Folgen haben, wenn Sie Tomaten pflücken, zubereiten oder essen. Sieht eine junge Frau reife Tomaten, steht ihr eine glückliche Ehe mit ihrem Traummann bevor.

TOTER Ein Toter im Traum steht oft als Symbolfigur für das Ende eines Lebensabschnitts, der Ihnen einige Sorgen bescherte, den Sie aber mit der Unterstützung anderer überwinden konnten. Einem Toten lebend im Traum zu begegnen heißt, dass Sie Ihrer Trostlosigkeit wieder Herr werden sollen. Den toten Vater zu sehen oder mit ihm zu sprechen: Sie planen eine wenig erfolgversprechende Tat, Sie sollten sich hüten, Verträge einzugehen, Sie sind von Feinden umgeben, der Ruf ist in Gefahr. Wenn Sie Ihre tote Mutter treffen, sollten Sie sich hüten, Ihrer Neigung zu Grausamkeit und Bösartigkeit den Mitgeschöpfen gegenüber freien Lauf zu lassen. Treffen Sie im Traum einen Bruder, Angehörigen oder Freund, sollten Sie an die Milde und Güte eines Menschen appellieren. Sie begegnen lebendigen und glücklichen Toten? Lassen Sie keine falschen Einflüsse zu, die materiellen Schaden bringen können, es sei denn, Sie gehen mit all Ihrer Willenskraft dagegen an. Es verheißt Kummer, wenn Sie sich im Traum mit einem verstorbenen Verwandten unterhalten, der Ihnen ein Versprechen abringen will. Wenn Sie in Ihrem Traum weinen, dann aufwachen und bemerken, dass Sie tatsächlich Tränen vergossen haben, verweist dies auf eine Verletzung oder auf ein Trauma. Sehen Sie Tränen bei anderen, soll das auf ein freudiges Ereignis hinweisen.

TRAUBEN Süße Trauben versprechen vor allem Liebe, Geborgenheit und Zärtlichkeit. Saure Trauben stehen für Probleme, die Sie nur lösen können, wenn Sie selbst nachgeben, sie versinnbildlichen auch die Eifersucht. Weiße Trauben versprechen Gewinne, blaue warnen vor Verlusten. Trauben am Rebstock kündigen Erfolge an, wenn Sie sich entsprechend anstrengen.

TRAUER Weil Trauer im Wachzustand oft als unpassend abgewertet wird, wird sie in die Traumwelt verlagert, damit Sie dennoch Erleichterung finden können. Trauer kündigt Ärger und Verdruss an, die aber nur kurz andauern.

TREPPE Die Treppe verbindet als Teil des Hauses, also des Träumers, die einzelnen Bereiche der Persönlichkeit. Der Aufstieg einer Treppe symbolisiert den Übergang in eine neue Bewusstseinsebene. Auch beim Abstieg ist eine Erleichterung Ihrer jetzigen Situation in Sicht. Allerdings muss auch darauf geachtet werden, wie schwer oder leicht der Auf- oder Abstieg ist, denn das zeigt den aktuellen Stand von Problemen an. Beim Hinunterfallen werden Sie das Opfer von Hass und Neid. Wenn Sie von einer Treppe in die Tiefe stürzen, müssen Sie bald eine schmerzliche Ernüchterung erfahren. Breite und schöne Treppen verheißen Wohlstand und Anerkennung. Sehen Sie, wie andere eine Treppe hinabsteigen, treten statt Vergnügen missliche Umstände in den Vordergrund. Auf einer Treppenstufe zu sitzen, prophezeit langsam wachsenden Wohlstand und viel Freude. Wendeltreppen lassen erkennen, wie schwer es ist, im Leben nach oben zu kommen.

TRUTHAHN Dieser Vogel wird traditionell an Festtagen gegessen. Wenn ein Traum von ihm handelt, kann dies ein Hinweis auf gute Zeiten sein.

TÜR Sie steht für die Körperöffnungen und deshalb auch für die Sexualität. Die Eingangstür symbolisiert die Vagina und die Hintertür den Anus. Das gewaltsame Aufbrechen einer Tür kann als Hinweis auf eine sexuelle Hemmung und die Weigerung, sich mit den Problemen zu beschäftigen, gesehen werden, es kann jedoch auch auf eine Vergewaltigung oder einen Missbrauch schließen lassen. Eine Tür zu öffnen und zu schließen, steht in der Regel für den Geschlechtsakt, kann aber auch allgemein die Einstellung zur Sexualität widerspiegeln. Die Weigerung, eine Tür zu öffnen, symbolisiert einen unschuldigen Zugang zur Sexualität. Eine Tür zwischen äußeren und inneren Räumen deutet darauf hin, dass es zu einem Konflikt zwischen Bewusstem und Unbewusstem kommen kann. Eine verbarrikadierte Tür hebt das Bedürfnis nach Selbstschutz hervor. Die Flucht durch eine andere Tür deutet auf den Wunsch hin, eine Lösung für ein bestimmtes Problem durch eine andere zu ersetzen. Klopft jemand an eine Tür, wird Ihre Aufmerksamkeit auf eine äußere Situation gelenkt. Es kommt recht oft vor, dass eine Tür im Traum gänzlich fehlt. Damit will Ihnen das Traumbewusstsein sagen, dass Sie ein Problem solange von allen Seiten her betrachten sollen, bis Sie die verborgene Tür finden.

TÜRSCHLOSS Es lässt für die Zukunft – vor allem für den intimen Bereich – hoffen, wenn Sie das Schloss im Traum wie selbstverständlich öffnen können. Wird es aber gewaltsam geöffnet, wirft das auf Ihren Charakter nicht unbedingt das allerbeste Licht, denn Ihre Rücksichtslosigkeit macht Freunden sehr zu schaffen. Schließen Sie das Schloss hinter sich, werden Sie um eine Hoffnung ärmer. Können Sie das

Türschloss trotz heftiger Anstrengungen nicht öffnen, sollten Sie auf jeden Fall versuchen, aus der augenblicklichen Lebenslage das Beste zu machen. Ein Wechsel wird sich jedenfalls momentan wohl kaum lohnen.

U **ÜBERFALL** Allgemein deutet der Überfall auf unbewusste Gefühle, Wünsche und ähnliche Inhalte hin, die plötzlich ins Bewusstsein durchbrechen. Werden Sie selbst im Traum überfallen, sind Pläne zum Scheitern verurteilt.

ÜBERSCHWEMMUNG In der Regel handelt es sich um einen Überschuss an unterdrückten oder unbewussten Gefühlen, die aus dem Weg geräumt werden müssen, bevor Sie wirklich Fortschritte machen können. Ein Traum von einer Überschwemmung kann häufig auch auf Depressionen hinweisen. Überschwemmung soll nach altindischer Traumdeutung vor finanziellen Schwierigkeiten warnen. Eine Überschwemmung zu sehen oder zu erleben, kündet einen zudringlichen Besuch an. Werden Städte oder Landstriche von dunklem, reißendem Wasser überschwemmt, bedeutet das großes Unglück durch eine schreckliche Katastrophe. Werden Menschen von der Flut mitgerissen, verheißt das Trauer und Verzweiflung, die das Leben sinnlos machen. Ein großes, mit klarem Wasser überschwemmtes Gebiet steht für sorglose Zeiten. Sehen Sie im Traum das Wasser ins Zimmer fließen, bekommen Sie vornehmen Besuch oder einen besonderen Gewinn, wenn das Wasser klar ist; ist es trübe, drohen Unglück und Streit. Flüchten Sie vor einer Überschwemmung, sind Sie auf der Flucht vor sich selbst.

UFER Ist das Ufer von einer Betonmauer eingefasst, sind Sie in Ihrer Persönlichkeit eingeschränkt. Wenn das Ufer unzugänglich ist, ist das der Hinweis auf einen tief verwurzelten Komplex in Ihnen. Sitzen Sie am Ufer eines Baches, werden schöne Stunden bald vorbei sein. Wichtig ist, ob eine Brücke zu sehen ist, die die Ufer miteinander verbindet, denn sie deutet auf die Überbrückung von Schwierigkeiten hin.

UHR Oft ist sie im Traumbild die Lebensuhr und steht damit für die Angst, dass das Leben zu schnell vergehen könnte. Ist es kurz vor zwölf, kündigt das Unbewusste an, dass eine Angelegenheit schleunigst erledigt werden sollte. Es kann sich natürlich ebenso um Lebensabschnitte handeln, die von der Uhr im Traum angezeigt werden. Eine Armbanduhr am eigenen Handgelenk warnt gestresste Menschen davor, sich noch länger unter zu großen Zeitdruck zu setzen. Die Eieruhr steht im Traum für kleine Zeitabschnitte. Vielleicht sollten Sie kleinere Zeitabschnitte besser planen und nicht so weit in die Zukunft. Die Kirchenuhr ist die Uhr, die vom Kirchturm aus den Überblick besitzt und das Leben der Bewohner beherrscht. Bei der Penduluhr wird im Traum meist auf den Ausschlag des Pendels verwiesen. Dieses Traumsymbol zeigt an, dass es auf und ab geht. Die Sanduhr verweist meist auf die gute, alte Zeit. Die Wanduhr ist in ihrer Symbolik im Traum auf den Raum bezogen, in dem sie angebracht ist. Sie beherrscht die Zeit in diesem Raum, mit dem ein innerer Raum oder Bereich des Träumers angesprochen ist. Der Wecker oder die Weckuhr deutet als Traumsymbol, wie jede andere Uhr auch, auf die Notwendigkeit einer besseren Zeiteinteilung im Wachleben hin, mit anderen Worten: Sie sollten schnell aufwachen und erkennen, was die Uhr geschlagen hat.

UMARMUNG Sie sollten darauf achten, wen Sie umarmen. Ist es jemand, den Sie lieben, dürfen Sie sich getrost auf Glück in der Liebe einstellen. Ist es aber ein Mensch, den Sie im Traum nicht so sehr sympathisch finden, sollten Sie im Wachleben um falsche Freunde einen weiten Bogen machen. Es ist ein Warntraum vor einer potenziellen Gefahr durch Täuschung in Liebesaffären und geschäftlichen Dingen. Beobachten Sie die Umarmung zweier Liebender, schlummern in Ihnen tiefe Liebesbedürfnisse, werden Sie umarmt, will ein Mensch Sie in Besitz nehmen oder auch umgekehrt. Sie umarmen einen Menschen? Dann werden Sie einen neuen Menschen kennenlernen. Umarmt eine Frau einen Mann, lässt sie sich auf zweifelhafte Avancen von Männern ein. Umarmt eine verheiratete Frau fremde Männer, ist ihr guter Ruf in Gefahr, weil sie sich die Aufmerksamkeit anderer Männer gefallen lässt.

UMHERIRREN Sie befinden sich in großer seelischer Not, wenn Sie im Traum umherirren.

UNFALL Seien Sie im Straßenverkehr vorsichtig. Sehen oder erleben Sie einen Unfall, werden Sie vor einem leichtsinnigen Menschen gewarnt.

UNKRAUT Unkraut zeigt wuchernde negative Gedanken und Gefühle an. Wenn Sie im Traum Unkraut jäten, kann das Ihre Erkenntnis zum Ausdruck bringen, dass Sie erst Raum für neues Wachstum schaffen müssen, indem Sie Ihr Leben von Unwesentlichem befreien.

UNTERLEIB Wenn Sie den eigenen Unterleib im Traum sehen, hegen Sie große Erwartungen, doch Sie müssen gegen Starrköpfigkeit angehen und den Arbeitseinsatz verdoppeln, da Ihnen Ablenkungen zusetzen. Sehen Sie ihn unbekleidet, ist dies ein unglückliches Omen für Liebende und Eheleute, es ist Untreue oder sogar Verrat seitens eines geliebten Menschen angezeigt, seien Sie nicht allzu vertrauensselig. Wer im Traum seinen eigenen Unterleib zusammenschrumpfen sieht, wird von falschen Freunden verfolgt und verleumdet. Ein geschwollener Bauch deutet auf Leiden hin, doch Sie werden diese besiegen und sich an den Früchten der Arbeit erfreuen. Blut aus dem eigenen Unterleib quellen zu sehen, kündigt ein Unglück in der Familie an, den kranken Unterleib eines Kindes zu sehen, warnt dafür, von einer ansteckenden Krankheit heimgesucht zu werden.

UNTERWÄSCHE Unterhemd und Unterrock bringen das innere Wesen und unbewusste Gefühle zum Ausdruck. Unterhose, Slip und Schlüpfer zeigen sexuelle Bedürfnisse. Die Unterwäsche hängt mit der Einstellung zu Sexualität, Intimität und Körperlichkeit zusammen. Erotische Unterwäsche, die häufig als Traumsymbol auftritt, zeigt an, dass Sie Ihren sexuellen Ausdruck kultivieren sollten. Schlampige oder schmutzige Unterwäsche deutet auf Ablehnung der eigenen Sexualität hin. Besonders in Bezug auf die Unterwäsche ist die Farbsymbolik äußerst wichtig. So verweist weiße Unterwäsche auf Reinheit und Jungfräulichkeit, wohingegen rote und schwarze Unterwäsche die Verführung symbolisiert, auch wenn dies mehr ein Klischee ist.

URIN Sie leiden unter den Spannungen Ihrer Seele und suchen dringend nach Erleichterung. Urin kann auch sexuelle Empfindung symbolisieren. Wie alle anderen Körpersekrete gilt auch der Urin als magische Substanz, er wurde bei den Naturvölkern von den Schamanen und Medizinmännern zur Heilung benutzt. Wenn Sie Urin sehen, werden Sie wegen der schlechten Gesundheit für Freunde uninteressant. Wer im Traum Urin lässt, kann damit rechnen, durch Hausmittel wieder gesund zu werden. Es ist aber zugleich ein Zeichen für Glücklosigkeit und schlechte Zeiten in Sachen Liebe. Wer im Traum ins Bett macht, sollte sich in Enthaltsamkeit üben, wer Urin trinkt, wird wieder gesund und wer ein Urinal sieht, wird zu Hause jede Menge Aufregung erleben.

URWALD Häufig symbolisiert der Urwald im Traum das Chaos, ob es als positiv oder negativ empfunden wird, ist von den Umständen im Traum abhängig. Es stellt die Ausbrüche und Grundbedürfnisse der Gefühle dar, die aus dem Unbewussten kommen. Ist der Urwaldboden im Traum sehr sumpfig und voller Würmer, Schlangen und Insekten, wird die Traumbedeutung noch etwas negativer. Der Urwald kündigt nach altindischer Traumdeutung an, dass Sorgen und Enttäuschungen bevorstehen.

V

VAGINA Freud sah die Vagina in der Traumanalyse durch alle möglichen runden und hohlen Gegenstände symbolisiert. Moderne Psychologen deuten sie als die weibliche Kraft schlechthin, die auch im Manne wirkt, also nicht als reines Sexualsymbol. Oft symbolisiert sie Eigenschaften, die im weitesten Sinn mit seelisch-geistiger Fruchtbarkeit zu tun haben, zum Beispiel Kreativität, Fantasie, Intuition und Ideen, die gefördert werden sollten.

VATER Der Vater repräsentiert Autorität und die konventionellen Formen von Recht und Ordnung. Im Leben eines Mannes übernimmt der Vater die gleichgeschlechtliche Vorbildrolle (oder auch nicht). Im Leben einer Frau stellt der Vater die Schablone dar, anhand derer sie alle zukünftigen Beziehungspartner bewertet. Reifere Beziehungen sind jedoch nur möglich, wenn sie sich, beispielsweise mit Unterstützung der Traumarbeit, von ihrem Vater löst.

VEILCHEN Im Traum symbolisiert diese kleine Blume die Sehnsucht. Sie tritt bei Träumenden auf, die sich mehr ihren Emotionen zuwenden sollten oder mehr auf ihr Gefühl vertrauen sollten. Sie werden sich an einen Menschen binden, der jünger ist als Sie selbst. Wie alle Träume von Blumen hat auch dieser eine erotische Bedeutung. Besonders angenehme erotische Erinnerungen haben Ihren Schlaf versüßt.

VERBLUTEN Dies ist oft die Ankündigung von großer Gefahr oder einer schweren Krankheit.

VERFOLGUNG Verfolgt zu werden oder der Versuch zu fliehen, sind zwei der häufigsten Traumgeschehen. In der Regel versuchen Sie, einer Verantwortung oder dem Gefühl, versagt zu haben, zu entkommen. Auch Ängste oder Emotionen, mit denen Sie nicht fertig werden, können hier gemeint sein. Verfolgung macht oft auf Verleumdung durch andere aufmerksam, gegen die Sie sich wehren müssen. Vielleicht steht aber auch ein Schuldgefühl dahinter, das Sie verarbeiten sollten. Verfolgen Sie selbst jemanden, sollen Sie ein Unrecht, das

Sie an einem anderen begangen haben, wieder gutzumachen versuchen, sich mit ihm vertragen und aussöhnen.

VERFÜHRUNG Die Verführung ist ein sehr machtvolles Symbol. Sie ist das weibliche Prinzip in seiner blockierenden und zerstörerischen Eigenschaft: die böse Hexe oder die schöne Verführerin. Sie hat die Macht, Illusionen zu schaffen, und die Fähigkeit, andere zu täuschen. Träumt eine junge Frau, verführt zu werden, unterliegt sie allzu schnell der Verführung durch anziehende Menschen. Glaubt ein Mann, ein Mädchen verführt zu haben, muss er sich in Acht nehmen, denn es gibt Menschen, die ihn unrechtmäßig beschuldigen. Lehnt seine Angebetete schockiert oder ärgerlich seine Anträge ab, ist die von ihm geliebte Frau untadelig. Lässt sie sich mit ihm ein, wird er ein Opfer ihrer finanziellen Ansprüche.

VERGEWALTIGUNG Eine Vergewaltigung kann symbolisieren, dass Teile der eigenen Persönlichkeit massiv unterdrückt werden und Sie dadurch seelischen Schaden nehmen. Ferner macht sie im Einzelfall darauf aufmerksam, dass Sie rücksichtslos über die Bedürfnisse anderer Menschen hinweggehen oder dass die eigenen Bedürfnisse von anderen übergangen werden. Auch sexuelle Bedürfnisse können dahinter stehen, oft verbunden mit dem starken Wunsch, sich mehr hingeben zu können. Wurde im Freundeskreis eine Vergewaltigung begangen, wird Sie das Unglück einiger Freunde schockieren. Träumt eine junge Frau, sie sei das Opfer einer Vergewaltigung geworden, werden Schwierigkeiten ihren Stolz verletzen und ihr Geliebter wird sich von ihr entfremden.

VERGISSMEINNICHT Der gewählte Partner kann Ihnen nicht das geben, wonach Sie sich sehnen. Sehen Sie diese Blumen in Ihrem Traum oder schenkt man Ihnen welche, bringt sich womöglich eine alte Liebe wieder in Erinnerung.

VERGRABEN Etwas Unangenehmes, das Sie nicht wahrhaben wollen, wird mit diesem Traum verdrängt. Manchmal zeigt das Vergraben auch ein Festhalten an eine verbissene Einstellung, die innerlich längst als falsch erkannt wurde.

VERKEHRSUNFALL Er könnte mit Ihrer Sexualität oder dem eigenen Selbstbild in Zusammenhang stehen. Vielleicht achten Sie nicht sorgfältig genug darauf, sich richtig zu verhalten.

VERKEHRSZEICHEN Die Verkehrszeichen weisen die Richtung bzw. das Tempo im Leben. Ein Stoppschild im Traum mahnt, nicht im alten Trott weiterzumachen, sondern erst zu überdenken, wohin Sie steuern müssen, damit es Ihnen gut geht.

VERLEIHEN Etwas zu verleihen, symbolisiert Verluste. Geld zu verleihen, verheißt Schwierigkeiten beim Bezahlen von Schulden und negativen Einfluss im privaten Bereich. An andere Menschen Dinge zu verleihen, kann Sie durch Ihre Großzügigkeit selbst in materielle Bedrängnis bringen. Weigern Sie sich im Traum, etwas aus der Hand zu geben, werden Sie Ihren Interessen mit Wachsamkeit begegnen und von Freunden respektiert. Wenn andere sich anbieten, Ihnen Dinge oder sogar Geld zu leihen, verheißt das Wohlstand und enge Freundschaften.

VERWANDTE Verwandte im Traum stehen entweder für Ihnen verwandte Eigenschaften oder/und für Ihre Beziehungen zu tatsächlich existierenden Verwandten. Es treten nahe und ferne Verwandte als Traumsymbole auf, wobei die nahen Verwandten auch nahe stehende Eigenschaften ansprechen, hingegen ferne Verwandte solche Energien, die Ihnen im Grunde schon fast abhanden gekommen sind. Um diese Eigenschaften sollten Sie sich besonders bemühen, indem Sie diese wieder zu integrieren oder aber endgültig abzulegen versuchen. Wegen dieser besonderen Aufgabe macht der Traum auch auf sie aufmerksam.

VIER Diese Zahl hat fast immer eine positive Bedeutung. Sie ist der gute Halt, die Stabilität, die Macht, der Erhalt des bereits Erworbenen, aber auch das Ordnende in der Natur mit ihren vier Jahreszeiten, den vier Himmelsrichtungen, und den vier Mondphasen. Die Vier und das Viereck sind Ganzheitssymbole und haben auch im Traum diese positive Bedeutung. Von dieser Zahl zu träumen, verspricht Gutes.

VIOLETT Die Farbe der Einkehr, der Besinnlichkeit. Die Farbe Violett steht als Symbol für die Suche bzw. dem Streben nach Ausgeglichenheit, manchmal auch für die Suche nach einem Gott.

VIPER Sie fühlen sich von einer Katastrophe bedroht, wenn Sie von einer Viper träumen.
Hüten Sie sich vor falschen Freunden. Von einer vielfarbigen Viper angegriffen zu werden, die sich scheinbar unbeschränkt zu teilen vermag, weist auf Feinde hin, die Ihren Ruin anstreben.

VÖGEL Normalerweise sind Vögel im Traum ein Symbol für Fantasie, Gedanken und Ideen, die ihrem Wesen nach Freiheit benötigen, um hervortreten zu können. Der Vogel kann die Seele schlechthin verkörpern, besondere Exemplare, wie die Eule, auch die verborgene Weisheit oder der Rabe das Dunkle und Unglückliche. Flattern Vögel hilflos in einem Raum oder einem Käfig herum, übersetzt das den etwas wirren Seelenzustand, aus dem Sie einen Ausweg suchen. Fliegen sie frei und ungehindert durch Ihre Traumlandschaft, lässt das auf die Freiheit Ihrer Gedanken, auf eine unbelastete Seele schließen. Ein Vogel im Käfig kann Einschränkung und Überlistung andeuten. Ein Vogel mit goldenen Flügeln hat dieselbe Bedeutung wie Feuer und verweist daher auf spirituelle Sehnsüchte. Im Traum eines Mannes kann ein Vogel die Anima darstellen. Im Traum einer Frau verweist er auf das Selbst im Sinne des spirituellen Selbst.

VOGELNEST Ein Nest zu sehen, verspricht häusliches Glück, eines auf dem Dach zu haben, deutet auf einen gesegneten Hausstand. Suchen und finden Sie in Ihrem Traum ein Vogelnest, bedeutet das Freude und Glück. Bei einem Nest mit Eiern wird Ihnen eine Erbschaft zuteil oder Kindersegen steht in Aussicht. Zerstören Sie das Nest oder nehmen Sie die Eier heraus, werden Sie durch einen Fehltritt schweren Schaden erleiden. Ein Nest mit zerbrochenen Eiern oder toten Jungvögeln ist ein sehr schlechtes Omen.

VORFAHREN Verstorbene Vorfahren im Traum signalisieren Unglück und Sorgen, die ihren Grund in vergangenen Taten haben. Begegnen Ihnen die Gestalten freundlich, so werden Sie das Übel schließlich zum Guten wenden können. Sind sie aber unfreundlich, werden die Sorgen noch größer werden.

Vorfahren zu sehen, wird auch als Warnung vor Krankheiten gedeutet.

W

WACHTEL   Für Menschen, die diese Vögel mögen, bedeutet der Traum eigentlich nichts. Allen anderen sagt er schlechte Nachrichten von weither voraus, dazu Streit und Gefahr durch Räuber. Wachteln kommen nämlich aus entfernten Ländern und sind untereinander überaus zänkisch. Aber sie verkünden auch eine frohe Zukunft und Gewinn im Spiel, verheißen gute Botschaft in der Liebe. Wer lebende Wachteln im Traum sieht, kann sich über ein ausgezeichnetes Omen freuen, tote Wachteln stehen für Gefahr im Verzug. Die Tiere zu essen, ist der Beweis eines extravaganten Lebensstils.

WAFFELN   Wenn eine junge Frau im Traum Waffeln backt, quält sie die Angst, ledig zu bleiben. Sieht sie Waffeln, muss sie sich in naher Zukunft gegen Feinde zur Wehr setzen, isst sie welche, wird sie mit herben Schicksalsschlägen rechnen müssen.

WAGEN   Der Wagen kann im Sinne von Auto verstanden werden. Zieht ihn ein Tier, sollten Sie dieses deuten. Eine Rikscha, die ein Mensch zieht, ermahnt Sie, andere nicht für Ihre Zwecke einzuspannen. Einen eleganten Wagen zu sehen bedeutet, dass Sie mit interessanten Leuten in Verbindung treten werden. Einen zu verpassen, steht für den Versuch, seine Position zu verbessern. Dies wird jedoch vereitelt. Aus einem Wagen zu steigen, kündigt an, dass Sie bei interessanten Plänen Erfolg haben werden. Wer mit einem Wagen umkippt oder Bruch macht, wird einen empfindlichen Fehlschlag hinnehmen müssen. Ein umgeworfener Wagen steht für üble

Nachrede. Wer im Traum einen Wagen zur Beförderung von Gütern oder Lasten sieht, wird umsonst arbeiten, wenn dieser leer ist, ist der Wagen beladen, verspricht die Arbeit Gewinn. Träumen Sie davon, aus einem Wagen zu fallen, sind Sie sehr ungeschickt und schneiden deshalb sehr schlecht ab, womöglich verlieren Sie die Stellung. Kippt ein beladener um und die Lieferung fällt heraus, müssen Sie mit Geldverlust rechnen. Ein Möbeltransporter steht schlicht für einen Umzug. Löst sich ein Rad von einem Wagen, werden Sie sich über den Eigensinn eines anderen Menschen aufregen. Selbst darin zu fahren, steht für Anerkennung, ist der Wagen mit Eseln bespannt, lassen Sie sich zu sehr von leichtsinnigen Menschen beeinflussen, wird er von Pferden gezogen, bedeutet das Glück. Ziehen in Ihrem Traum Menschen einen Wagen, werden Sie Macht erlangen, ein Kinderwagen bedeutet eine glückliche, mit Kindern gesegnete Ehe.

WALD Der Wald kann harmlos oder gefährlich sein. Hier sind alle Sexual- und Mahnfaktoren beisammen. Sehen Sie Wald, trifft wohl der Ausspruch zu, dass Sie den Wald vor lauter Bäumen nicht erkennen. Einen Waldrand zu sehen, kündigt das Ende einer Beziehung an. Der grüne Wald soll Glück und Erfolg, der kahle Unglück und Sorgen ankündigen. Wenn Sie sich in einem dichten Wald befinden, stehen Ihnen Einbußen ins Haus, unglückliche Einflüsse und Ärger in der Familie bevor. Kälte und Hunger sagen eine lange Reise zur Erledigung einer unangenehmen Sache voraus.

WAND Sie repräsentiert eine Verhinderung des Fortschritts – Schwierigkeiten, welche Sie vielleicht haben oder auf die Sie stoßen werden. Häufig geben uns die Eigenschaften der

Wand näheren Aufschluss darüber, was blockiert wird. Verputzte Wände zu sehen, kündigen von Erfolg, der jedoch nicht von langer Dauer sein wird. Von der Wand auf Sie herabfallender Putz deutet auf Katastrophen und Enthüllungen hin. Eine Wand, die alt aussieht, symbolisiert ein altes Problem, eine Wand aus Glas hingegen deutet auf Schwierigkeiten mit der Wahrnehmung hin. Eine umschließende Wand könnte Ihre Erinnerung an Gefühle während der Geburt symbolisieren oder aber dem Eindruck Gestalt verleihen, dass Sie sich durch Ihre eigene Lebensweise eingesperrt fühlen. Ziegelwand, Schutzwall oder Trennwand symbolisieren den Unterschied zwischen der inneren und der äußeren Realität.

WANZEN Sehen Sie Wanzen oder werden Sie von ihnen gebissen, wird sich zähes Ausharren bezahlt machen.

WASCHBÄR Spielt ein Waschbär in Ihrem Traum eine Rolle, werden Sie von falschen Freunden hinters Licht geführt.

WASSER Wasser ist ein Ursymbol, das allgemein das eigene Seelenleben mit den bewussten und unbewussten Inhalten verkörpert. Klares Wasser steht für einen ausgeglichenen, harmonischen Zustand als Voraussetzung von Glück, Erfolg und Liebe. Trübes oder schmutziges Wasser bringt ungünstige seelische Vorgänge zum Ausdruck, die oft mit Unsicherheit, materialistischen Einstellungen, mangelnder Selbstkenntnis oder als „unrein" abgelehnten Eigenschaften und Gedanken zu tun haben. Aufgewühltes Wasser kündigt „stürmische" Zeiten mit Sorgen und Aufregungen an. Das Spiegelbild von sich selbst oder anderen im Wasser zu sehen, warnt vor Selbsttäuschung, Illusionen oder Täuschung durch andere. Auf dem Wasser zu laufen besagt, dass Sie ein gefähr-

Wer im Traum ins Wasser springt, hat womöglich das Bedürfnis, seine Kräfte zu erneuern.

liches Element bezwungen haben. So sind Sie bei Seereisen sicher. Aber auch sonst wird Glück vorhergesagt. In der Ehe werden Sie glücklich. Prozesse werden Sie leicht gewinnen, da Sie gute Argumente vorbringen können. Besonders vorteilhaft ist der Traum für Politiker, da das Wasser die Bevölkerung des Landes symbolisiert. Kaltes Wasser zu trinken, hat eine gute Bedeutung. Sie leben in Einklang mit den Bedürfnissen Ihres Körpers und achten auf Ihre Gesundheit. Ist das Wasser hingegen warm, kann das ein Anzeichen für Krankheit oder eine belastende, unausgewogene Lebensführung sein. Sich im Wasser zu befinden, kann Schwangerschaft und Geburt symbolisieren. Weitere Bedeutungen: Fließendes Wasser versinnbildlicht Frieden und Wohlbefinden, gefrorenes verkündet eine Gefahr, stark strömendes Wasser dagegen

Leidenschaft, tiefes Wasser verweist auf das Unbewusste, seichtes Wasser auf einen Mangel an Lebensenergie. Tauchen Sie ins Wasser hinab, kommt darin das Bedürfnis zum Ausdruck, die eigenen Kräfte zu erneuern und zum Ursprung zurückzukehren. Tauchen Sie aus dem Wasser empor, deutet dies auf einen Neuanfang hin. Auf dem Wasser zu sein, etwa in einem Boot, kann auf Unentschlossenheit oder mangelnde emotionales Engagement verweisen. Reglos im Wasser zu liegen, bedeutet unter Umständen Trägheit. Wird der Kopf mit Wasser besprüht, beruht das Erwachen von leidenschaftlicher Liebe auf Gegenseitigkeit. Träumt eine Frau davon, genüsslich im Wasser zu schwimmen, hat sie eine gesunde Einstellung zur Sexualität und eine positive Lebenseinstellung.

WATEN Oft ist das Gefühl beim Waten wichtiger als die Handlung selbst. Erleben Sie das Waten als etwas Vergnügliches, können Sie davon ausgehen, dass Ihre Lebendigkeit Ihnen Zufriedenheit bringt. Wenn Sie in klarem Wasser waten, erleben Sie kurze, aber vortreffliche Freuden, ein gutes Zeichen für Liebende. In schlammigem Wasser zu waten, zeigt Krankheit oder Kummer, für Liebende wird es bald eine Enttäuschung geben. Kinder im klaren Wasser waten zu sehen, ist ein Vorzeichen für Glück, Ihre Vorhaben werden von Erfolg gekrönt sein.

WEINEN Weinen baut im Traum oft innere Spannungen ab, vor allem wenn Sie im Wachzustand nicht weinen können. Alte Traumbücher verstehen Weinen auch noch als Grund zur Freude im eintönigen Alltag.

WEISS Weiß kann für Frau, Unschuld, Unreife oder Verarmung des Gefühlslebens stehen. Weiß symbolisiert Macht und den Widerschein des Absoluten. Weiß tritt sowohl als aggressive Farbe auf, wie auch als Farbe der Unschuld. Als Traumbild sollten Sie immer bedenken, dass Weiß sich leicht beschmutzt. Vielleicht geht es in dem betreffenden Traumbild darum, etwas zu bereinigen oder umgekehrt „durch den Kakao zu ziehen"!

WERWOLF Sie unterdrücken monströse Instinkte. Versuchen Sie herauszufinden, an welcher Stelle in Ihrem Leben das der Fall ist.

WESPEN Sie sollen vor Rache oder Aggressivität gewarnt werden. Enttäuschungen werden Sie treffen.

WIDDER Widder steht für Männlichkeit, Potenz, Ausdauer, Kraft und Zähigkeit, die man für den weiteren Lebensweg braucht. Einen zu sehen, steht für eine erfolgreiche Zukunft. Werden Sie von ihm verfolgt, kündigt sich drohendes Unheil an. Sehen Sie einen Widder friedlich im Grünen grasen, haben Sie einflussreiche Freunde, die sich mit ganzer Kraft zu Ihren Gunsten einsetzen.

WIESEL In der traditionellen Traumdeutung wird es als Symbol für Verschlagenheit und kriminelle Energie gesehen.

WILDSCHWEIN Es will Sie vor Rücksichtslosigkeit warnen. Natürlich verweist dieses Tier auch auf die eigenen ungebändigten Triebkräfte und Energien, die in den zwischenmenschlichen Beziehungen gelegentlich Kummer bereiten können.

WIMPERN Wie deutlich sehen Sie? Was können Sie von einer sicheren Warte aus beobachten? Wie zeigen Sie sich der Welt? Lange Wimpern bedeuten Glück. Sehen Sie kurze, werden Sie Verdruss haben. Starke Wimpern bedeuten Freude, ausfallende oder schüttere zeigen einen Verlust an.

WINDELN Babywindeln haben eine gute Bedeutung, jedenfalls soll ihr Inhalt, im Traum gesehen, Glück bringen.

WOHNUNG Eine schöne Wohnung symbolisiert erfreuliche Veränderungen in Ihrem Leben. Ist die Wohnung in einem desolaten Zustand, leiden Sie womöglich an einer Krankheit oder eine Beziehung ist zum Scheitern verurteilt. Finden Sie Ihre eigene Wohnung nicht, verlieren Sie den Glauben an das Gute im Menschen. Wechseln Sie die Wohnung, wird eine eilige Reise auf Sie zukommen. Sehen Sie eine fremde Wohnung, wird eine Veränderung folgen. Mieten Sie eine an, bessert sich Ihre momentane Lage.

WOHNZIMMER Das Wohnzimmer steht für Entspannung, allerdings im Gegensatz zum Schlafzimmer für eine gesellschaftliche, sozusagen öffentliche Entspannung. Es geht hier um Kommunikation im Freundeskreis oder um das Treffen der Familie. Gehen Sie von einem Zimmer in ein anderes, deutet das einen Wandel an. Hierbei ist zu beachten, von welchem Zimmer Sie ausgehen und wohin Sie sich begeben.

WOLF Wenn Sie von Wölfen – sei dies ein einzelnes Tier oder ein ganzes Rudel – träumen, kann dies darauf hindeuten, dass Sie sich von anderen Menschen bedroht fühlen.

WURM Jemand will Ihnen wehtun. Der Wurm kann auch erotisch, als Penis, gedeutet werden. Er steht für sexuelle und andere Triebe, die Sie selbst als niedrig ablehnen und unterdrücken.

WURZEL Sie zeigt verdrängte Triebe, die sich den Weg ins Licht bahnen wollen. Graben Sie Wurzeln aus, werden Sie einer Sache auf den Grund kommen und über das Ergebnis sehr erstaunt sein. Wurzeln zu essen, steht für eine stabile Gesundheit. Über eine Wurzel zu stolpern oder zu fallen, kündigt Hindernisse an, die manchmal aus dem eigenen Unbewussten stammen.

X-BEINE X-Beine stehen für Probleme und Hindernisse auf dem Lebensweg, für die Sie selbst verantwortlich sind. Zuweilen kommt darin auch Ungerechtigkeit zum Ausdruck, gegen die Sie sich wehren müssen.

X

ZAHLEN Zahlen können für einen Gewinn stehen, sofern Sie sich die Traumzahlen gemerkt haben. Sie stehen aber auch für unerledigte geschäftliche Dinge, die Kopfzerbrechen verursachen. Eine Ziffer zeigt Gesellschaft an, zwei Ziffern Verdruss, drei Ziffern gute Geschäfte, vier Ziffern Entzweiung, fünf oder mehr Enttäuschungen. Zahlen, die Sie von einer Tafel wegwischen, verheißen durch leichtsinnige Handlungen Verluste. Zahlen haben in allen Glaubenssystemen und Religionen eine Bedeutung. Im Folgenden werden die häufigsten, aufgeteilt in drei Kategorien, dargestellt.
Allgemeine Bedeutung im Traum: Eins: Sie werden eine Fähigkeit, die Sie für Ihre Arbeit brauchen, voll ausbilden. Zwei: Geschäftliche oder persönliche Beziehungen müssen

Z

mit Umsicht behandelt werden. Drei: Ihre Vorstellung in Bezug auf Stabilität und Erfolg wird sich verwirklichen. Vier: Wenn Sie es wollen, können Sie sich ein sicheres und beschütztes Zuhause schaffen. Fünf: Sie sind gerade dabei, eine wichtige Entdeckung zu machen, die für Veränderungen sorgt. Sechs: Es steht Ihnen offen, eine Liebesbeziehung einzugehen. Sieben: Mit persönlichem Einsatz können Sie Ihre Probleme lösen. Acht: Ihr Leben birgt das Potenzial für eine wundervolle Chance. Neun: Sie müssen Acht geben, dass Sie sich nicht übernehmen. Null: Diese Ziffer birgt Potenzial für alles.

Durch Zahlen symbolisierte Eigenschaften: Eins: Unabhängigkeit, Selbstrespekt, Auflösung, Zielstrebigkeit, Intoleranz, Einbildung, Engstirnigkeit, Erniedrigung, Dummheit. Zwei: Gelassenheit, Aufrichtigkeit, Selbstlosigkeit, Geselligkeit, Harmonie, Unentschlossenheit, Gleichgültigkeit, Verantwortungslosigkeit, Sturheit. Drei: Freiheit, Tapferkeit, Spaß, Enthusiasmus, Großartigkeit, Lustlosigkeit, übersteigertes Selbstvertrauen, Ungeduld, Nachlässigkeit. Vier: Loyalität, Beharrlichkeit, praktische Veranlagung, Ehrlichkeit, Schwerfälligkeit, Langsamkeit, Konservativismus, mangelnde Anpassungsfähigkeit. Fünf: Abenteuerlust, Lebhaftigkeit, Mut, Gesundheit, Empfänglichkeit, Sympathie, Unbesonnenheit, Verantwortungslosigkeit, Wankelmut, Unzuverlässigkeit, Gedankenlosigkeit. Sechs: Idealismus, Selbstlosigkeit, Ehrlichkeit, Nächstenliebe, Treue, Verantwortung, Überlegenheit, Gutmütigkeit, Unpraktische Veranlagung, Unterwerfung. Sieben: Weisheit, kritisches Urteilsvermögen, philosophische Neigung, innere Stärke, Tiefe, Nachdenklichkeit. Unnatürlichkeit, übertriebene Kritik, fehlende Aktion, unsoziales Verhalten. Acht: Praktische Veranlagung, Macht, Geschäftsfähigkeit, Entscheidung, Kontrolle, Dauerhaftigkeit, mangelnde Vorstellungskraft, Stumpfheit, Selbstgenügsamkeit, Dominanz. Neun: Intelligenz, Diskretion, Kunstfertigkeit, Verständnis, Großartigkeit, Moral, Genie, Verträumtheit, Lethargie, Konzentrationsmangel, Ziellosigkeit.

Spirituelle Bedeutung: Eins: Man selbst, der Anfang, das Erste, Einheit. Zwei: Dualität, Unentschlossenheit, Gleichgewicht, männlich und weiblich, zwei Seiten einer Auseinandersetzung. Drei: Das Dreieck, Freiheit. Vier: Das Quadrat, Kraft, Stabilität, praktische Veranlagung, die Erde, Wirklichkeit, die vier Seiten des Menschen (Sinneswahrnehmung, Gefühl, Denken, Intuition), Erde, Luft, Feuer und Wasser. Fünf: Der menschliche Körper, menschliches Körperbewusstsein, die fünf Sinne. Sechs: Harmonie und Gleichgewicht. Sieben: Lebenszyklus, Magie, Spiritualität, die Ganzheitlichkeit des Menschen. Acht: Tod und Auferstehung, Unendlichkeit. Neun: Schwangerschaft, das Ende des einen und der Beginn eines neuen Zyklus, spirituelle Bewusstheit. Zehn: Ein neuer Anfang, das Männliche und das Weibliche zusammen. Elf: Die elfte Stunde, die Meisterzahl. Zwölf: Zeit, ein abgeschlossener Zyklus, Ganzheitlichkeit. Null: Das Weibliche, das Unbewusste, die absolute oder verborgene Vollständigkeit.

Es gibt weitere Symboldeutungen zu jeder Zahl.

ZÄHLEN Im Traum Menschen zu zählen, steht für Macht, Würde und Ehrgeiz, Glückszahlen: 3, 7, 9, 11 und 17. Wenn Sie Geld zählen, werden Sie Glück haben und Schulden begleichen können. Für sich selbst irgendetwas zu zählen, prophezeit Glück. Wenn Sie für eine andere Person Geld oder andere Dinge abzählen, droht Verlust.

ZÄHNE In der traditionellen Traumdeutung ging man davon aus, dass Zähne im Traum für eine aggressive Sexualität stehen. Korrekter ist es, sie mit dem Wachstumsprozess zur sexuellen Reife in Verbindung zu bringen. Ausfallende oder lockere Zähne deuten an, dass Ihnen bewusst ist, dass Sie eine Form des Übergangs durchleben, vergleichbar mit dem Schritt vom Kind zum Erwachsenen oder vom Erwachsenen zum Alter. Wenn jemand im Traum fürchtet, ihm könnten die Zähne ausfallen, geht es um die Angst, alt und nicht mehr begehrenswert zu sein oder um die Angst vor dem Erwachsenwerden. Träumt eine Frau davon, Zähne verschluckt zu haben, kann dies auf eine Schwangerschaft schließen lassen. Zähne sind auch ein Hinweis auf den „Biss" und die Bissigkeit. Zähne symbolisieren Vitalität, Geliebte, Kinder oder Geschlechtsorgane.

ZAHNARZT Von ihm behandelt zu werden zeigt, dass Sie Anlass haben, an der Aufrichtigkeit einer Person zu zweifeln, mit der Sie zu tun haben. Sie werden aber zur rechten Zeit den richtigen Freund finden.

ZEHN Zehn entsteht als Kombination von Null, die das ursprüngliche Chaos umfasst, und Eins, die für Anfang steht, der sich aus dem Chaos entwickelt. Sie sollen also in der weiteren Entwicklung die neuen Pläne und Ziele auf den früheren Erfahrungen begründen.

ZEPPELIN Der Zeppelin verweist, mit seiner unübersehbaren phallischen Form, auf die Sexualität und das „Abheben" während eines Orgasmus. Oft deutet er auch einen sozialen Aufstieg an. Stürzen Sie mit einem Zeppelin ab, täuschen Sie sich selbst und werden dadurch ernsten Schaden nehmen.

ZEIGEFINGER Den Zeigefinger versteht man als warnenden Hinweis oder als Anklage. Außerdem kann der ausgestreckte Zeigefinger ankündigen, dass Sie sich selbst wegen eines Fehlers oder Vergehens Vorwürfe machen müssen. Der Zeigefinger hat zudem eine männliche Sexualsymbolik. Sehen Sie ihn allerdings erhoben oder drohend, kann er auch auf Minderwertigkeits- oder Schuldgefühle hinweisen.

ZIEGE Wenig nützliche Eigenschaften wie Halsstarrigkeit, Uneinsichtigkeit und Aggressivität kommen mit einem Ziegenbock zum Vorschein. Die Ziege hingegen verkörpert Gewandtheit, Genügsamkeit und Anpassungsfähigkeit. Sie haben es im Wachleben mit jemandem zu tun, dem Sie nichts recht machen können, dessen Kritik allerdings teilweise berechtigt ist. Ziegen in Herden zu sehen bedeutet, es mit leichtsinnigen Menschen zu tun bekommen. Weiße im Traum zu beobachten, steht für ein gutes Auskommen, schwarze Ziegen für bittere Not. Träumen Sie von gescheckten, wird das Glück nicht von Dauer sein. Wer Ziegen auf einem Bauernhof sieht, kann eine gute Ernte erwarten. Springende Ziegen warnen Sie vor Übermut oder Leichtsinn. Eine Ziegenherde kann auf eine Erbschaft hinweisen, ein Zicklein zu sehen zeigt an, dass Sie keine Skrupel kennen, wenn es um das Geschäft oder Vergnügen geht. Sie werden einen lieben Menschen verletzen. Die Ziege kann auch die dunkle Seite des menschlichen Wesens, Promiskuität (Vermischung, unterschiedsloser Geschlechtsverkehr ohne dauernde Bindung) und Sexualität repräsentieren. Auf einer Ziege zu reiten bedeutet, dass Sie versuchen, mit Ihrer Beziehung zur dunklen Seite Ihres Wesens ins Reine zu kommen. Die Ziege kann zudem den Teufel repräsentieren.

ZIMMER Das Innerste eines Hauses steht für das eigene Ich. Wichtig für die Deutung ist, was Sie im Zimmer machen und wie es dort aussieht. Fühlen Sie sich in einem engen Zimmer eingeschlossen, kann das auf Vereinsamung hinweisen, vor allem bei geschlossenen Türen und Fenstern. Gehen Sie im Traum von einem dunklen Raum in einen hell erleuchteten, gelangen Sie von einem unbewussten Zustand in einen bewussten.

ZUG Ein Zug illustriert Ihr Sozialverhalten, Ihre Beziehungen zu anderen Menschen und Ihre Einstellung zu sich selbst. Ein Zug mit einer Dampflok verweist darauf, dass Sie sich alt fühlen, ein moderner elektrischer Hochgeschwindigkeitszug hingegen kann Jugendlichkeit und Effizienz signalisieren. Einen Zug zu erwischen bedeutet, dass Sie in der Lage waren, die äußeren Umstände mit sich selbst in Einklang zu bringen und daher ein bestimmtes Ziel zu erreichen. Einen Zug zu verpassen heißt, keine Ressourcen mehr zu haben, um richtig erfolgreich zu sein. Sie haben entweder ein wichtiges Detail vergessen, oder Sie waren nicht vorsichtig genug. Nun fürchten Sie, eine Chance verpasst zu haben. Vor dem Zielort aus dem Zug zu steigen, stellt die Angst vor eigenem Erfolg dar. Das Traumsymbol kann auch eine verfrühte Ejakulation symbolisieren. Sie haben sich anscheinend nicht ausreichend unter Kontrolle. Verlassen Sie den Zug wieder, bevor er losgefahren ist, zeigt dies, dass Sie noch rechtzeitig genug eine zweite, bessere Lösung für ein Problem gefunden haben. Eisenbahnschienen haben die Bedeutung von Wegen, die Sie zu Ihrer Bestimmung führen. Das Entgleisen eines Zuges ist ein Hinweis auf unangemessene Handlungen. Halten Sie sich gegen Ihren Willen in dem Zug auf, lassen Sie sich von äußeren Umständen zu stark beeinflussen. Fährt der Zug in einen Bahnhof ein, verweist dies darauf, dass Sie diese Phase Ihrer Lebensreise abgeschlossen haben. Vielleicht sind Sie bereit, mit der Welt allgemein eine neue Beziehung einzugehen. Das Frachtgut in einem Zug kann die verschiedenen Abschnitte des Lebens darstellen und auch, wie Sie zu ihnen stehen. Ist das Frachtgut in schlechtem Zustand oder schmutzig, ist Ihnen bewusst, dass Sie noch etwas in Ihrem Leben in Ordnung bringen müssen.

ZWEI Im Traum hat die Zwei meist einen weiblichen Aspekt. Sie ist die Zahl der Vereinigung und des Paares. Sie kann aber andererseits auch auf Widersprüchlichkeit und Gegensätzlichkeit hinweisen, jedoch auf deren Ausgleich und Auflösung, wie das Gute und das Böse, Sein oder Nichtsein – die Widerstände, die sich dem Menschen im Alltag entgegenstellen.

ZWEIG Grüne Zweige deuten auf Erfolg, Ihre Hoffnungen werden sich erfüllen. Bei dürren Zweigen halten Sie an längst Vergangenem fest, Ihre Vergangenheit verfolgt Sie immer noch. Am Boden liegende Zweige zeigen an, dass Hoffnungen und Pläne gestorben sind, weil Sie nicht genug Mut und Kraft hatten, um sie zu verwirklichen. Verbrannte Zweige versteht man als vergebliche Mühen.

ZWÖLF Zwölf spielt in der Mythologie eine wichtige Rolle, zum Beispiel die zwölf Zeichen des Tierkreises in der Astrologie. Man deutet sie als die Summe der Erfahrungen oder Möglichkeiten, die Sie für die weitere Entwicklung nutzen müssen. Außerdem kann sie Ideale, Weisheit, Vernunft, Hoffnung, Liebe und ähnliche Dinge verkörpern, die erst die große Vielfalt des Lebens ausmachen.